LA PROPIEDAD Y LOS LÍMITES DE LAS POTESTADES DE CORRECCIÓN PATRIMONIAL DEL ESTADO

Colección Biblioteca Allan R. Brewer-Carías, Instituto de Investigaciones Jurídicas de la Universidad Católica Andrés Bello

1. Allan R. Brewer-Carías (Editor), *Elecciones y democracia en América Latina: el desafío autoritario-populista. América Latina: debates sobre la democracia. 80 años de Dieter Nohlen*, Coloquio Iberoamericano No. 200, Max Planck Institute for Comparative Public Law and International Law, Heidelberg, 11 septiembre 2019, (Prólogo: Armin von Bogdandy), Max Planck Institute for Comparative Public Law and International Law – Instituto de Investigaciones Jurídicas de la Universidad Católica Andrés Bello, Editorial Jurídica Venezolana, 2020, pp. 322.

2. Lus Fraga Pittaluga, *Arbitraje tributario nacional e internacional (Prólogo: Allan R. Brewer-Carías)*, Editorial Jurídica Venezolana, 2020, pp. 168.

3. Rafael Simón Jiménez Tapia y Emilio J. Urbina Mendoza. *El comiso autónomo y la extinción de dominio en la lucha contra la corrupción*, Editorial Jurídica Venezolana, 2020, pp. 262.

4. José Ignacio Hernández G., *Aspectos jurídicos de la crisis humanitaria de migrantes y refugiados en Venezuela. Documentos fundamentales,* Editorial Jurídica Venezolana, 2021, pp. 220.

5. Carlos Reverón Boulton, *Derechos humanos en la literatura y cine venezolano*, Editorial Jurídica Venezolana, Caracas 2021, 434 pp.

6. Allan R. Brewer-Carías, *Reflexiones ante las Academias de América Latina. Sobre historia, derecho y constitucionalismo*, Editorial Jurídica Venezolana, Caracas 2021, 378 pp.

7. Allan R. Brewer-Carías, *La demolición de la autonomía e independencia del Poder Judicial en Venezuela 1999-2021*, Editorial Jurídica Venezolana, Caracas 2021, 612 pp.

8. Allan R. Brewer-Carías, *Estudios sobre el Estado Comunal o Estado del Poder Popular,* Editorial Jurídica Venezolana, Caracas 2021, 528 pp.

9. Allan R. Brewer-Carías, *La muerte de una Constitución. La experiencia del proceso constituyente de Venezuela de 1999, desencadenado por unas sentencias de la Corte Suprema de Justicia del 19 de enero de 1999* (Con trabajos de Eduardo Jorge Prats, Alessandro Pace, Georges Liet-Vaux, Juan Manuel Raffalli, Ramón Guillermo Aveledo, Víctor Hernández Mendible, Carlos Luis Carrillo Artiles, Ricardo Antela Garrido, Lolymar Hernández Camargo, Michael Núñez Torres y Rafael Estrada Michel, Jaime Grimaldi Lorent, Ricardo Combellas, Jesús María Casal H., Tulio Álvarez, Eduardo Piacenza, Carlos García Soto, Gustavo Grau Fortoul, José Ignacio Hernández y Miguel J. Mónaco), Caracas 2021, 690 pp.

10. Allan R. Brewer Carías, *Reflexiones ante la Academia de Ciencias Políticas y Sociales. Sobre proceso político y constitucionalismo*, Editorial Jurídica Venezolana, Caracas 2021, 614 pp.

11. Allan R. Brewer-Carías, *Reflexiones ante las Academias españolas. Sobre de Ciencias Políticas y Sociales. Sobre historia y constitucionalismo* (Presentaciones de Tomás Ramón Fernández y Enrique Viloria Vera), Editorial Jurídica Venezolano, Caracas 2021, 238 pp.

12. Allan R. Brewer-Carías, *Reflexiones ante la Academia de Ciencias Políticas y Sociales. Sobre derecho e historia*, Editorial Jurídica Venezolana, Caracas 2021, 444 pp.

13. Allan R. Brewer-Carías, *Constitución de plastilina y vandalismo constitucional. La ilegítima mutación de la Constitución por el Juez Constitucional al servicio del autoritarismo*, Editorial Jurídica Venezolana, Caracas 2022, 642 pp.

14. Allan R. Brewer-Carías, *Proyectos de Ley en materia de derecho Público*, Editorial Jurídica Venezolana, Caracas 2022, 1190 pp.

15. Eduardo García de Enterría, Roland Drago, Massimo Severo Giannini, Antonio Jiménez Blanco, José Guillermo Andueza, Allan R. Brewer-Carías, *La competencia como condición de validez de los actos administrativos* (El caso de las "acciones de tesorería" del Banco Central de Venezuela), con un apéndice sobre El amparo cautelar contencioso administrativo, Caracas 2023, 242 pp.

16. Allan R. Brewer-Carías, *Arbitraje en el Sector Público y arbitraje internacional de inversión. Estudios* (Prólogo de J. Eloy Anzola y Presentación de Jaime Rodríguez Arana y Alejandro Canónico), *Ius Publicum Innovatio, Spin-off* Universidade da Coruña, Editorial Jurídica Venezolana, Caracas 2023, 560 pp.

17. Allan R. Brewer-Carías, *Mis estudios en la Revista de Administración Pública (1964-2022)* (Presentación de Tomás Ramón Fernández), Editorial Jurídica Venezolana, Caracas 2023, pp. 400.

18. Allan R. Brewer-Carías, *Propiedad privada y derecho administrativo,* (Pórtico por Antonio Canova González), Editorial Jurídica Venezolana, Caracas 2023, 800 pp.

19. Allan R. Brewer-Carías, *International Investment Arbitration and Venezuelan Law. Legal Opinions on State's Consent for Arbitration, Public Interest Contracts, Minning Concessions, Administrative Silence, Revocation of Administrative Acts, Reversion of Assets in Concessions and Expropiation Proceeding,* Editorial Jurídica Venezolana, Caracas 2023, 994 pp.

20. Allan R. Brewer-Carías, *Kakistocracia depredadora e inhabilitaciones políticas: El falso Estado de derecho en Venezuela,* Editorial Jurídica Venezolana, Caracas 2023, 474 pp.

21. Hernando H. Barboza Russian, *La revisión constitucional de sentencias en Venezuela,* Editorial Jurídica Venezolana, Caracas 2024, 466 pp.

22. Emilio J. Urbina Mendoza, *La propiedad y los límites de las potestades de corrección patrimonial del estado,* Editorial Jurídica Venezolana, AVIPRI, Caracas 2024. 290 pp.

EMILIO J. URBINA MENDOZA

Doctor en Derecho (Universidad de Deusto)

Msc. en Ética social y Desarrollo Humano (Universidad Alberto Hurtado)

Profesor de Doctorado en Derecho (Universidad Católica Andrés Bello)

LA PROPIEDAD Y LOS LÍMITES DE LAS POTESTADES DE CORRECCIÓN PATRIMONIAL DEL ESTADO

Colección Biblioteca Allan R. Brewer Carías,
Instituto de Investigaciones Jurídicas de la
Universidad Católica Andrés Bello, N° 22

ASOCIACION CIVIL VENEZOLANA
INSTITUTO DE PROMOCIÓN INTEGRAL

editorial jurídica venezolana
international

2024

©   EMILIO J. URBINA MENDOZA

EMAIL: eurbina2005@gmail.com

ISBN 979-8-89480-621-1

Impreso por: Lightning Source, an INGRAM Content company
para Editorial Jurídica Venezolana International Inc.
Panamá, República de Panamá.
Email: ejvinternational@gmail.com

Portada: Alexander Cano

Diagramación, composición y montaje
por: Mirna Pinto, en letra Time New Roman, 12,5
Interlineado exacto 14, Mancha 11.5 X 18

"(...) 4.4.1 RDS' reduction obligation ensues from the unwritten standard of care laid down in Book 6 Section 162 Dutch Civil Code, which means that acting in conflict with what is generally accepted according to unwritten law is unlawful. From this standard of care ensues that when determining the Shell group's corporate policy, RDS must observe the due care exercised in society. The interpretation of the unwritten standard of care calls for an assessment of all circumstances of the case in question. (...)" [Sentencia del 26 de mayo de 2021 del TRIBUNAL DE DISTRITO DE LA HAYA, Países Bajos. Caso: *Royal Dutch Shell PLC*]

"(...) il Signore ci ha donato tanti giorni di sole e di brezza leggera, giorni in cui la pesca è stata abbondante; vi sono stati anche momenti in cui le acque erano agitate ed il vento contrario, come in tutta la storia della Chiesa, e il Signore sembrava dormire (...)" [S.S. BENEDICTO XVI. *Audiencia general en la plaza San Pedro*, ciudad del Vaticano, 27 de febrero de 2013].

ÍNDICE

SEGUNDA PARTE:

LA POTESTAD DE CORRECCIÓN PATRIMONIAL DEL ESTADO

ABREVIATURAS

ALM	Asistencia Legal Mutua
AN	Asamblea Nacional (Venezuela)
BOE	Boletín Oficial de Estado (España)
CIDH	Comisión Interamericana de Derechos Humanos
COP21	Convenio del Ambiente de París
CorIDH	Corte Interamericana de los Derechos Humanos
CPC	Código de Procedimiento Civil (Venezuela)
CRBV	Constitución de la República Bolivariana de Venezuela
DSC	Decomiso sin condena penal
DLE	Diccionario de la Lengua Española
ED	Extinción de dominio
GO	Gaceta Oficial Ordinario (Venezuela)
GOE	Gaceta Oficial Extraordinaria (Venezuela)
LMEDO	Ley Modelo sobre Extinción de Dominio (ONUDC)
LOED	Ley Orgánica de Extinción de Dominio (Venezuela)

ONUDC	Oficina de las Naciones Unidas Contra la Droga y el Delito
TEDH	Tribunal Europeo de los Derechos Humanos
TSJ/SC	Tribunal Supremo de Justicia en Sala Constitucional
TSJ/SCC	Tribunal Supremo de Justicia en Sala de Casación Civil
TSJ/SCP	Tribunal Supremo de Justicia en Sala de Casación Penal
TSJ/SP	Tribunal Supremo de Justicia en Sala Plena
UNCAC	Convención de las Naciones Unidas Contra la Corrupción (Convención de Mérida 2003)

PRESENTACIÓN:

¿NUEVAS FRONTERAS DEL DERECHO DE PROPIEDAD?

El 21 de mayo de 2021, el TRIBUNAL DE DISTRITO de La Haya, Países Bajos, dictó uno de los fallos más polémicos en la historia del Derecho europeo[1]. El poder judicial, sin intermediar la clásica actuación a instancia de parte o de oficio por la Administración Pública Ambiental, decidió obligar a la gigante petrolera *Royal Dutch Shell,* al cambio obligatorio de sus políticas corporativas relativas a la reducción "agresiva" de emisiones de CO2 más allá de sus previsiones basadas en las metas de la legislación neerlandesa y comunitaria vigente para 2019. Sin que la acción precisara una clásica reclamación patrimonial frente a perjuicios ambientales contra grupos vulnerados en sus derechos, la sentencia aborda uno de los puntos más neurálgicos vinculado al derecho de propiedad como es la libertad de empresa.

El caso podría calificarse como típico si el accionante hubiese sido la Administración holandesa o comunitaria por menoscabo al ambiente, mediando un procedimiento administrativo sancionatorio. También, para otros, pudiera encuadrarse como una situación "clásica" de la llamada *responsabilidad social empresarial* (RSE), que, en Europa, posee estrictas regulaciones normativas cada vez

---

[1]   Puede consultarse la sentencia, en idioma inglés, en: https://uitspraken. rechtspraak.nl/details?id=ECLI:NL:RBDHA:2021:5339

más exigentes[2]. Pero, para ninguna de estas hipótesis, ni un órgano del Poder Público de Ámsterdam, Bruselas o Estrasburgo, asumió la iniciativa para esta pretensión ambiciosa, así como tampoco, los justiciables lo hicieron a nombre de un interés social superior "difuso" o "colectivos" como una prototípica *class action*. Entonces, ¿bajo qué concepto se amparaba esta sentencia?

Para el momento en que se introduce la demanda, la petrolera cumplía los "mínimos" fijados por la legislación ambiental europea. Además, cubría sus cuotas sociales y otras manifestaciones de RSE sin registrarse alguna alteración o menoscabo a sus obligaciones frente al interés general. A pesar de estar ajustado a "Derecho", un tribunal distrital ordenaba restricciones adicionales, basados en las previsiones del ACUERDO DE PARÍS (COP21)[3]. Sin embargo, los accionantes, en su grueso, personas jurídicas privadas[4], decidieron

---

[2] Para más detalles, véase UNIÓN EUROPEA. *Libro verde: Fomentar un marco europeo para la responsabilidad social de las empresas.* Estrasburgo, COM/2001/0366 final, 2001. También, COMISIÓN EUROPEA. *Comunicación de la Comisión al Parlamento Europeo, al Consejo y al Comité Económico y Social Europeo - Poner en práctica la asociación para el crecimiento y el empleo : hacer de Europa un polo de excelencia de la responsabilidad social de las empresas,* Estrasburgo, COM(2006) 136 final, 2006. PARLAMENTO EUROPEO y CONSEJO DE EUROPA. *Directiva sobre diligencia debida de las empresas en materia de sostenibilidad y por la que se modifica la Directiva (UE) 2019/1937,* Estrasburgo, 24 de abril de 2024.

[3] Sobre los pormenores del Acuerdo de París, véase ORGANIZACIÓN DE LAS NACIONES UNIDAS PARA EL CAMBIO CLIMÁTICO. "El Acuerdo de París", en: https://unfccc.int/es/acerca-de-las-ndc/el-acuerdo-de-paris#:~:text=El %20Acuerdo%20de%20París%20es%20un%20hito%20en%20el%20pro ceso,y%20adaptarse%20a%20sus%20efectos.

[4] La ONG MILIEUDEFENSIE y otras, así como la adhesión de 17.379 personas individuales, presentaron demanda en 2019 contra la compañía angloholandesa ROYAL DUTCH SHELL basado en el "deber de cuidado" que establece la legislación holandesa. La demanda no contempló pretensiones de carácter pecuniario-indemnizatorio, sino, una obligación

hacerlo a pesar de que la corporación no se encontraba violentando reglas ambientales estatales o comunitarias. Así, nos surge una interrogante ¿Cómo obligar a una empresa, con el solo fundamento de un Acuerdo internacional globalmente no aceptado, inclusive cuestionado[5], como COP21, para que modificara sus políticas de forma agresiva, más allá de las racionales previsiones gerenciales?

La sentencia la conocí gracias a la ilustrativa ponencia del profesor Víctor HERNÁNDEZ-MENDIBLE, con quien compartimos el 9 de agosto de 2024 unas jornadas sobre contratación pública. En las reflexiones finales, relativas a la libertad de empresa vinculadas a la propiedad y sus manifestaciones, explicaba que el fallo reescribía prácticamente todos los principios no solo en materia ambiental, sino en la capacidad intrínseca de la libertad negocial y de dirección empresarial, muy a pesar de que se cumpliera a cabalidad todos los estándares, regulaciones y normativas "expresas" previstas para el ambiente y sus materias conexas[6].

---

de hacer, como es la reducción de las emisiones de los gases de efecto invernadero que contribuyen al calentamiento global. El tribunal ordenó que SHELL debía reducir sus emisiones de carbono en un 45% para 2030, tomando como base, los niveles de 2019. Este porcentaje era, por mucho, un nivel muy rápido frente a las propias políticas de previsión presupuestaria y tecnológica de la compañía.

[5]   Sobre las polémicas y otros aspectos medulares del COP21, véase LUCAS GARÍN, Andrea. (2019). "Principios del derecho ambiental en el Acuerdo de París sobre cambio climático", en: *Revista Derecho del Estado,* n° 44, septiembre-diciembre, pp. 195-226.

[6]   Véase el trabajo del profesor HERNÁNDEZ-MENDIBLE, Víctor (2022). "El litigio por el cambio climático. Una nueva revolución por los derechos fundamentales", en: *Revista Española de Derecho Administrativo,* n° 219 (abril-junio), pp. 99-126. Vale destacar lo que reseña el profesor HERNÁNDEZ-MENDIBLE en este artículo científico, al estudiar la novísima práctica del denominado *litigio climático,* no tanto en lo que se violenta contra reglas expresas ambientales, sino, en aquellos estándares -no jurídicos ni escritos- que son exigibles sólo por vía jurisdiccional. Así,

Debo confesar que este evento nos motivó a retomar la concreción del eje temático del presente libro. Ya lo habíamos iniciado cuando comenzamos a preparar el material de soporte teórico para un novísimo seminario, impartido exitosamente en el doctorado en Derecho de la UCAB, intitulado *La propiedad y los límites de las potestades de corrección patrimonial del Estado*[7]. No es que hablemos del neurálgico tema de la justicia ambiental o las obligaciones no escritas[8] impuestas a las empresas en su deber de

---

explica el profesor, que el litigio climático en: "(…) *stricto sensu consiste en aquel proceso que instauran las personas y en específico las ONG's defensoras de derechos humanos en general y del derecho humano al ambiente en especial, a título personal o en nombre colectivo, contra los Estados nacionales y las empresas que tienen mayor responsabilidad -control e influencia- en las emisiones de gases de efecto invernadero, ante los tribunales nacionales e internacionales y en el que formulan pretensiones contra la inactividad -total o parcial- de los Estados o el incumplimiento del deber de diligencia debida, para que sean condenados a adoptar las medidas idóneas, adecuadas y eficaces -leyes, políticas climáticas, reglamentos, planificación estratégica o políticas corporativas- en el ámbito de su competencia o gestión con la finalidad de reducir progresivamente en el menor tiempo posible, las emisiones de gases de efecto invernadero hasta alcanzar la neutralidad climática (pretensión de mitigación) o la compensación de los costos de adaptación al cambio climático (pretensión de compensación por la adaptación), sin perjuicios de la reparación de los daños que hayan experimentado personalmente o en sus bienes (pretensión de condena a indemnización). Este litigio no se concentra exclusivamente en la protección de los derechos fundamentales y libertades públicas de los demandantes o de los no demandantes integrantes de las generaciones presentes, sino que incluso pretenden que se ejecuten actuaciones en provecho de los derechos y las libertades de las generaciones futuras* (…)" p. 107.

[7] Curso número 54/2024. NCR 44303 – Caracas – Marzo/Julio 2024. Programa de Doctorado en Derecho. Facultad de Derecho/Dirección de Postgrado de la Universidad Católica Andrés Bello.

[8] HERNÁNDEZ-MENDIBLE, Víctor (2022). *Ob. Cit.,* pp. 121-122.

cuidar el patrimonio natural. Mucho menos es sobre extinción de dominio o decomiso sin condena, pues, esta potestad incluye otros mecanismos que no se agotan en éstos últimos.

Pero, si reconocemos, que a raíz de la aprobación de la LEY ORGÁNICA DE EXTINCIÓN DE DOMINIO en Venezuela[9], aunado a los estudios que sobre el instituto hemos venido desarrollando desde hace una década[10]; había que concretar una suerte de *ius commune,* que más allá de la obligatoriedad del desarrollo forense de buenas prácticas, impone la necesaria formulación teórica que otorgue un sustento lo suficientemente justificatorio en aquellos casos donde no exista una previsión constitucional expresa de estos procesos de corrección patrimonial[11]. Justificación que pudiera ayudar a zanjar las dudas -plausibles y necesarias[12]- sobre la constitucionalidad o

---

[9]   Publicada en Gaceta Oficial de la República Bolivariana de Venezuela, extraordinario, número 6.745 de fecha 28 de abril de 2023.

[10]   Sobre el particular, véase JIMÉNEZ TAPIA, Rafael y URBINA MENDOZA, Emilio J. (2020). *El comiso autónomo y la extinción de dominio en la lucha contra la corrupción.* Caracas, Editorial Jurídica Venezolana, colección Biblioteca Dr. Allan R. Brewer-Carías del Instituto de Investigaciones Jurídicas de la UCAB, n° 3, 260 pp. También, de los mismos autores, *Introducción al estudio de la extinción de dominio y sus modelos globales.* Caracas, Editorial Jurídica Venezolana-AVIPRI, Colección Estudios Jurídicos n° 156, 2023, 796 pp. URBINA MENDOZA, Emilio J. (2023). "Los modelos del decomiso sin condena y la extinción de dominio en el Derecho Comparado Latinoamericano. Origen, tendencias y transformaciones por la Justicia Constitucional", en: *Estudios de Deusto,* Vol. 71/2 (julio-diciembre), pp. 259-299.

[11]   Como antecendente académico al presente libro, véase URBINA MENDOZA, Emilio J. (2024). "Los valores constitucionales de la propiedad y la aplicación del concepto de interés general como fundamento de la potestad constitucional de corrección patrimonial en la extinción de dominio. Una interpretación desde la peculiaridad constitucional venezolana". En: *AIS: Ars Iuris Salmanticensis,* Vol. 12, n° 1 (enero-junio), pp. 55-82.

[12]   Sobre las críticas de la constitucionalidad en materia de extinción de dominio, véase el trabajo del profesor BREWER-CARÍAS, Allan R. (2023).

"Confiscación, comiso y extinción de dominio. Comentarios a la Ley Orgánica de Extinción de Dominio de 28 de abril de 2023, particularmente sobre su fundamento constitucional y sobre algunas de sus incongruencias inconstitucionales", en: *Revista de Derecho Público,* n° 173-174, (enero-junio), pp. 322-337. DUQUE CORREDOR, Román José. (2023) *Poder punitivo del Estado de Extinción de Dominio y las garantías del régimen constitucional de la propiedad y del debido proceso.* Caracas, Fundación Alberto Adriani, Bloque Constitucional e Instituto de Estudios Jurídicos Román J. Duque Corredor. También, véase ACCESO A LA JUSTICIA. OBSERVATORIO VENEZOLANO DE LA JUSTICIA. "Cinco razones para preocuparse por el proyecto de Ley de Extinción de Dominio impulsada por el oficialismo en Venezuela", Caracas, 18 de abril de 2023, consulta: https://accesoalajusticia.org/cinco-razones-preocuparse-proyecto-ley-extin cion-dominio-impulsado-oficialismo-venezuela/TRANSPARENCIAINTERNA CIONAL-TRANSPARENCIA VENEZUELA. "Ley Orgánica de Extinción de Dominio es un instrumento para instituciones robustas que Venezuela no tiene". Caracas, 04 de mayo de 2023, consulta: https://transparenciave. org/ley-organica-extincion-dominio-instrumento-para-instituciones-robus tas-venezuela-tiene/ También, véase HUNG CAVALIERI, Roberto. "Los sistemas de protección de derechos humanos y el diálogo intersistémico como mecanismos de lucha contra la corrupción y la pobreza", en: *Cultura jurídica,* Caracas, 2023, consulta en: https://culturajuridica.org/wp-content/uploads/2023/04/HUNG-Roberto-Derechos-Humanos-dialogo-In tersistemico-contra-la-corrupcion-reedic-2023.pdf. En la doctrina extran-jera, véase PLANCHADELL GARGALLO, Andrea y VIDALES RODRÍGUEZ, Catalina. (2018) "Decomiso: comentario crítico desde una perspectiva constitucional", en: *Estudios penales y criminológicos,* N° 38, Universidad de Santiago de Compostela, pp. 37-92. FARTO PIAY, Tomás. (2021) "Reflexionas críticas sobre las garantías en el proceso de decomiso autónomo", en: DA SILVA VEIGA, Fabio, VIGLIONE, Fillipo y DURANTE, Vicenzo. (Dir.). *Direitos fundamentais na Perspectiva Ítalo-Brasileira.* Vigo, Universidad de Vigo, Vol II, pp. 319-333. PARRA LARA, Francisco José. (2020) "Extinción de Dominio en México: Revisión de su estructura constitucional y convencional", en: *Revista Brasileira de Direito Penal,* Vol. 6, n° 6, pp. 667-700. Debo indicar que, unos días antes del lamentable fallecimiento del profesor Román J. DUQUE CORREDOR (París, 22-09-2023), habíamos intercambiado algunas impresiones para una videocon-ferencia conjunta donde abordaríamos el tema de la extinción de dominio desde la potestad del Estado. De allí que su obra recalte, desde el propio

no de estos dispositivos de corrección totalmente heterodoxos, que incluye, la actuación judicial modificatoria de todas las manifestaciones que conlleva no la propiedad como institución, sino el derecho que surge de la misma, hoy, considerado un genuino "derecho humano"[13] fundamental para la existencia junto al resto de derechos que componen la gran tríada de la dignidad: *vida, libertad y propiedad.*

De manera que el tema que hoy abordamos en este libro es prácticamente inédito o de casi escaso tratamiento, en virtud de las dificultades epistemológicas que conlleva no tanto innovar en una institución jurídica, sino en la complejidad que reviste formular una tesis que sea capaz de resistir los cuestionamientos ante los obligatorios interrogatorios académicos. No en vano, el Derecho,

---

título, el denominado *Poder Punitivo del Estado.* En esta obra, que sería comentada en el citado evento, que lamentablemente no se pudo concretar, resaltaríamos esta arista que, en palabras del profesor DUQUE CORREDOR, la refleja así: "(…) *Esta distinción parte de la idea de que la extinción de dominio es una pretensión procesal que surge como una consecuencia patrimonial de las actividades ilícitas y no como una sanción penal. Por ello, lo procesal no define su naturaleza sino lo sustantivo, puesto que de lo que se trata es de la pérdida de la apariencia del derecho de propiedad y no de una pena por causa de un delito. Por ejemplo, la simulación puede no ser calificada como estafa o peculado, pero si su causa fue el enriquecimiento ilícito de un funcionario, a costa del patrimonio público, la acción de extinción de dominio se interpone contra el autor de la simulación, no para que sea condenado, sino que, como consecuencia de la declaratoria de la ilicitud de la simulación, se declare la extinción del derecho de propiedad sobre el bien adquirido simultáneamente. Tal institución ya era conocida en el derecho agrario colombiano, en el cual existía la extinción de dominio si se acreditaba que se trataba de tierras incultas que no cumplían con su función social* (…)". (2023). *Ob. Cit.,* p. 18.

13   Al respecto, véase HERNÁNDEZ-MENDIBLE, Víctor. (2023). "El Derecho Humano de Propiedad", en: *Revista de Derecho Público,* n° 175-176, pp. 227-241.

huye tanto de los vacíos[14] como de los descontentos[15] provocados por altisonantes teorías sin la capacidad para ofrecer una solución jurídica -como apunta el maestro bilbaíno Ricardo DE ÁNGEL- *"sensata, de sentido común, con sindéresis"*[16], y que, además, sepa entender su relatividad frente a las *esperpénticas* pretensiones de erigir verdades absolutas, éstas últimas, reservadas a la metafísica teológica.

Estas advertencias debemos aplicarlas sin cortapisas. El Derecho no soporta una solución teórica que sea hegemónica o ideológica. De allí que, esta obra ha estado revisándose con cuidado durante los 18 meses que corrieron entre marzo de 2023 y septiembre de 2024. No es fácil construir un argumento para establecer medidas realizadas por el Estado-Juez, totalmente diferenciadas y diametralmente opuestas a instituciones similares como la confiscación, la expropiación, la nacionalización y otras maneras de dirigir el sistema económico por el Estado en su faceta como poder ejecutivo.

Si existe una nota resaltante de estas potestades correctivas constitucionales, es que sólo puede hacerse por vía judicial. Esto tiene su sincronicidad con la teoría de los derechos fundamentales, ya que, más que vulnerar la propiedad privada para hacerla pública, en mecanismos como la extinción de dominio, el litigio climático, etc., más bien lo que se busca es mantener esa propiedad dentro de los cauces que los valores constitucionales de licitud pueden garantizar. Por eso es que, propiedad adquirida ilícitamente, propiedad que nunca se reputó consolidado su derecho.

---

[14] *Omnia sunt incerta quae a iure decessum est.* CICERÓN, Marco Tulio. *Epistolae ad familiares,* IX, 16, 3.

[15] Véase, VAN OENEN, Gijs. (1999). "El Derecho y sus descontentos", en: *Prisma,* n° 12, pp. 51 y ss.

[16] DE ÁNGEL YAGÜEZ, Ricardo. (2008). "El mundo del jurista: hechos, conceptos y soluciones", en: *Estudios de Deusto,* Vol. 56/2 (julio-diciembre), pp. 236-245.

Esta regla de que sólo el Estado-juez posee dicha potestad, como abordaremos en las tres partes que componen este libro, fue hecha conocida por un inusual -e inesperado tribunal- el 19 de abril de 2013. En esa oportunidad, el TRIBUNAL CONSTITUCIONAL DEL ESTADO PLURINACIONAL DE BOLIVIA dictó una sentencia donde resolvía una consulta previa de constitucionalidad de ley[17]. El órgano judicial colegiado, máximo garante de la Constitución en la nación altiplánica, se pronunciaba sobre los aspectos más neurálgicos del que fuera un proyecto de ley regulatorio sobre la extinción de dominio. Ahora bien, la novedad del fallo no centró sus fundamentos en los ya clásicos debates sobre la imprescripti-bilidad y atemporalidad de la acción y otros tópicos que forman parte del patrimonio epistemológico del instituto en América Latina. El *"koiné"* de la sentencia, por así decirlo, puso su atención en la garantía judicial que debe revestir la extinción de dominio.

En el propio texto del fallo se puede leer:

"(…) En ese entendido, para que la acción de extinción de dominio de bienes a favor del Estado, goce de todas las garantías inherentes al debido proceso, **la acción no puede tener una "naturaleza administrativa", tampoco ser "no jurisdiccional"**; por cuanto, dado el objeto y fines de la acción de extinción de dominio, su planteamiento implica tanto situaciones de hecho como de derecho que únicamente podrían ser dirimidas y resueltas *por una autoridad judicial competente, independiente e imparcial*; puesto que, al final de cuentas, lo que estará en discusión en una acción de extinción de dominio, será la legitimidad o no del origen de un derecho de propiedad, lo que demanda una carga probatoria dinámica, que nece-sariamente tiene que ser valorada con probidad, por una

---

[17] Declaración Constitucional Plurinacional 0002/2013, Sala Plena. Magistrado Relator: Dr. Macario Lahor CORTEZ CHÁVEZ. Expediente número 02073-2012-05-CCP en la consulta sobre la constitucionalidad del proyecto de Ley de Extinción de Dominio de Bienes a Favor del Estado, formulada por el entonces Presidente de Bolivia, Juan Evo MORALES AYMA.

autoridad judicial competente y además idónea, pues lo que se encontrará en juego, es el patrimonio de las personas, que de declararse la extinción, implicará un acuerdo a los fines de la ley proyectada, la pérdida de la titularidad del derecho propietario, sin contraprestación ni compensación para su titular, *determinación que en todo caso corresponde estrictamente a un acto netamente jurisdiccional, dentro de la potestad de impartir justicia, la cual emana del pueblo boliviano y se sustenta, entre otros, en los principios de independencia, imparcialidad, seguridad jurídica, probidad, equidad, armonía social y respeto a los derechos, labor que ha sido encomendada siempre, dentro del marco del principio de separación de funciones, a las autoridades judiciales*, que son las únicas que ejercen la jurisdicción conforme a ley.

Entonces, la acción de extinción de dominio, no puede darse a través de un procedimiento administrativo, por el carácter de la acción y dada la connotación en la afectación a derechos individuales de las personas; ya que, *esa "naturaleza administrativa" no asegura que se cumplan estándares mínimo inherentes a la garantía del debido proceso, porque la "naturaleza administrativa" de un proceso, pone a éste en manos de autoridades de esta naturaleza, con total ausencia de probidad, que no garantizan independencia ni imparcialidad, por su vinculación a funciones que son propias del Órgano Ejecutivo, quien en las acción de extinción de dominio podría aparecer como juez y parte*, en evidente concentración de funciones, lo que indudablemente lesionaría derechos y garantías constitucionales (…)" (Negrillas y subrayado originales de la sentencia. Cursivas nuestras)

El dispositivo fue enfático en declarar la inconstitucionalidad del entonces artículo 3 del proyecto de ley[18], resaltando el papel del

---

[18] El artículo 3 del *Proyecto de Ley de Extinción de Dominio de Bienes a favor del Estado*, era el siguiente: "(…) **Artículo 3. (EXTINCIÓN DE**

juez como único órgano del Estado con las consabidas caracte-rísticas de competencia, independencia, imparcialidad, probidad y capacidad jurídica para intervenir la esfera de los derechos fundamentales.

Para el lector moderno pudiera resultar algo baladí recalcar una realidad que debería funcionar sin condicionante alguno en nuestros países. Sin embargo, la práctica forense, sobre todo la que se enmarca en la lucha contra la corrupción o los factores del poder, en Latinoamérica, parece sucumbir ante lo que el profesor BREWER-CARÍAS[19], citando a CALAMANDREI[20], define como una *"legalidad falsificada, ilegitimidad legalizada y fraude consti-*

DOMINIO). I. La acción de extinción de dominio de bienes a favor del Estado es una **acción pública de naturaleza administrativa** y contenido patrimonial; consiste en la pérdida del derecho de propiedad **o posesiones de bienes cuando éstos sean producto de las conductas descritas en el artículo 5° de la presente Ley**, salvándose los derechos de los terceros de buena fe. **II.** La acción administrativa de extinción de dominio de bienes a favor del Estado es independiente, especial, no jurisdiccional, de aplicación preferente a cualquier acción que se haya iniciado, sin necesidad de sentencia penal previa contra la o el titular del bien. **III.** La extinción de dominio no es una sanción penal principal ni accesoria, ni se basa en la culpabilidad de una persona, es susceptible de ser recurrido en el marco del procedimiento administrativo vigente, **exceptuándose el proceso contencioso administrativo**. IV. La acción de extinción de dominio de bienes a favor del Estado, procede contra la poseedora o poseedor en caso de no conocerse un derecho propietario cierto (…)" (Negrillas nuestras).

[19] BREWER-CARÍAS, Allan R. (2024). *El juez constitucional y la aniquilación del Estado democrático. Algunas claves explicativas encontradas en una tesis secreta hallada en Zaragoza.* Caracas, Editorial Jurídica Venezolana, pp. 189-194. También, del mismo autor, véase *La demolición de la independencia y autonomía del Poder Judicial en Venezuela 1999-2021.* Caracas, Colección Biblioteca "Allan R. Brewer-Carías" del Instituto de Investigaciones Jurídicas de la Universidad Católica Andrés Bello, n° 7, Editorial Jurídica Venezolana, 2021, pp. 323-327.

[20] CALAMANDREI, PIERO (2019). *El fascismo como régimen de la mentira.* Valencia, Editorial Tirant Lo Blanch humanidades, Trad. Rachele FACCHI, p. 40.

tucional". Los jueces están cada vez más cercanos a la defensa del poder político que a su efectivo control dentro del marco constitucional. Sin embargo, muy a pesar de los descalabros en el nivel y calidad de los juzgados, sigue siendo un espacio más garantista y protectorio de los derechos e intereses que la propia Administración Pública.

Esto nos lleva a recalcar, a pesar de las rémoras, en la importancia del fallo boliviano parcialmente transcrito, de cara a la concreción de unos principios jurídicos que transversalmente deberían arropar a la potestad de corrección patrimonial constitucional. Principios que, como analizaremos en este libro, establecerán fronteras entre lo permitido y lo no consentido. Entre lo que en sí debe entenderse por formas correctivas y lo que es una mixtificación para abusar de ellas. Entre la barbarie y el atropello y lo que pudiera ser la nueva heterodoxia en las ciencias jurídicas. En fin, unos principios que evitarían a toda costa, endilgarle el término que los juristas españoles emplean -a veces con buen tino- para definir estas materias: *"cajón de sastre"*[21].

¿Dificultades en escribir esta obra, que realiza un aporte teórico casi como ensayo, aunado a las reacciones ante la novedad? ¡Muchísimas! Respondería con la sinceridad que todo hombre de ciencia debe asumir sin mitigación alguna. Estos escollos los resumiría, metodológicamente, en cuatro: 1. La lectura y formulación de la tesis desde ópticas no ideológicas, aunque haya sido un discurso ideológico (liberalismo originario) el que haya originado esta potestad, como veremos a lo largo del libro. 2. Dejar a un lado el "comodín" epistemológico de la "política criminal" como fuente exclusiva de estas potestades. 3. Su no asociación con los mecanismos del Derecho administrativo sobre los bienes y la teoría administrativa del interés social de la propiedad. 4. Su

---

[21] Al respecto, véase MANZANARES SAMANIEGO, José L. (2010). *Código Penal (Adaptado a la Ley Orgánica 5/2010, de 22 de junio). Comentarios y jurisprudencia.* Granada, Editorial Comares, Tomo I, Parte General, p. 925. AGUADO CORREA, Teresa (2000). *El Comiso.* Madrid, Edersa, p. 35.

emancipación de cualquier molde originario del Derecho civil de bienes. 5. Su necesaria ubicación dentro del Derecho constitucional, más específicamente, dentro del contenido del concepto de Constitución económica y el SISTEMA PATRIMONIAL NACIONAL.

La primera de las dificultades, *saber leer esta potestad de corrección patrimonial sin ninguna de las ópticas ideológicas conocidas*. No es la polémica sobre su novedad lo que conlleva un brete como es la forma en que el intérprete se aproxima a la teoría. Siempre hemos estado muy conscientes de la advertencia formulada por SCHOPENHAUER[22] al abordar una verdad (científica) ante comunidades reactivas. Primero, es ridiculizada. Segundo, es violentamente rechazada. Tercero, es aceptada como evidente por sí misma. En este ciclo lo relevante será emplear un lenguaje no ideológico para explicar un fundamento que descansa en el principio de la honestidad para generar todo tipo de riqueza. De esta manera, la riqueza y sus formas de generación se concentra como el punto polémico, curiosamente, aceptado por los autores liberales como por el propio materialismo dialéctico[23]. Su única

---

[22] SCHOPENHAUER, Arthur. (1818). *El mundo como voluntad y representación I*. Madrid, Editorial Trotta, Traducción, introducción y notas de Pilar LÓPEZ DE SANTA MARÍA, 2022, 608 pp.

[23] Para el materialismo dialéctico, la riqueza es un realidad necesaria para la prosperidad humana. A tal efecto, MARX, Karl. (1875). *Crítica al programa de Gotha*. Beijing, Ediciones de la República Popular China (1979), exponía: "(…) En una fase superior de la sociedad comunista, cuando haya desaparecido la subordinación esclavizadora de los individuos a la división del trabajo, y con ella, el contraste entre el trabajo intelectual y el trabajo manual; cuando el trabajo no sea solamente un medio de vida, sino la primera necesidad vital; cuando, con el desarrollo de los individuos en todos sus aspectos, *crezcan también las fuerzas productivas y corran a chorro lleno los manantiales de la riqueza colectiva*, sólo entonces podrá rebasarse totalmente el estrecho horizonte del derecho burgués y la sociedad podrá escribir en sus banderas: ¡De cada cual, según sus capacidades; a cada cual según sus necesidades! (…)". Para el liberalismo prototípico, en especial, SMITH, Adam. (1776). *An Inquiry*

diferencia será la concentración de medios de producción (haberes patrimoniales) y su distribución para generar esa riqueza, tanto como motor personal de la historia como ese "correr de chorros llenos de manantiales de riqueza colectiva".

Al separarnos de la óptica ideológica, podemos superar las limitaciones metodológicas que nos ha legado la dialéctica hegeliana, más específicamente, su adaptación histórica por el marxismo donde la propiedad y su derecho sólo parece responder a la binariedad que oscila entre el grado absoluto de reconocimiento (*quiritum*) y su antípoda de disolución colectivista del siglo XX. Es decir, o la propiedad está exclusivamente en manos privadas en absoluta libertad manchesteriana (*laissez faire, laissez passez*)[24] o ésta última no existe, sino, un arrinconamiento hacia modalidades de propiedad colectiva tan primitivas como la propiedad familiar, pasando por el *trotskismo* patrimonialista insolvente, hasta formas más sofisticadas de colectivismo socialistas o pseudosocialistas[25].

---

into the Nature and Causes of the Wealth of Nations. Madrid, Traducción de Carlos RODRÍGUEZ BRAUN, 2014, Edición digital Titivillus. En todo el libro, baluarte fundamental del liberalismo económico prototípico, SMITH hace constante referencia a la necesaria creación de riqueza como motor de la historia y de las relaciones humanas.

[24] Será el concepto de la libertad de los propietarios preferida al ciudadano de derechos políticos, tal como lo explica LASKI, Harold (1961). *El liberalismo europeo.* México, D.F., Fondo de Cultura Económica, Trad. Victoriano MIGUÉLEZ, p. 202. También, para más detalles, véase URBINA MENDOZA, Emilio J. (2005). "Neoliberalismo, filosofía liberal y derecho del siglo XXI", en: PARRA ARANGUREN, Fernando (Edit.). *Filosofía del Derecho y otros temas afines. Homenaje a Juan Bautista Fuenmayor Rivera,* Caracas, Ediciones del Tribunal Supremo de Justicia, pp. 533-566.

[25] Sobre todas las versiones de socialismos y sus derivados, véase VON MISSES, Ludwig (1984). "Socialismos y Pseudosocialismos", en: *Estudios Públicos,* n° 15 (junio) [en línea] en: https://www.estudiospublicos.cl/index.php/cep/article/view/1781

Ejemplo palpable del abandono de las recetas ideológicas del siglo XX lo encontramos en la China contemporánea, con un modelo político autobautizado como "socialismo"[26], pero, un sistema económico que más bien se acerca al ultraliberalismo spenceriano del siglo XIX[27]. Patología que para los más avezados analistas de hace medio siglo era insospechada hasta por los visionarios capitalistas más agresivos con programas de occidentalización del gigante asiático. También la nueva Rusia, la del siglo XXI, ha asumido un capitalismo menos agresivo que el experimentado durante los primeros años de la caída de la Unión Soviética, siendo prohibida constitucionalmente cualquier ideología única o unipartidista[28], así como también el monopolio y la competencia deshonesta[29].

Salvo en casos extremos como Corea del Norte, Cuba, Nicaragua y otros Estados sin una clara libertad económica como Venezuela, el mercado libre es una práctica aceptada por todas las naciones en mayor medida, lo que nos lleva a otros peligros que hemos indicado en su oportunidad[30], sobre todo, en la capacidad de

---

[26] Al respecto, véase GÉLVEZ RUBIO, Tatiana y DEFELIPE VILLA, Camilo (2016). "Racionalidad del modelo de desarrollo chino: una perspectiva institucionalista", en: *Papel político,* Vol. 21, n° 1, pp. 9-34.

[27] Al respecto, véase DOSI, Giovanni (2020). "Liberalismo desenfrenado y pandemia: la encrucijada entre el tecnoautoritarismo y una nueva organización social", en: *Revista de la CEPAL,* n° 132, pp. 185-194. JABBOUR, Elías y TORÍBIO DANTAS, Alexis. (2020). "Sobre a China e o "socialismo de mercado" como uma nova formação econômico-social", en: *Nova Economia,* Año 30, n° 3, pp. 1029-1051.

[28] Artículo 13 de la Constitución de la Federación de Rusia (1993), reformada en 2014. Consultamos la base de datos oficial del Gobierno ruso, equivalente a nuestra gaceta oficial, en www.pravo.gov.ru

[29] Artículo 34 de la Constitución de la Federación de Rusia.

[30] Véase JIMÉNEZ TAPIA, Rafael S. y URBINA MENDOZA, Emilio J. (2021). *El comiso autónomo y la extinción de dominio en la lucha contra la corrupción.* Buenos Aires, Ediciones Olejnik, pp. 42-52.

la delincuencia económica para "jugar" con esos mercados desregularizados sometiendo a altísimos riesgos todo el patrimonio de un país, sea público o privado, llegando a conformar toda una "economía de la corrupción"[31]. La delincuencia económica 2.0 ya no asume antiguos arquetipos de sociedades-pantalla, "padrinos" notorios, amedrentamiento generalizado, etc. Ahora buscan penetrar los defectos de organización empresarial, sobre todo, de la empresa con amplia tradición y sólidamente acreditada como actor económico fiable.

La segunda dificultad estriba en usar y "abusar" del *comodín* epistemológico de la "política criminal" como fuente exclusiva de alimentación teórica para todas estas potestades correctivas del Estado sobre la propiedad. En efecto, la concreción de un modelo justificatorio global siempre se topará con las contradicciones propias de quienes se apegan a un modelo de arrinconamiento de todas estas formas (incluyendo el litigio ambiental) hacia lo que se conoce como política criminal de los Estados. Como en el fondo dicha potestad tiene como finalidad la prevención que patrimonios ilícitos (no punibles) contaminen una economía, así como, aplicar medidas que hagan más costosa la resolución del acuerdo corrupto sin apelar al proceso penal, resulta la tesis tuciorista de la "política criminal del Estado", que, con la organización global -incluyendo convenios y tratados- se transforma en una suerte de gran movimiento mundializador.

---

[31] Al respecto, véase FERNÁNDEZ DÍAZ, Andrés. (2010). "Nuevas aportaciones a la economía de la corrupción", en: *Revista española de control externo,* Vol. 12, n° 36, pp. 149-163. ROSE-ACKERMAN, Susan. (1999). "Corrupción y economía global", en: *Isonomía: Revista de teoría y filosofía del derecho,* n° 10, pp. 51-82. HODGSON, Geoffrey y JIANG, Shuxia. (2008). "La economía de la corrupción y la corrupción de la economía: una perspectiva institucionalista", en: *Revista de economía institucional,* Vol. 10, n° 18, pp. 55-80. ELLIOT, Kimberly Ann. (Edit.) (2001). *La corrupción en la economía global.* México, Editorial Limusa. AGUILERA GORDILLO, Rafael, MARCHENA GÓMEZ, Manuel y PALMA HERRERA, José Manuel. (Edit.) (2022). *Manual de Compliance Penal en España.* Madrid, Thomson Reuters Aranzadi.

En esto se incluye la defensa del ambiente, que, como apuntamos, no se circunscribe sólo a reparaciones e indemnizaciones, como explica el profesor HERNÁNDEZ-MENDIBLE[32]. También, también existen pretensiones de mitigación para alcanzar la neutralidad climática y las de compensación por adaptación con el objeto de cubrir los costos necesarios para reducir el cambio climático. Y, en ambas nociones, brilla por su ausencia precisamente las implicaciones de la política criminal, ya que, la neutralidad climática y los costos de las medidas para proteger al ambiente son directamente asociados a la patrimonialización de todos los activos de una nación, incluyendo, aunque a muchos no lo compartan, el concepto mismo de patrimonio natural[33].

La política criminal de un Estado o del concierto de Estados, si aceptamos que puede llegar a construirse más allá de las fronteras, no se extiende bajo ningún concepto hacia aspectos patrimoniales que no se asocian con actividades consideradas punibles, por lo menos, en principio. Como bien se califica, "la política" y el predicado criminal, posee una definición más o menos uniforme en nuestros días. Para el DICCIONARIO PANHISPÁNICO DEL ESPAÑOL JURÍDICO[34], se entiende como: "(…) **1.** *Pen.* Actividad pública que

---

[32] HERNÁNDEZ-MENDIBLE, Víctor (2022). ... *Ob. Cit.,* p. 107.

[33] Véase PRADA BLANCO, Albino (Dir.); GONZÁLEZ GÓMEZ, Manuel; GONZÁLEZ MARTÍNEZ, Philippe Polomé y VÁZQUEZ RODRÍGUEZ, María Xosé. (2001). *Valoración económica del Patrimonio natural.* A Coruña, Instituto de Estudios Económicos-Fundación Pedro Barrié de la Maza. TOLIVAR ALAS, Leopoldo; HUERGO LORA, Alejandro José y CANO CAMPOS, Tomás (Dir.). *El patrimonio natural en la era del cambio climático: actas del XVI Congreso de la Asociación Española de Profesores de Derecho Administrativo.* Madrid, INAP.

[34] REAL ACADEMIA DE LA LENGUA ESPAÑOLA. *Diccionario Panhispánico del Español Jurídico.* Consulta: https://dpej.rae.es/lema/política-criminal Sobre la política criminal, véase BLANCO LOZANO, Carlos (2007). *Tratado de política criminal.* Barcelona, Bosch Editor. FAGGIANI, Valentina y GARRIDO CARRILLO, Francisco Javier (2022). *Lucha contra la crimina-*

tiene por objeto adoptar los criterios y disponer los medios para prevenir la delincuencia. **2.** *Pen.* Conjunto de criterios que permiten valorar la orientación del derecho penal vigente y proponer las condiciones para su eficacia en el futuro. **3.** *Pen.* Rama de conocimiento que se ocupa del estudio de los criterios y medios adecuados para la prevención de la delincuencia. (…)"

Si tomáramos la política criminal, en cualquiera de sus tres acepciones citadas, a los fines de justificar los mecanismos correctivos de la propiedad como la extinción de dominio, los decomisos sin condena, el litigio climático en su faceta de mitigación, así como otros donde no se busca eliminar la propiedad o limitarla, sino, mantenerla dentro de los cánones de licitud; entonces, estaríamos en el territorio de la paradoja frente a las tendencias contemporáneas del Derecho penal. Primero, porque es un dogma aceptado en nuestros días el denominado *principio de intervención mínima del Derecho penal*[35], con el

---

lidad organizada y cooperación judicial en la UE: instrumentos, límites y perspectivas en la era digital.* Madrid, Thomson-Reuters-Aranzadi – Junta de Andalucía. NÚÑEZ CASTAÑO, Elena; GARCÍA ARROYO, Cristina y RODRÍGUEZ MOLINA, Antonio. (2024). *Reformas penales y Estado de Derecho.* Valencia, Editorial Tirant Lo Blanch. BRANDARIZ GARCÍA, José Ángel. (2016). *El modelo gerencial-actuarial de penalidad: Eficiencia, riesgo y sistema penal.* Madrid, Dykinson. ROMERO ABOLAFIO, Juan José y MORILLAS CUEVA, Lorenzo. (2023). *Interrogantes actuales sobre el cambio climático: análisis constitucional, penal y criminológico.* Madrid, Dykinson.

[35] Véase VELÁSQUEZ VELÁSQUEZ, Santiago. (2022). "Principio de intervención mínima penal", en: RODRÍGUEZ TAPIA, Ingrid Beatriz; NEIRA PENA, Ana; AGUIRRE CASTRO, Pamela Juliana. (Coord.). *Derecho procesal penal: aspectos probatorios.* Quito, Universidad Espíritu Santo, pp. 314-328. MAGRO SERVET, Vicente. (2023). "El principio de intervención mínima del derecho penal y su aplicación práctica: (Referencia a la reciente STS 185/2023 de 15 de marzo de 2023)", en: *Diario La Ley,* n° 10258. GARCÍA-PABLOS DE MOLINA, Antonio. (1996). "Sobre el principio de intervención mínima del Derecho penal como límite del *ius puniendi*", en: GONZÁLEZ RUS, Juan José. (Coord.) *Estudios*

cual, concebir que una política criminal es la que alimenta estas potestades correctivas a la propiedad, sería colonizar espacios para los que el propio Derecho penal sería un elemento extraño[36],

penales y jurídicos: homenaje al profesor Dr. Enrique Casas Barquero, Córdova, Servicio de Publicaciones de la Universidad de Córdova, pp. 249-260. SERRANO TÁRRAGA, María Dolores. (2005). "La expansión del derecho penal en el ámbito de la delincuencia económica: La tutela penal de los mercados financieros", en: Revista de Derecho, Vol. 18, n° 1, pp. 213-237. RUÍZ VADILLO, Enrique. (1999). "Algunas reflexiones sobre justicia penal", en: Eguzkilore: Cuaderno del Instituto Vasco de Criminología, n° 3, pp. 265-268. Paradójicamente, el TRIBUNAL SUPREMO DE JUSTICIA DE LA REPÚBLICA BOLIVARIANA DE VENEZUELA/SALA CONSTITUCIONAL, en sentencia número 172, de fecha 14 de mayo de 2021 (Caso: Agustín Ulpiano Pineda Moreno), definió lo que implica este principio: "(…) Lo anterior no es otra cosa que la aplicación directa, por parte de esta Sala Constitucional, del principio de intervención mínima del [d]erecho penal y, concretamente, del principio de subsidiariedad, en virtud del cual el [d]erecho penal ha de ser la ultima ratio, es decir, el último recurso que se debe emplear a falta de otros mecanismos menos lesivos, como son los establecidos en el [d]erecho civil, en el [d]erecho mercantil y en el [d]erecho administrativo. Debe afirmarse que el principio de intervención mínima se desprende del modelo de Estado social consagrado en el artículo 2 del Texto Constitucional, siendo uno de sus rasgos fundamentales la exigencia de necesidad social de la intervención penal. Así, el [d]erecho penal deja de ser necesario para resguardar a la sociedad cuando esto último puede alcanzarse mediante otras vías, las cuales tendrán preferencia en la medida en que sean menos lesivas para los derechos individuales. En resumidas cuentas: en un Estado social al servicio de sus ciudadanos, la intervención penal estará legitimada siempre y cuando sea absolutamente necesaria para la protección de aquéllos, y esto se da cuando los mecanismos extra penales no son suficientes para garantizar dicha protección (…)"

[36] Véase VERVAELE, John A.E. (1998) "Las sanciones de confiscación: ¿Un intruso en el Derecho Penal?", en: Revista Penal, n° 2, Valencia, Edit. Tirant Lo Blanch, p. 67-80.

invasivo, populista[37] y hasta de terrorismo de Estado[38]. Segundo, las tesis expansivas del Derecho penal actuales implican no

---

[37] Sobre el término "populismo penal o punitivo", véase MARTÍNEZ PATÓN, Víctor y MARTÍNEZ GALINDO, Gema (Dir.). (2024). *Cincuenta reformas penales: Análisis de las reformas del Código Penal de 1995 desde la perspectiva del populismo punitivo.* Valencia, Editorial Tirant lo Blanch. SÁNCHEZ BAENA, Guadalupe. (2020). *Populismo punitivo: un análisis acerca de los peligros de aupar la voluntad popular por encima de leyes e instituciones.* Bilbao, Ediciones Deusto. ESCALANTE BARRETO, Caviedes Estanislao. (Coord.). (2018). *Política criminal mediática: populismo pena, criminología crítica de los medios y de la justicia penal.* Bogotá, Editorial Ibáñez. GARCÌA VALDÉS, Carlos. (Res.) (2024). "Cincuenta reformas penales. Análisis de las reformas del Código Penal de 1995 desde la perspectiva del populismo punitivo", en: *La ley penal: revista de derecho penal, procesal penal y penitenciario,* n° 168. MIRÓ LINARES, Fernando. (2023). "El Derecho penal como coartada: Aproximación a la estructura de la comunicación sobre el crimen y la ley penal en Twitter", en: *In Dret: Revista para el análisis del Derecho,* n° 2, pp. 445-492. MORAL GARCÍA Antonio del (2016). "Justicia penal y corrupción: déficits, resultados, posibilidades", en: *Revista Vasca de Administración Pública (RVAP),* n° 104, 2, pp. 43-75. FIGUEIREDO, Frederico. (2008). "Política criminal populista: para uma crítica do direito penal instrumental", en: *Revista brasileira de ciências criminais,* n° 70, pp. 100-132. DAMIÁN LAISE, Luciano. (2023). "La defectuosa construcción del lawfare como mito en Brasil y Argentina: entre la pesadilla y el noble sueño de la neutralidad política en la justicia penal", en: *Ius et Veritas,* n° 67, pp. 214-231.

[38] TRIBUNAL SUPREMO DE JUSTICIA DE LA REPÚBLICA BOLIVARIANA DE VENEZUELA/SALA CONSTITUCIONAL. Sentencia número 73, de fecha 06 de febrero de 2024 (Caso: *Mariela Sobeida Hernández González*) "(…) *Por ello, el terrorismo judicial puede verificarse en algunos casos, cuando se pretende acceder a la jurisdicción penal a los fines de resolver conflictos civiles, mercantiles, laborales o administrativos, con el solo fin de presionar, asustar y coaccionar a personas y lograr penalizar conductas atípicas, que perfectamente pueden ser tuteladas por los tribunales competentes en el ámbito natural de su jurisdicción, dándole para el logro de su írrito fin, la apariencia externa de un acto antijurídico, punitivo y lograr someter hechos que no se encuentran calificados como delitos, con el solo objetivo de obtener beneficios al margen del*

extenderse punitivamente sobre todas las conductas, sino, que esa dilatación estaría circunscrita a las penas que no conllevan la

_____

ordenamiento jurídico. El terrorismo judicial, constituye a no dudarlo en una de las peores agresiones del que pueden sufrir los justiciables, no sólo porque son sometidos a una manifestación de Poder Público que incide de forma extrema sobre su esfera de derechos y garantías constituicionales de los cuales son titulares, sino porque el ejercicio del poder punitivo del estado se hace con un velo de legalidad, que genera en muchas ocasiones limitaciones de distinto orden y grado, que van desde lo material a lo psicológico, tal como ocurre cuando la amenaza o concreción de medidas judiciales restrictivas de la libertad afectán a terceros (vgr. la madre a la que se le amenaza con ir detenida si no hace entrega del inmueble y la incertidumbre que puede generar en el destino de sus hijos o personas discapacitadas a su cargo en el marco de una relación civil con la presunta víctima -arrendador, vendedor, contratante, entre muchos otros supuestos). La Sala Político Administrativa de esta Alto Tribunal, en sentencia N° 282/2000, destacó en una de sus primeras decisiones, lo pernicioso del terrorismo judicial al señalar lo siguiente: "(...) en el presente caso estamos en presencia de lo que se ha venido denominando Terrorismo Judicial, que consiste en la utilización de la Jurisdicción Penal para resolver situaciones cuya competencia es evidente de la Jurisdicción Mercantil o civil; así tenemos que en el presente caso no debió la Juez JEAN MARSHALL DE PAREDES, la instrucción de este proceso, que de inicio se evidenciaba que no era competencia de esta jurisdicción penal, debiendo aplicar por derecho en su oportunidad legal lo dispuesto por el artículo 99 del Código de Enjuiciamiento Criminal, y así evitar que se utilizara la vía penal para el cobro de un finiquito, todo lo cual hace merecedora a la Juez JEAN MARSHAL DE PAREDES de amonestación conforme a la Ley Orgánica del Poder Judicial, pero que este Tribunal no aplicará por ser primera vez que observa tan grave irregularidad, pero sirva esta severa advertencia para que en lo sucesivo sea más cuidadosa al instruir y decidir causas, a los fines de una recta y eficaz administración de justicia (...)" (Resaltado del fallo). El terrorismo judicial es particularmente grave, pues se subvierte el orden constitucional y genera un estado de desorganización social como consecuencia de la incongruencia entre las normas y la actuación de las instituciones públicas, afectando gravemente la autoridad y la imagen del Poder Judicial, y generando desconfianza en el justiciable, (cfr. sentencia de esta Sala N° 594/2021) (…)".

privativa de libertad, reduciéndose en una primera velocidad, las sanciones que sí privarían la libertad. A esto se le conoce como el Derecho penal de dos velocidades[39].

La tercera dificultad, *es la confusión de estos mecanismos correctivos comparándolos erróneamente con los elucidados por el Derecho administrativo de la propiedad privada y de la libertad económica.* Debemos partir que, en una lectura poco profunda, se asociaría la extinción de dominio u otras formas correctivas con categorías como la expropiación, la nacionalización, e inclusive, la confiscación, éstas últimas, materia incuestionable del Derecho administrativo. También, en un enfoque más económico (pero incardinado en el Derecho público), hasta pudiera calzar con formas de intervención "típicas" de la Administración sobre la libertad económica. Como veremos, ni es Derecho administrativo de la propiedad privada[40], ni mucho menos responde a la teoría administrativa del interés social de la propiedad, que autoriza, al Estado, para asumir patrimonios y ponerlos en funcionamiento a favor de ese interés público.

---

[39] SILVA SÁNCHEZ, José M. (2011) *La expansión del Derecho penal. Aspectos de la política criminal en las sociedades postindustriales.* Buenos Aires, Euro Editores.

[40] Sobre el Derecho administrativo de la propiedad privada, véase, BREWER-CARÍAS, Allan R. (2023). *Propiedad privada y Derecho administrativo. Estudios.* Caracas, Editorial Jurídica Venezolana, Cuadernos de la Biblioteca "Allan R. Brewer-Carías" del Instituto de Investigaciones Jurídicas de la Universidad Católica Andrés Bello, n° 18, pp. 27-106. HERNÁNDEZ, José Ignacio (2008). "Principios actuales del Derecho administrativo económico en Venezuela", en: AAVV. *VII Jornadas de Derecho público: el Derecho administrativo económico en los inicios del siglo XXI.* Caracas, Universidad Monte Ávila, Paredes Editores. RUGGIERI COVA, Ana María (2022). "La especialización en Derecho administrativo y los bienes", en: RODRÍGUEZ GARCÍA, Armando y SILVA ARANGUREN, Antonio (Coord.). *Libro Homenaje a la especialización en Derecho Administrativo de la Universidad Central de Venezuela. A propósito de su cuadragésimo aniversario.* Caracas, Centro de Estudios de Postgrado de la FCJP-UCV-CIDEP.

Corregir patrimonialmente la propiedad, a pesar de que comparte el ámbito común del concepto y territorialidad temática de la Constitución económica, es diametralmente opuesto al de "intervenir" o "dirigir" la economía o el sistema patrimonial. Para nosotros es capital que se precise una nítida diferencia entre "corregir" de "intervenir". Cada vocablo posee una dimensión propia, que, de pudiera confundirse con los llamados cometidos esenciales de la Administración Pública, materia que fue propia y definió durante décadas la esencia misma del Derecho administrativo[41].

Los mecanismos de corrección patrimonial no tienen asociación intrínseca con el Derecho administrativo, ni siquiera por vía tangencial, salvo, en lo referente a la administración de bienes una vez ha sido estimada una demanda de extinción de dominio a favor del Estado, pasando a regularse por el SERVICIO DE BIENES RECUPERADOS[42]. Aquéllos no buscan gestionar intereses generales sino "evitar" que ciertas distorsiones puedan alterar la esencia del derecho de propiedad y que, en consecuencia, se ponga en peligro la creación de riqueza. Ni las nacionalizaciones, confiscaciones o versiones autorizadas de expropiación pueden vincularse, bajo ningún esquema, como formas propias de las potestades de corrección patrimonial constitucional. Tampoco es una sutil manera de bautizar un "intervencionismo público" o "reservas estratégicas de áreas de la economía" que tutela al sector privado,

---

[41] Para el Derecho administrativo histórico, tres han sido los cometidos de la Administración Pública: las actividades de fomento, la gestión de servicios públicos y la tutela de las actividades de policía administrativa. En los tres, el Estado interviene sobre los patrimonios no tanto para hacer correcciones sino para garantizar el correcto funcionamiento de las actividades que generan bienestar general. Para más detalles, en la versión clásica, JORDANA DE POZAS, Luis. (1951), "El problema de los fines de la actividad administrativa", en: *Revista de Administración Pública,* n° 4, pp. 11-28.

[42] Al respecto, véase GRAU, María Amparo (2023). "Aspectos Administrativos de la Ley Orgánica de Extinción de Dominio", en: *Boletín de la Academia de Ciencias Políticas y Sociales,* n° 172, pp. 407-421.

pues, poco importa en este caso las tipologías de propiedad, ya que, la propiedad pública en cierto momento puede poner en peligro al propio sistema patrimonial nacional, por lo que requerirá, tan igual que la propiedad privada, medidas correctivas para evitar su colapso.

La clave para entender las distinciones que presentamos y de esta manera construir la tesis que fundamente a la extinción de dominio en su esfera sustantiva constitucional, se centra en el primer principio que informa y cohesiona al SISTEMA PATRIMONIAL NACIONAL: *el principio de la libertad patrimonial relegada al interés general,* conocido también como orden público económico[43]. Como explicamos, la corrección patrimonial no cuestiona las

---

[43] Al respecto, véase SAINZ MORENO, Fernando. (1980). "El principio de libre competencia como manifestación del orden público económico", en: *Revista española de Derecho administrativo,* n° 24, pp. 134-138. FERMANDOIS VÖHRINGER, Arturo. (2005). "Ripert y su influencia en el concepto de Orden Público Económico: auge y caída de una visión dirigista", en: *Revista Chilena de Derecho,* Vol. 32, n° 1, pp. 7-18. SANCLEMENTE ARCINIEGAS, Javier. (2020). "Corrupción, orden público y regulación económica en Colombia", en: *Jurídicas,* Vol. 17, n° 1, pp. 105-124. Donde quizá aparezca con nítida concreción este concepto, es en la Constitución de la República de Chile de 1980, reformada múltiples veces luego de 1990. Para más detalles véase HERNÁNDEZ PEÑAILILLO, Víctor (2019). "El Orden Público Económico en la Constitución de Chile de 1980 y su presencia en el ordenamiento jurídico actual", en: OTÁROLA ESPINOZA, Y. (Coord.). *El Derecho en Chile.* Madrid, Editorial Reus, pp. 187-201. RIVERO ORTEGA, Ricardo (2018). *Derecho administrativo económico,* Madrid, Marcial Pons. MARTÍN MATEO, Ramón y SOSA WAGNER, Francisco (1977). *Derecho administrativo económico.* Madrid Editorial Pirámide. MARTÍN-RETORTILLO BACQUER, Sebastián. (1988). *Derecho administrativo económico.* Madrid, Wolters Kluwer. PAREJO ALFONSO, Luciano y DE ASIS ROIG, Agustín. (2015). *Lecciones de Derecho administrativo: orden económico y sectores de referencia.* Valencia, Editorial Tirant lo Blanch. HERRERA ORELLANA, Luis A. (2011). "Las tensiones entre la propiedad privada y el derecho administrativo", en: *Revista de la Facultad de Derecho de la UCAB,* n° 65-66, pp. 163-176.

garantías del derecho de propiedad[44], sino que establece si hubo la correcta forma para que ese derecho naciera a favor del supuesto titular sin que alterara el principio de adquisición o destinación lícita del patrimonio. En la destinación lícita del patrimonio, también puede concentrarse esas nuevas formas de tutela judicial, como la suscitada en el caso comentado de la petrolera *Royal Dutch Shell*. Sin existir perjuicio alguno, basta con que una contingencia -de origen natural o humano- ponga en peligro el interés general de todo un sistema patrimonial, o la capacidad para sostener la generación de riqueza de cualquiera de sus actores económicos para que se activen mecanismos correctivos, en aras de evitar un daño patrimonial mayor o potencialmente aniquilador de la capacidad de generar riqueza. En el caso reseñado, la ralentización de las políticas corporativas de la petrolera, ponían en peligro el logro de las metas de reducción de emisiones de CO_2 según el COP21.

La cuarta dificultad presente, *la encontramos en la necesaria emancipación del molde originario, del concepto de patrimonio, del clásico Derecho civil de bienes.* Esto es así porque la potestad correctiva no centra su cometido en las limitaciones de los atributos de la propiedad, buscando superar las nociones del Derecho privado sobre la teoría de la vinculación del patrimonio a la conducta de su titular (patrimonio-personalidad)[45]. Esta versión para aplicarla al concepto de potestad de corrección patrimonial puede traer problemas visto que desconocería uno de los atributos propios de la extinción de dominio como *actio in rem*. Debemos

---

[44] URBINA MENDOZA, Emilio J. (2024). … *Los valores constitucionales de la propiedad* …, p. 63.

[45] Como se aprende en las nociones básicas del Derecho Civil II (Bienes y derechos reales), el patrimonio es ese "(…) *conjunto de deberes y derechos que presentan carácter económico o patrimonial y son susceptibles de ser valorados en dinero o pecuniariamente* (…)" DOMÍNGUEZ GUILLÉN, María Candelaria y PÉREZ FERNÁNDEZ, Carlos (2022). *Curso de Bienes y Derechos Reales*. Caracas, *Revista Venezolana de Legislación y Jurisprudencia*, p. 52.

recordar que las medidas correctivas, sus mecanismos, como la extinción, el decomiso civil o el litigio ambiental, por citar ambas formas, el catalizador no estriba en el comportamiento (activo o pasivo) de una persona que es titular de ese patrimonio, sino en la condición objetiva del mismo[46], es decir, que buscamos o bien la licitud de origen o la derivada por su empleo. Nótese que en el caso *Shell*, la compañía no había violentado ninguna regla ambiental vigente para el momento. El comportamiento corporativo era inobjetable desde cualquier plano, sea en el civil-patrimonial como en el relativo al Derecho público del ambiente. Sin embargo, la empresa no había sido lo suficientemente diligente como para acelerar, más de lo que el Consejo Directivo había planificado, sus acciones para la reducción de gases de efecto invernadero en su producción petrolera hasta el año 2031.

En segundo término, noción clásica del Derecho privado nos obliga a reconocer que todo patrimonio posee un titular, que es una persona. En el caso del SISTEMA PATRIMONIAL NACIONAL, aplicar esta tesis no sólo sería cuestionable sino insuficiente. Nos explicamos. La Nación, como concepto polémico[47], no acepta que

---

[46]   JIMÉNEZ TAPIA, Rafael y URBINA MENDOZA, Emilio. (2023). *Introducción al estudio de la extinción de dominio y sus modelos globales.* Caracas, Editorial Jurídica Venezolana-AVIPRI, pp. 259-260.

[47]   En 2017, quien suscribe, ejerció un recurso de nulidad por inconstitucionalidad contra el Decreto Presidencial 2.878 de fecha 23 de mayo de 2017, publicado en Gaceta Oficial n° 41.156 de la misma fecha; en el cual, se publicaban las bases comiciales para la convocatoria de la Asamblea Nacional Constituyente. Dicho recurso fue resuelto por la SALA CONSTITUCIONAL DEL TRIBUNAL SUPREMO DE JUSTICIA en sentencia número 455 de fecha 12 de junio de 2017. En el fallo, además de rechazar los argumentos para la impugnación del decreto, decidió sobre un tópico que no estaba en cuestionamiento, alegando que "(…) *cuando se hace referencia a la Nación venezolana, estamos enmarcados dentro de la teoría clásica francesa que asimila el Estado a la Nación. Como nos refiere el Dr. Humberto J. LA ROCHE en su texto de Derecho Constitucional (Tomo I. Parte General, Valencia, Vadell Hermanos*

sea abordada como una persona en el sentido del vocablo, salvo, quizá, para materias relativas a la seguridad de esta, que la Constitución denomina "concepto estratégico de la Nación"[48], o bien, en lo que respecta a su individualización del resto de naciones que le otorga derechos propios como territorialidad[49] diferenciada de otras legalmente reconocidas por el Derecho internacional Público. De allí que la Constitución diferencie términos como "Nación" de "República" y de "Estado". Acepciones, por cierto, que sí son confundidas en el Código Civil[50]. El quid del asunto en este contexto es que no podemos hablar del "Patrimonio de la Nación", como si ésta última poseyera personalidad jurídica. Además, sería erróneo, pues, si la nación la conforman las personas naturales y jurídicas, totalmente diferenciadas, identificables e

---

Editores. 1999, p. 277), en apoyo de esta posición, expone que Carré de Malberg decía que "el principio de la soberanía nacional no puede ser a la vez un atributo del Estado y de la Nación, y que la Nación no puede ser soberana al mismo tiempo que el Estado, sino con la condición de que formen una sola y única persona". En definitiva, la Nación es un concepto esencialmente sociológico: no existe jurídicamente y no es sujeto de derecho, ni titular de la soberanía, sino en la medida en que se encuentra organizada por el estatuto estatal. Como dice LA ROCHE, "la Nación no es la subsistencia del régimen estatal sino su destinatario (…)". Es decir, que para el TSJ, *Nación y Estado son lo mismo.* Para más detalles sobre este problema más allá que un mero giro lingüístico, véase URBINA MENDOZA, Emilio J. (2021). "Observaciones sobre la sentencia n° 455/2017 de la Sala Constitucional del TSJ y la concreción jurisprudencial, atípica e impertinente, de la unidad conceptual Estado/Nación. A propósito de una polémica en el país vasco", en: AVELEDO, Ramón Guillermo; CASAL, Jesús María y UROSA MAGGI, Daniela (Coord.). *Estudios constitucionales y parlamentarios. Anuario 2018-2020.* Caracas, Instituto de Estudios Parlamentarios Fermín Toro-ABC ediciones UCAB, CIDEP, pp. 207-235.

[48]   Artículo 323 de la Constitución de la República Bolivariana de Venezuela.

[49]   Artículo 1, *in fine,* de la Constitución de la República Bolivariana de Venezuela.

[50]   Artículo 19, numeral 1 del Código Civil venezolano.

identificadas; ¿cómo pudiéramos separar todos los patrimonios? Recordemos que es erróneo considerar que el patrimonio de la Nación es equivalente al patrimonio del Estado, así como tampoco, de la República. Cada término posee una connotación suficientemente definida en doctrina y jurisprudencia[51].

La Nación como tal no posee patrimonio en el sentido que el Derecho civil de bienes otorga cuando lo imputa a una persona como centro de cohesión de esos efectos, derechos y obligaciones. Por tanto, concebir esta potestad correctiva dentro de los moldes del Derecho civil, además de sus evidentes limitaciones, sería totalmente cuestionable, pues, no existe un "Patrimonio de la Nación", tal como explicamos, salvo, a efectos orientadores en materia de recursos, utilización y explotación del territorio de Venezuela.

Sin embargo, del concepto construido desde el Derecho civil de bienes sí es aplicable, para la definición del SISTEMA PATRIMONIAL NACIONAL, como lo veremos en la segunda parte de este libro, tanto las *características* como los *elementos constitutivos* del patrimonio[52]. Su traslación se realiza ya en una escala nacional, superando las fundamentaciones aprendidas dentro del régimen de bienes, tanto la teoría clásica (*teoría del patrimonio-*

---

[51] Véase BREWER-CARÍAS, Allan R. (1991). *Principios del régimen jurídico de la organización administrativa venezolana.* Caracas, Editorial Jurídica Venezolana, colección estudios jurídicos n° 49, p. 16.

[52] DOMÍNGUEZ GUILLÉN, María Candelaria y PÉREZ FERNÁNDEZ, Carlos (2022). *Ob. Cit.,* pp. 61-67. También, véase MIRANDA, Javier. (2005). "Notas para la construcción del concepto patrimonio", en: *Revista crítica de derecho privado,* n° 2, pp. 95-101. BURGOS ESTRADA, Juan Carlos. (1998). "La elaboración jurídica de un concepto del patrimonio", en: *Política y sociedad,* n° 27, pp. 47-62.

personalidad)[53], la teoría del patrimonio-afectación[54], los que abogan por una tesis ecléctica[55] hasta los negacionistas[56].

Hasta este punto la pregunta que subyace es ¿cuál sería la ubicación de esta potestad correctiva patrimonial del Estado sobre la propiedad?

Analizamos su imposibilidad de enfocarla desde la *ideología*. Esto sería mortal para el disenso. Prácticamente corregir el derecho de propiedad sería un mecanismo de venganza totalmente secuestrado por quien detente el poder político-ideológico del Estado, dejándose en manos de ese vaivén que es el péndulo de los proyectos históricos[57] desde los defensores a ultranza de la propiedad hasta quienes consideran que sólo el Estado tiene la capacidad para ser propietario.

---

[53] Véase para más detalles, MAZEAUD, Henry; León y Jean. (1960). *Lecciones de Derecho civil*, Buenos Aires, Ediciones EJEA, parte I, Vol. 1, p. 430.

[54] Véase para más detalles, KUMMEROW, Gert (2001). *Bienes y derechos reales*. Caracas, Editorial McGraw Hill, pp. 16 y ss.

[55] Véase para más detalles, MARTÍN AZCANO, Eva M. (2011). *El patrimonio protegido de las personas con discapacidad. Aspectos civiles,* Madrid, Editorial La Ley, pp. 41-42. CARRILLO, L; CRUZ, O y MÁRQUEZ DE KRUPIJ, Florencia (1989). *Lecciones de Derecho Civil II.* Mérida, Ediciones de la Universidad de los Andes, pp. 169-170.

[56] Véase para mas detalles, DOMÍNGUEZ GUILLÉN, María Candelaria y PÉREZ FERNÁNDEZ, Carlos (2022). *Ob. Cit.,* pp. 73-74.

[57] El proyecto histórico, tal como lo define VIDAL FERNÁNDEZ, Fernando. (2007). "La modernidad como edad de universalización: revisión del programa weberiano de modernización", en: *Miscelánea Comillas,* n° 126, p. 154, "(…) *son las versiones, programas de naturaleza política, social, económica, jurídica, cultural, etc., que buscan explicar a su manera, o influir abiertamente, sobre la esencia de un particular eje histórico* (…)".

Tampoco podemos encuadrarlo en el comodín -universalmente aceptado- de la *política criminal*, visto que sería ampliar el contenido de esta última, en especial, expandiendo los ejes del Derecho penal, cuando, como veremos, la potestad correctiva patrimonial no es ni una pena, así como tampoco una manera de agravar delitos. Si bien es cierto la última ratio de la potestad correctiva busca prevenir que la delincuencia económica penetre el sistema económico con las novísimas formas de la criminalidad 2.0; no responde sólo a lo que punitivamente un Estado -o grupos de Estados- hayan decidido en sus directivas de combate, prevención y represión del crimen.

Pero sería más peligroso precisarla en el *Derecho administrativo de bienes*, pues, no es significativo el enfrentamiento entre la dialéctica pública/privada que sufre la propiedad al tensarse con el interés público que defiende y construye el Derecho administrativo. Ni es intervenir, porque no puede asociarse la extinción de dominio ni con la expropiación, la confiscación, la nacionalización y todas las formas de intervención de la economía por parte del Estado en resguardo del Sistema Económico Nacional. Ubicarla en los predios epistemológicos del Derecho administrativo sería incompatible, desvirtuándose, pues, sería presumir que el Estado tiene preminencia en el cuestionamiento del derecho de propiedad, o lo que es lo mismo, ésta última sería una quimera que debería justificarse siempre y no presumirse, volándose cualquier garantía de seguridad jurídica en torno a los bienes y patrimonios, sobre todo, los de naturaleza privada. Además, recordemos que toda potestad correctiva es de competencia constitucional exclusiva al poder judicial, por lo que mal podría concebirse que la Administración se encargara de aplicarlas, pues, como vimos al revisar la sentencia del Tribunal Constitucional de Bolivia, sólo en un proceso judicial es que puede someterse la evaluación sobre correcciones al derecho de propiedad. Ni siquiera tendría sentido establecer que fuera la jurisdicción contencioso-administrativa, pues, al ser una competencia donde una de las partes obligatoriamente es el Estado, sea como actor o demandado, vincular la extinción de dominio o el litigio ambiental en estos tribunales sería presumir de antemano que el Estado posee derechos y expectativas judiciales de las resultas de ese proceso correctivo, ya que, los bienes pasarían bajo su titularidad. Recordemos que la corrección no implica intervención, sino, sanear aquellos elementos que han contaminado los condicionantes para que se pueda consolidar el derecho de propiedad. He allí las razones por las que no puede concebirse, bajo ningún parámetro, que mecanismos como la extinción de dominio sea sustanciada y decidida en tribunales de la justicia administrativa.

Finalmente, no cabe ser explicado por la óptica del *Derecho civil de bienes*, en lo relativo a la institución civil del *patrimonio*, por insuficiente y por las consecuencias contra el orden lógico de las categorías y conceptos como Nación, Estado o República. Sólo es rescatable la caracterización y elementos que conforman el concepto patrimonial para otorgar cierta sistematicidad al concepto mismo de SISTEMA PATRIMONIAL NACIONAL.

Para explicar esta potestad, que de eso se trata precisamente este libro, urge entonces escrutar la última de las dificultades metodológicas de las cinco que hemos venido explicando hasta el momento. Hacemos mención a la obligatoriedad de insertar la potestad correctiva patrimonial dentro del objeto propio del Derecho constitucional, más específicamente, dentro de los preceptos conocidos como *Constitución económica*[58], donde, el

---

[58]   Sobre el concepto de Constitución Económica, véase BREWER-CARÍAS, Allan R. (1991). "Reflexiones sobre la Constitución Económica", en: AAVV. *Estudios sobre la Constitución Española. Homenaje al profesor Eduardo García de Enterría,* Madrid, Editorial Civitas, pp. 3839-3853. También, véase GORDILLO PÉREZ, Luis. (2023). "La Constitución Económica", en GORDILLO PÉREZ, Luis. (Coord.). *Una teoría del Estado constitucional europeo.* Sevilla, Editoral Athenaica, pp. 405-427. BASSOLS COMA, Manuel. (1985). *Constitución y sistema económico.* Madrid, Editorial Tecnos. BIDART CAMPOS, Germán. (2002). "La Constitución económica: un esbozo desde el derecho constitucional argentino", en: *Cuestiones constitucionales: revista mexicana de derecho*

Estado, debe velar por la licitud en la creación y distribución de la riqueza global generada por toda la Nación, así como asegurar a todos una existencia digna y provechosa[59]. Dentro de este cometido está la vigilancia permanente del SISTEMA PATRIMONIAL NACIONAL (público y privado) para que éste mantenga el cauce debido dentro de la licitud. En el arbitraje permanente que le concede la potestad correctiva patrimonial, se actualiza el denominado concepto de interés general tanto sobre la institución de la propiedad como del derecho que subyace de la misma. He allí donde quizá, en Venezuela y casi toda América Latina, entremos en una nueva dimensión sobre el derecho de propiedad no estudiada hasta nuestros días.

En casi todas las Constituciones de occidente, la propiedad se encuentra limitada por el interés general, que como veremos, es muy diferente al concepto de interés o función pública derivada de la cláusula constitucional social. Independientemente de la redacción de los diferentes textos, la presencia del interés general ensambla todo un andamiaje y fundamenta al Estado para que vigile de cerca el desarrollo de todas las diferentes tipologías normativas permitidas de propiedad, incluyendo, la pública. Tal y como lo expresamos en su oportunidad, el interés general galvaniza y ata al principio del ejercicio lícito de toda propiedad[60]. Este principio autoriza al Estado para que genere, en la suma de su actividad planificadora, los mecanismos constitucionales y otras facultades propias de su capacidad como ente regulador de la

---

constitucional, n° 6, pp. 4-16. DE LA QUADRA-SALCEDO Y FERNÁNDEZ DEL CASTILLO, Tomás. (2000). "Constitución y modelo económico liberizador", en: *Cuadernos de derecho público*, n° 9, pp. 27-46. MARTÍN-RETORTILLO BAQUER, Sebastián. (1996). "Principios del sistema económico en la Constitución española", en: *Cuadernos de derecho judicial*, n° 7, pp. 11-26.

[59] BREWER-CARÍAS, Allan R. (1991). ... *Reflexiones sobre la Constitución Económica...*, p. 3844.

[60] JIMÉNEZ TAPIA, R. y URBINA MENDOZA, E. (2023). *Ob. Cit.*, pp. 221-223.

sociedad, para que ponga en vigencia una acción permanente sobre bienes, especialmente, aquellos que sirven o sean potencialmente dispuestos para delinquir. Éstos últimos pueden lesionar un SISTEMA PATRIMONIAL NACIONAL. Dichos perjuicios pueden concebirse desde un estado generalizado de *sospecha patrimonial*, donde, nadie compra o teme vender a capitales de origen ilícito y de esta forma contaminarse; hasta, la constitución de los llamados *paraísos patrimoniales*[61], cuyo signo característico por excelencia es la opacidad generalizada.

Con este contexto aparece la CORRECCIÓN PATRIMONIAL CONSTITUCIONAL. Esta implica, no tanto para la aplicación de formas de ablación propietaria privada a favor del patrimonio público. Más bien es la actividad mediante la cual el Estado, en su papel de garante de los valores constitucionales de la propiedad, corrige la ilicitud patrimonial no para quedarse con esos bienes, sino para que, puedan ser reintroducidos en el sistema económico y cumplan con dichos valores asociados a la creación de riqueza y ejemplarización sobre el indispensable peso que debe protagonizar la honestidad para su obtención o destinación. Como apunta el profesor PAREJO ALFONSO, el *derecho subjetivo resultante del reconocimiento de la institución aparece funcionalizado en el interés general*[62].

---

[61] Para más detalles, véase BUSCAGLIA, Edgardo (2012). "La paradoja mexicana de la delincuencia organizada: policías, violencia y corrupción", en: *Policía y seguridad pública,* Vol. 1, n° 2 (enero-junio), pp. 273-282. La OFICINA DE LAS NACIONES UNIDAS CONTRA LAS DROGAS Y EL CRIMEN (ONUDC), ha publicado un sinnúmero de textos que detallan cada aspecto del crimen organizado internacional y la referencia a los paraísos patrimoniales. Véase la biblioteca digital de ONUDC en: https://www. unodc.org/unodc/en/organized-crime/tools-and-publications.html

[62] PAREJO ALFONSO, Luciano. (1986). *Derecho urbanístico. Instituciones básicas.* Mendoza, Ediciones Ciudad Argentina, p. 83.

Será el interés general el concepto fundante, por tanto, para que el Estado pueda aplicar todas sus facultades de corrección patrimonial constitucional, es decir, que no es para sancionar patrimonios que han desconocido el valor de la cláusula social de la propiedad, sino que, las actividades ilícitas han contaminado bienes que con el riesgo que pueda expandirse ese "mal ejemplo", dentro del sistema económico, se previene a través de formas como la extinción de dominio, o el litigio ambiental en el caso *Shell* tantas veces citado en este introductorio, pues, a pesar de no violar reglas ambientales, la actitud de ralentización de sus políticas para disminuir la emisión de carbono, ponen en peligro el cumplimiento de las metas previstas en el ACUERDO DE PARÍS.

El Estado queda autorizado -así exista un artículo en la Constitución que contemple otra vía- para que tome medidas y saque del comercio dichos bienes no tanto porque desconoce el derecho de propiedad, sino que, visto que su adquisición por el particular fue ilícita, jamás ese derecho de propiedad logró consolidarse en el titular aparente. En pocas palabras no es eliminar el derecho de propiedad, sino es reconocer (certeza) que nunca existió la mismo, ya que, para que pueda nacer como derecho real en el sujeto aparente, es imprescindible verificar la licitud de origen.

Tras esta revista sumaria que hemos hecho sobre lo que abordaremos en esta obra, también, urge, más que ensalzar dichas potestades correctivas, en construir también los instrumentos y principios que limitarán constitucionalmente el que no sea empleada para abusos o situaciones que pudieran rayar en lo inverosímil. No podemos contemplar que sea una potestad omnímoda, donde el juez más que justicia patrimonial, se yergue como un verdugo que introduce nuevas formas de venganza irascible, barnizada con una aparente canalización dentro del estado de Derecho, por el simple hecho que es el poder judicial quien lo ejecuta. Este fue el acento del seminario doctoral que dictamos en la UCAB, hace pocas semanas, para establecer científicamente unos principios capaces de contrarrestar los abusos patológicos que este tipo de mecanismos son altamente susceptibles de sufrir.

Así, para no seguir prolongando más este introductorio, hemos dividido el libro en tres partes.

La primera parte está dedicada al estudio del novísimo concepto de SISTEMA PATRIMONIAL NACIONAL, en el cual, bajo el amparo de la Constitución económica, la propiedad es abordada no tanto como un derecho subjetivo, sino, como motor para la creación de riqueza en toda una Nación. Dinamo que es necesario vigilar, ya que, ante las nuevas manifestaciones de delincuencia económica 2.0, el peligro de la infiltración y contaminación patrimonial se hace cada vez más latente. Esta situación ha traído graves consecuencias, por ejemplo, sólo en la Unión Europea, el daño producido por estas manifestaciones ilícitas patrimoniales, conllevaron para 2021, ingresos ilícitos por el orden de los 139.000 millones de euros[63].

La segunda parte de la obra aborda los pormenores de lo que significa la POTESTAD DE CORRECCIÓN PATRIMONIAL del Estado, estableciendo las diferencias conceptuales indispensables para diferenciarla de la intervención estatal sobre la economía o el monopolio de la Administración sobre algunas áreas del sistema económico y productivo debido al interés nacional.

---

[63] Vale la pena resaltar algunos de los considerandos de la *Directiva 2024/1260* de fecha 02-05-2024 del PARLAMENTO EUROPEO y CONSEJO DE EUROPA, relativa a la recuperación y decomiso de activos. Expresa el considerando (1) lo siguiente: "(…) *La Evaluación de la Amenaza de la Delincuencia Grave y Organizada (SOCTA, por sus siglas en inglés) de Europol, de 2021, puso de relieve la creciente amenaza que representan la delincuencia organizada y la infiltración delictiva. Alimentada por los grandes ingresos que genera la delincuencia organizada, que cada año ascienden a un mínimo de 139.000 millones de EUR y que se blanquean cada vez más a través de un sistema financiero paralelo encubierto, la disponibilidad del producto de las actividades delictivas plantea una amenaza considerable a la integridad de la economía y la sociedad que erosiona el Estado de Derecho y los derechos fundamentales* (…)".

La última parte de la obra hace un repaso de los mecanismos de corrección patrimonial mejor acabados a nivel global para enfrentar estos patrimonios ilícitos por vías no punitivas. Hacemos referencia a los decomisos sin condena y las diferentes variantes de extinción de dominio en Latinoamérica.

Como epílogo, nuevamente quiero agradecer al *maximus magister iuris venezolanensis*, el profesor Allan R. BREWER-CARÍAS, por la confianza en la publicación de este libro. También, a la EDITORIAL JURÍDICA VENEZOLANA, casa de la palabra jurídica que ha salido adelante ante la peor de las adversidades para una sociedad libre, más allá de las clásicas represiones dictatoriales, y no es más que el oscurantismo inducido desde el poder político.

Agradecemos al INSTITUTO DE INVESTIGACIONES JURÍDICAS de la UCAB, al cual, pertenezco como investigador "raso" asociado. Es el más grande nivel que puede alcanzar un investigador que apueste siempre por la creatividad disciplinada en las ciencias y la evolución permanente, es la de seguir escribiendo, así todo un mundo se desmorone encima, en tiempos donde, parodiando a su Santidad BENEDICTO XVI "(...) *el Señor nos ha dado muchos días de sol y de brisa suave, días en los que la pesca ha sido abundante; ha habido también momentos en los que las aguas se agitaban y el viento era contrario, como en toda la historia de la Iglesia, y el Señor parecía dormir (...)*"[64]

A nuestros alumnos del seminario doctoral de la UCAB, germen de este libro y espacio para la discusión permanente, científica y crítica de los nuevos desafíos de las ciencias jurídicas. A la profesora Ninoska RODRÍGUEZ, directora del programa doctoral, por la confianza en formularme la invitación para dictarlo.

---

[64] *Audiencia general en la Plaza San Pedro,* ciudad del Vaticano, miércoles 27 de febrero de 2013.

Como apoyo institucional y logístico, no podemos dejar a un lado el agradecimiento académico a la ASOCIACIÓN CIVIL VENEZOLANA INSTITUTO DE PROMOCIÓN INTEGRAL (AVIPRI), en especial, a su presidente, la abogado Crismary ÁLVAREZ PEREIRA. También, a la sociedad mercantil MICEVEN, C.A., en particular, de su timonel, el señor Jianhui LUO. Sencillamente: 感謝您對本書的資金支持.

Caracas, 16 de septiembre de 2024

PRIMERA PARTE:

EL SISTEMA PATRIMONIAL NACIONAL

I. LA CONSTITUCIÓN ECONÓMICA COMO FUNDA-MENTO DEL SISTEMA PATRIMONIAL NACIONAL

El punto de partida para entender este concepto, pues, sin sistema patrimonial nacional no pudiéramos hablar de una potestad correctiva, así como, mucho menos de mecanismos heterodoxos. Pero, tampoco se podría establecer una base epistemológica fiable sin hacer referencia al marco normativo-conceptual. Hacemos referencia a la denominada CONSTITUCIÓN ECONÓMICA[65], donde, el Estado, -y así lo apuntamos en el introductorio de este libro- debe velar por la licitud en la creación y distribución de la riqueza, así como *asegurar a todos una existencia digna y provechosa*, como apunta el profesor BREWER-CARÍAS[66].

Dentro de este cometido está la vigilancia permanente del SISTEMA PATRIMONIAL NACIONAL (público y privado) para que éste mantenga el cauce debido dentro de la licitud. No puede tolerar la

---

[65] Sobre el concepto de Constitución Económica en Venezuela, véase BREWER-CARÍAS, Allan R. (1991). "Reflexiones sobre la Constitución Económica", en: AAVV. *Estudios sobre la Constitución Española. Homenaje al profesor Eduardo García de Enterría,* Madrid, Editorial Civitas, pp. 3839-3853.

[66] BREWER-CARÍAS, Allan R. (1991). ... *Reflexiones sobre la Constitución Económica...,* p. 3844.

Constitución Económica, que, bajo un pretexto de la máxima satisfacción económica de la población, se permita que los medios para obtener la riqueza estén en contra de ciertos referentes valóricos, que nos diferencian precisamente de la barbarie.

De esta manera, la *propiedad* y la *libertad económica* serán los ejes fundamentales en el marco de la Constitución económica. Sobre ambas instituciones existe un arbitraje permanente, concedida al Estado-juez, en el ejercicio de la potestad correctiva patrimonial. Para ello, es necesario actualizar, en el marco constitucional, el denominado concepto de interés general de la propiedad como del derecho que subyace de la misma; así como, del principio de que todos pueden dedicarse libremente a la actividad económica de su preferencia, sin más limitaciones que las previstas en esta Constitución y las que establezcan las leyes derivadas del interés social (artículo 112 de la CRBV).

En casi todas las Constituciones de occidente, la propiedad se encuentra limitada por el interés general. Este concepto jurídico indeterminado es muy diferente a otros que también previene la Constitución económica, como es el caso del interés o función pública de la propiedad, derivada de la cláusula constitucional social.

Independientemente de la redacción de los diferentes textos, la presencia del interés general ensambla todo un andamiaje y fundamenta al Estado para que desarrolle otros conceptos e instituciones totalmente diferenciadas a las que históricamente ha desarrollado el Derecho constitucional económico y el Derecho administrativo económico. No vamos a hablar en esta obra de esas clásicas o novísimas limitaciones a la propiedad[67] y a la libertad

---

[67]   Para más detalles, véase BADELL MADRID, Rafael. (2002). "Limitaciones legales al derecho de propiedad", en: Parra Aranguren, Fernando. (Edit.). *Temas de Derecho administrativo. Libro Homenaje a Gonzalo Pérez Luciani.* Caracas, Ediciones del Tribunal Supremo de Justicia. ESCUDERO LEÓN, Margarita. (2024). *La crisis de los derechos de libertad económica*

económica[68], visto que, no estamos dentro del plano "limitatorio", sino "correctivo", es decir, no queremos privar de la propiedad privada ni tampoco restringir o prohibir el desarrollo de una actividad económica alegando intereses públicos superiores. Lo que buscamos es que, en nombre de ese interés general, se *corrijan* actividades patrimoniales y todas aquellas que implique la libertad económica.

Es una vigilancia de cerca al desarrollo de todas las diferentes tipologías normativas permitidas de propiedad, incluyendo, la pública. Tal y como lo expresamos en su oportunidad, el interés general galvaniza y ata al principio del ejercicio lícito de toda

---

y propiedad privada en el socialismo del siglo XXI. (Discurso de incorporación a la Academia de Ciencias Políticas y Sociales). Caracas. Ediciones de la Academia de Ciencias Políticas y Sociales. BREWER-CARÍAS, Allan R. (2007). "Las limitaciones administrativas a la propiedad por razones de ordenación territorial y ordenación urbanística en Venezuela: y el curioso caso de una ley sancionada que nunca entró en vigencia", en: *Revista Iberoamericana de Derecho Público,* n° 8, pp. 44-65.

[68] Para más detalles, véase HERNÁNDEZ, José I. (2008). *Reflexiones sobre la Constitución y el modelo socioeconómico en Venezuela: a propósito del proceso de reforma constitucional.* Caracas, FUNEDA. HERNÁNDEZ, José Ignacio y MAC-QUHAE, Rafael (2010). *Sobre la Constitución económica.* Caracas, Fundación Manuel García Pelayo. CASAL, Jesús María y SUÁREZ, Jorge Luis (Coord.) (2011). *La libertad económica en Venezuela: balance de una década (1999-2009).* Caracas, Universidad Católica Andrés Bello. HERNÁNDEZ-MENDIBLE, Víctor; BREWER-CARÍAS, Allan R.; HERNÁNDEZ, José Ignacio; ARAUJO JUÁREZ, José (2008). *Nacionalización, libertad de empresas y asociaciones mixtas.* Caracas, Editorial Jurídica Venezolana-Colección Instituto de Derecho Público de la Universidad Central de Venezuela, n° 3. BADELL MADRID, Rafael. (2015). "Intervención del Estado en la economía", en: *Boletín de la Academia de Ciencias Políticas y Sociales,* n° 154, pp. 437-546. HERNÁNDEZ, José Ignacio. (2004). *La libertad de empresa y sus garantías jurídicas: estudio comparado del Derecho español y venezolano.* Caracas, FUNEDA-IESA.

propiedad[69]. Este principio autoriza al Estado para que genere, en la protección de la propiedad y la economía, los mecanismos constitucionales y otras facultades propias de su capacidad como árbitro -o *primus inter-partes*- de la sociedad, para que ponga en vigencia una acción permanente sobre los bienes y actividades económicas que potencialmente pueden verse afectadas por lesiones generadas al SISTEMA PATRIMONIAL NACIONAL, sea por actividades ilícitas expresas, o, como desarrolló la sentencia del caso *Shell,* por no guardar la debida diligencia en el manejo corporativo de metas ambientales.

Dichos perjuicios pueden ir desde una simple afectación a un patrimonio o sector, hasta el peligro mayor de un estado generalizado de *sospecha patrimonial*, donde, nadie compra o teme vender a capitales de origen ilícito y de esta forma contaminarse. Y de proseguir, sin corregir, ese SISTEMA PATRIMONIAL NACIONAL puede llegar al más terrible de los calificativos, como es la constitución de los llamados *paraísos patrimoniales*[70], cuyo signo característico por excelencia es la opacidad generalizada.

¿Por qué existe un sistema patrimonial? Porque la Constitución económica ha querido extender su protección, no tanto como un derecho fundamental a favor de la Nación, sino como una dimensión que facilita la corrección de aquellos elementos ilícitos, los cuales, son de difícil explicación por la teoría

---

[69] JIMÉNEZ TAPIA, R. y URBINA MENDOZA, E. (2023). *Ob. Cit.,* pp. 221-223.

[70] Para más detalles, véase BUSCAGLIA, Edgardo. (2012). "La paradoja mexicana de la delincuencia organizada: policías, violencia y corrupción", en: *Policía y seguridad pública,* Vol. 1, n° 2 (enero-junio), pp. 273-282. La OFICINA DE LAS NACIONES UNIDAS CONTRA LAS DROGAS Y EL CRIMEN (ONUDC), ha publicado un sinnúmero de textos que detallan cada aspecto del crimen organizado internacional y la referencia a los paraísos patrimoniales. Véase la biblioteca digital de ONUDC en: https://www.unodc.org/unodc/en/organized-crime/tools-and-publications.html

tradicional o civil sobre el patrimonio, la cual, también estudiaremos de sus principales exponentes en Venezuela[71].

Esto nos lleva a diferenciar las dimensiones de la propiedad, sea como institución, como instrumento o como derecho subjetivo. En esta obra no analizaremos con detalle ninguna de aquéllas. Nos interesa abordar es la esfera como PROPIEDAD-PATRIMONIO, entendido éste como el "(…) *conjunto, complejo o suma (no una unidad sustantiva e independiente), de las relaciones jurídicas activas y pasivas (es decir, derechos y obligaciones) susceptibles de valoración económica de la que es titular una persona* (…)"[72].

1. *La propiedad y su tratamiento como institución*

El abordaje de la propiedad como institución, que incluye todas sus tipologías dependiendo del reconocimiento del ordenamiento jurídico, no es una de las materias tan sencillas como se aprende en los cursos de bienes y derechos reales. En la medida que el estado social de Derecho ha evolucionado, también ha adquirido una polifacética connotación, en la cual, es legítimo distinguir lo que conlleva todo concepto de institución según Lino RODRÍGUEZ-ARIAS BUSTAMANTE[73]: *finalidad, objetivos y facultades para accionarlas.*

La propiedad no la abordaremos pormenorizadamente en este estudio. Nos interesa es su dimensión patrimonial que es la que nos permite aplicar correcciones sobre la misma sin que se confunda con restricciones, limitaciones o ablaciones. Ya otros colegas se han encargado de perfilar sus principales aspectos[74], polémicas y

---

71   DOMÍNGUEZ GUILLÉN, María Candelaria y PÉREZ FERNÁNDEZ, Carlos (2022). *Ob. Cit.,* p. 53.

72   *Ibídem.*

73   RODRÍGUEZ-ARIAS BUSTAMANTE, Lino. (1985). "Teoría de la institución", en: *Persona y Derecho,* n° 12, p. 208.

74   Sobre los pormenores de la propiedad y su régimen jurídico, véase BREWER-CARÍAS, Allan R. (1979). "El derecho de propiedad y la libertad

económica. Evolución y situación actual en Venezuela", en: AAVV. *Estudios sobre la Constitución. Libro Homenaje a Rafael Caldera.* Caracas, Facultad de Ciencias Jurídicas y Políticas de la UCV, Tomo II, pp. 1139-1246. Del mismo autor, véase *Urbanismo y propiedad privada.* Caracas, Editorial Jurídica Venezolana, 1980. "Adquisición de la propiedad privada por parte del Estado en el Derecho venezolano", en: AAVV. *Seminario Internacional sobre Derecho urbano.* Cali, Asociación Colombiana de Ingeniería Sanitaria y Ambiental, 1994, pp. 191-245. "El Juez constitucional en Venezuela como instrumento para aniquilar la libertad de expresión plural y para confiscar la propiedad privada: el caso RCTV", en: *Revista de Derecho Público,* n° 110, 2007, pp. 7-32. DUQUE CORREDOR, Román. (2011). *Procesos sobre la propiedaed y la posesión.* Caracas, Academia de Ciencias Políticas y Sociales. Del mismo autor: "La reforma constitucional y la desnaturalización del derecho de propiedad y su transformación en una simple relación de hecho permitida por el Estado", en: *Revista de Derecho Público,* n° 112, 2007, pp. 241-248. "Constitución política y propiedad", en: *Revista de Derecho Público,* n° 19, 1984, pp. 39-44. NOVOA MONREAL, Eduardo. (1976). "El derecho de propiedad en las sucesivas Constituciones y leyes sustantivas venezolanas", en: *Revista de la Facultad de Derecho de la UCV,* n° 58, pp. 103-114. GARCÍA DE ENTERRÍA, Eduardo y PAREJO ALFONSO, Luciano. (1994) "Ordenación Urbanística y derecho de propiedad", en: *Alegatos,* n° 28, pp. 451-490. GALLOTI, Alejandro. (2015). "La disminución progresiva del derecho de propiedad en Venezuela", en: AAVV. *Libro Homenaje a la Academia de Ciencias Políticas y Sociales en el centenario de su fundación. 1915-2015.* Caracas, Ediciones de la Academia de Ciencias Políticas y Sociales, Tomo I, pp, 157-198. GHAZZAOUI, Ramsis. (2020). *Propiedad y expropiación. Un estudio comparado entre los ordenamientos de España y Venezuela.* Valencia, Editorial Tirant lo Blanch. GARCÍA SOTO, Carlos. (2010). "Notas sobre la doble valencia del derecho de propiedad. Comentarios a la Sentencia del TSJ-SC de 24 de febrero de 2006, caso Municipio Baruta del estado Miranda", en: AAVV. *Estudios de Derecho constitucional y administrativo: libro homenaje a Josefina Calcaño de Temeltas.* Caracas, Ediciones FUNEDA. HERNÁNDEZ, José Ignacio. (2010). "Veinticinco ideas sobre la Constitución económica y la propiedad social", en: *Boletín de la Academia de Ciencias Políticas y Sociales,* n° 149, pp. 363-387. DOMÍNGUEZ GUILLÉN, María Candelaria y PÉREZ FERNÁNDEZ, Carlos. (2020). "Consensualismo y propiedad", en: *Revista Venezolana de*

desafíos siguiendo la regla maestra de la ilustración, es decir, *"avec
le detail et la dignité qu'elle mérite"*[75].

En nuestro estudio, de su vertiente patrimonial, nos interesa
revisar dos cualidades que conlleva la institución, más allá de su
derecho. Estas son: a. La propiedad como instrumento creador de
riqueza. b. La propiedad como derecho subjetivo.

Este doble canto nos ubica en un plano muy superior a la
operativización del simple "derecho de propiedad", visto que,
serán las restricciones o límites a la propiedad las que interesan
para articular mejor los mecanismos de corrección patrimonial,
que, no abordan ni siquiera tangencialmente los atributos que
conlleva un derecho. Ahora bien, es importante entender que la
propiedad-institución, nos facilita superar cualquier limitante que
conlleva el discurso ideológico sobre lo que debe estimarse
definitoriamente como propiedad.

Legislación y Jurisprudencia, n° 14, pp. 227-279. RANGEL LAMUS,
Amenodoro. (1938). "La propiedad, función social", en: *Boletín de la
Academia de Ciencias Políticas y Sociales,* Vol. 3, n° 1, pp. 31-36.
RONDÓN GARCÍA, Andrea. (2009). "El derecho de propiedad en el
ordenamiento jurídico venezolano", en: *Revista de la Facultad de Ciencias
Jurídicas y Políticas,* n° 133, pp.199-238. SILVA BOCANEY, José Gregorio.
(2020). "El derecho a la propiedad y libertad en Venezuela. Del exceso de
Estado al Estado totalitario", en: *Revista de Derecho Público,* n° 163-164,
pp. 237-250. TURUHPIAL CARIELLO, Héctor. (1993). "Las limitaciones al
derecho de propiedad y su sujeción a los principios generales del derecho",
en: *Revista de Derecho urbanístico,* n° 1, pp. 71-82. VILLEGAS MORENO,
José Luis. (2001). "El derecho de propiedad en la Constitución de 1999",
en: AAVV. *Estudios de Derecho administrativo. Libro Homenaje a la
Universidad Central de Venezuela, 20 años de la especialización en
Derecho administrativo.* Caracas, Ediciones de la Facultad de Ciencias
Jurídicas y Políticas de la UCV – Tribunal Supremo de Justicia, Vol. II,
pp. 565-582.

[75] DIDEROT, Dennis (1772). *Encyclopédie ou Dictionaire raissonné des
sciences, des arts et des métiers, pour une Societé des gens de lettres. Mis
en ordre et publié par M. Diderot,* Vol. 3, III.

A. La propiedad como "instrumento" creador de riqueza

Uno de los puntos comunes en todos los proyectos históricos-ideológicos al referirse sobre la propiedad, es su función básica como elemento generador de riqueza. Esta última puede concatenarse o no con la institución análoga en el plano personal, como es el derecho a la libertad económica que reconoce el artículo 299 de la Constitución de 1999. Por ejemplo, para el materialismo dialéctico, como tesis extrema de desconocimiento de la propiedad privada, esto no es óbice para propugnar la importancia de la propiedad comunal o estatal para generar niveles mayores de riquezas.

Así, la riqueza es una meta y a la vez un instrumento que, si bien para algunos pueden ubicarla en el libre mercado, es indiscutible que será la propiedad "a secas" quien la propicie sin ningún condicionante. Obvio que, en la historia, es la propiedad privada la que mayores réditos económicos ha generado, esto porque la misma se haya descentralizada, en la medida que sus atributos pueden ser ejercidos sin mayores cortapisas que el interés general.

La propiedad no puede ser el fin bajo ella misma. Los bienes y patrimonios están dispuestos para ofrecer garantías de reproducción de dicha riqueza[76], o por lo menos, una fuente para que pueda generar recursos, sea con gravámenes y otras formas de exacción sobre el ejercicio del derecho de propiedad. Por ello, es indisoluble la ecuación propiedad = riqueza[77].

---

[76] NÚÑEZ LAGOS, Rafael. (1949). "Riqueza y propiedad: Conferencia de A. Santamaría Rojas", en: *Revista general de legislación y jurisprudencia,* n° 185, 2, pp. 171-187.

[77] Véase LIBECAP, Gary D. (2011). "La economía política de los derechos de propiedad", en: *Ekonomiaz: Revista vasca de economía,* n° extra, 77, pp. 52-63. KORODY TAGLIAFERRO, Juan Esteban. (2022). "Ensayo sobre la

B.	La propiedad como derecho subjetivo.

El otro cariz de la propiedad como institución, está referido a su necesaria revisión como derecho subjetivo. Este último implica una facultad para hacer valer los atributos, que, es en sí la efectividad del derecho de propiedad. De nada nos sirve una mera relación con los patrimonios, bienes o efectos. Esta necesariamente parte de poner en marcha los mecanismos jurídicos para que la propiedad cumpla su función, inclusive, más allá de las que de forma cercana al titular puedan ser aplicadas.

Sin la capacidad de la persona para accionar el contenido propietario, poco o nada del concepto patrimonial sería materialmente viable en nuestros días. Por ello, como apunta el profesor BREWER-CARÍAS, el derecho de propiedad -junto a la libertad económica- es uno de los pilares incuestionables de la Constitución económica[78]. Derecho humano que ha alcanzado una disposición más allá de las fronteras de los Estados, hasta inclusive, convertirlo en un derecho reconocido en todos los sistemas de protección de derechos humanos[79]. Esta dimensión subjetiva, en la medida que es mejor institucionalizada, termina por contemplar

---

crisis económica y la pandemia del Covid-19: la protección del derecho de propiedad y de libertad económica como fuente generadora de riqueza frente al cumplimiento de obligaciones tributarias", en: ABACHE CARVAJAL, Serviliano. *Tributación de excepción. Caso Covid-19*. Caracas, Asociación Venezolana de Derecho Tributario, pp. 303-325.

[78]	BREWER-CARÍAS, Allan R. (2021). "Derecho de propiedad e intervención del Estado: nuevos y viejos problemas", en: ALFONZO PARADISI, Juan Domingo y SILVA ARANGUREN, Antonio. *Derecho de propiedad e intervención del Estado: Nuevos y Viejos problemas. Jornada Anual de la Asociación Venezolana de Derecho Administrativo*. Caracas, AVEDA-CIDEP, p. 480.

[79]	AYALA CORAO, Carlos. (2021). "El derecho humano a la propiedad en el ámbito interamericano", en: ALFONZO PARADISI, Juan Domingo y SILVA ARANGUREN, Antonio. *Derecho de propiedad e intervención del Estado: Nuevos y Viejos problemas. Jornada Anual de la Asociación Venezolana de Derecho Administrativo*. Caracas, AVEDA-CIDEP, pp. 77-133.

una serie de acciones y recursos tanto para defender la propiedad como para ampliarla o rescatarla de algún vacío presente por el no ejercicio de sus facultades. Lo crucial de la dimensión como derecho subjetivo es que prácticamente impone el *principio de reserva judicial* para cuando se cuestione aquello que, revista el derecho de propiedad, inclusive, esto es lo que hace inmune al citado derecho de ser revisado, limitado o corregido por vía administrativa.

Más adelante abordaremos con detenimiento las razones por las cuales los mecanismos de corrección patrimonial constitucional sólo pueden ventilarse a través de un proceso judicial, preferiblemente, de naturaleza civil para evitar el uso de las prerrogativas y demás odiosos privilegios de la Administración en la justicia administrativa.

2. *Los valores constitucionales de la propiedad*

En nuestro trabajo sobre la introducción al estudio de la extinción de dominio, hicimos mención por primera vez de este eje poco conocido en Venezuela[80]. En la doctrina y jurisprudencia nacional, la *koiné* de las disputas siempre se enfoca hacia la tensión propiedad privada/pública, el alcance de sus atributos y las limitaciones impuestas más que todo por el interés público o social. Salvo una sentencia de la SALA CONSTITUCIONAL DEL TRIBUNAL SUPREMO DE JUSTICIA[81], precisamente, donde tuvimos que intervenir como apoderados de la parte actora; el debate de los valores que conlleva la propiedad según la Constitución es exiguo por no decir nulo.

---

[80]   JIMÉNEZ TAPIA, Rafael S. y URBINA MENDOZA, Emilio J. (2023). *Ob. Cit.,* pp. 205-218.

[81]   TRIBUNAL SUPREMO DE JUSTICIA/SALA CONSTITUCIONAL, Sentencia n° 881 de fecha 26 de junio de 2012 (Caso: *Municipio Iribarren del estado Lara e IMVI vs. Sentencia del juzgado superior contencioso-administrativo de la región centro-occidental*). JIMÉNEZ TAPIA, R. y URBINA MENDOZA, E. (2023). *Ob. Cit.,* pp. 204-205.

Este comportamiento es quizá la causa por la cual en nuestro país hablar de potestades correctivas patrimoniales sea un tema de ninguna relevancia en lo que respecta a la doctrina. Es de escaso valor jurídico el tema de la "licitud" de origen o por derivación para justificar el derecho de propiedad. La titularidad queda prácticamente blindada, como una presunción a favor del supuesto propietario, debiendo desvirtuarse en un proceso -civil, penal o administrativo- para entonces cuestionar la legalidad de esta, más nunca, su legitimidad.

A pesar de esta dinámica venezolana, logramos encontrar un trabajo del académico de número, doctor Amenodoro RANGEL LAMUS, de 1938[82], que expresaría su preocupación por:

"(…) El Estado protege *la afectación de una cosa* a un interés individual, bajo el concepto de que tal cosa ha de emplearse en forma que *contribuya al desarrollo de la riqueza pública*. El individuo no es un fin, como explicaba aquel hombre genial que fue Duguit, sino un medio: rueda de esa máquina complicada que es el organismo social, *él tiene una función que cumplir, un trabajo que ejecutar, de acuerdo con el puesto que ocupa dentro del conglomerado en que actúa.* Por eso, en una materia que tiene una importancia decisiva para la vida de los pueblos, el legislador de nuestro tiempo no puede reconocer el absolutismo que proclamó el Código napoleónico. En su ejercicio y en su realización, el derecho del propietario encuentra limitaciones, y es por eso por lo que el individuo no puede emplear los bienes que forman su patrimonio de modo que le plazca, *sino en concordancia con la misión social que le señala su carácter mismo de propietario.* Si no obra de esta manera, si no usa su derecho, sino que abusa de él, los poderes públicos están facultados para intervenir, por ser contraria tal

---

[82]   RANGEL LAMUS, Amenodoro. (1938). "La propiedad, función social", en: *Boletín de la Academia de Ciencias Políticas y Sociales,* Vol. 3, n° 1, pp. 31-32.

conducta a la organización social contemporánea, que se basa en el principio de la solidaridad o interdependencia (...)" (cursivas nuestras).

Del texto resaltamos tres ideas que, lamentablemente, no fueron suficientemente exploradas luego de 1938. Primero, *la afectación de una cosa a un interés individual* está sometido con el único gran fin que contribuya al *desarrollo de la riqueza pública*. El autor citado, además de ser uno de los pioneros del agrarismo en Venezuela[83] lo que nos permite entender las razones por las que desarrolló estas ideas; observa la indisolubilidad entre la finalidad de la propiedad como es la de contribuir a la generación de riqueza pública, entendida esta no como riqueza estatal, sino, como riqueza para la Nación venezolana.

Segundo, el propietario, entendido como sujeto de Derecho, tampoco puede ampararse, bajo un supuesto y omnímodo derecho real, para no cumplir su misión constitucional como es la de verificar que los patrimonios se alineen con esos valores para el desarrollo de la prosperidad. No es que deba "donar" parte de su riqueza. Tampoco, compartir para el tema social. Sencillamente, si una propiedad no genera riqueza (lo cual puede considerarse un "abuso" del derecho a no hacer nada con lo que le pertenece), aunque sea para su titular exclusivamente, ese derecho deja de cumplir su finalidad, autorizando a los poderes públicos para intervenir "(...) *por ser contraria tal conducta a la organización social contemporánea (...)*".

Cualquiera pudiera confundir estas ideas del ministro RANGEL LAMUS como una forma sutil de socialismo. Sin embargo, debemos recordar que fue precisamente durante el gobierno del que formaba

---

[83] El doctor RANGEL LAMUS fue ministro de agricultura durante la administración del General Eleazar LÓPEZ CONTRERAS (1936-1941).

parte, cuando reformaron la Constitución, en 1936, para proscribir toda doctrina comunista o anarquista[84]. Y prosigue al señalar:

"(…) *El señor Mussolini, que ciertamente no se distingue por su inclinación al comunismo, hace unos años dispuso obligar a los propietarios a cultivar sus campos bajo amenaza de confiscación si no los trabajaban, y después dictó una serie de medidas para combatir el absentismo.* De acuerdo con las enseñanzas de los individualistas, las disposiciones del Duce constituyen un verdadero atentado, *más no aparecen lo mismo para la nueva doctrina*, toda vez que uno de los principios que ella sustenta es el de que el propietario tiene una función social que cumplir, y si no la cumple, o si la cumple mal; si -decía Duguit- deja sus tierras sin cultivar, sus sitios urbanos sin construcciones, sus capitales muebles improductivos, sus casas caer en la ruina o sin arrendar, *la intervención de los gobernantes es legítima para obligarlo a asegurar el empleo de las riquezas que posee* (…)"[85] (cursivas nuestras).

La nueva doctrina a la que hace referencia era sin duda alguna un liberalismo corregido -propio de los años 30 del siglo XX- aunque vinculado a las entonces novísimas teorías de León

---

[84] "(…) Artículo 32. La Nación garantiza a los venezolanos: (…) Omisis (…) 6° La libertad de pensamiento, manifiesto de palabra, por escrito o por medio de la imprenta, u otros medios de publicidad, pero quedan sujetas a pena, conforme lo determine la ley, las expresiones que constituyan injuria, calumnia, difamación, ultraje o instigación a delinquir. No es permitido el anonimato, ni se permite ninguna propaganda de guerra ni encaminada a subvertir el orden político o social.

Se considerarán contrarias a la independencia, a la forma política y a la paz social de la Nación, *las doctrinas comunistas y anarquistas, y los que las proclamen, propaguen o practiquen serán considerados como traidores a la Patria y castigados conforme a las leyes* (…)" (cursivas nuestras). Consulta del texto de la obra de BREWER-CARÍAS, Allan R. (2008). *Las Constituciones de Venezuela.* Caracas, Ediciones de la Academia de Ciencias Políticas y Sociales, Tomo II, p. 1229.

[85] RANGEL LAMUS, Amenodoro. (1938). … *Ob. Cit.,* p. 33.

DUGUIT, que colocaba a los bienes no como "cosas" inanimadas, sino como efectos patrimoniales que interactúan con otros patrimonios con el único fin de acrecentar la prosperidad "lícita" de la Nación.

Este tipo de filosofía liberal daría el fundamento a las primigenias formas de corrección patrimonial, como, por ejemplo, sucedió en Colombia con la extinción de dominio en la reforma agraria de 1936[87]. En dicho texto legal, se "extinguía el dominio" sobre el fundo si el propietario contravenía sus funciones constitucionales, empleando el inmueble para actividades no cónsonas con el régimen de suelo productivo. Así, fue adaptado como instrumento vinculado al Derecho penal cuando el presidente César GAVIRIA TRUJILLO, dicta el Decreto 2790 de 1990 en el cual se creaba el denominado Estatuto para la defensa de la justicia. Este decreto tipificó por primera vez la contemporánea extinción de dominio como se le conoce en nuestros días, sobre aquellos bienes incautados u ocupados en lo que se denominó la *jurisdicción de orden público*[88].

Pero subyacen dos preguntas, claves, para entender la vinculación constitucional del patrimonio, más allá de las ideologías, con esos altos valores que sólo podemos encontrar en la Constitución, como apunta GARCÍA DE ENTERRÍA[89]: ¿Cuáles son esos valores constitucionales de la propiedad? ¿Por qué son tan sensibles su vigencia o no para la correcta aplicación de los mecanismos que contienen la potestad de corrección patrimonial constitucional?

---

[87]   Véase sobre el origen del término "extinción de dominio" en la historia del Derecho colombiano, en SANTANDER ABRIL, Gilmar. (2018). *Naturaleza jurídica de la extinción de dominio: fundamentos de las causales extintivas.* Bogotá, Tesis de maestría de Derecho penal, consultada en original, Universidades Santo Tomás de Aquino y Salamanca, p. 114.

[88]   SANTANDER ABRIL, Gilmar. (2018). ... *Ob. Cit.,* p. 71.

[89]   GARCÍA DE ENTERRÍA, Eduardo, (1984). *Reflexiones sobre la ley y los principios generales del Derecho.* Madrid, Editorial Civitas, p. 27.

En cuanto a la primera pregunta, podemos responder, que son dos los valores rectores que determinan el nacimiento o desenvolvimiento del derecho de propiedad: 1. La licitud de origen de los patrimonios por sobre cualquier atributo propietario. 2. La honestidad propietaria generada por el trabajo como valor supremo creador de riqueza. Procedamos a analizarlos.

A. El valor de "licitud de origen" por sobre los atributos propietarios

Muy poco se da crédito en Venezuela, por lo menos desde el plano jurídico, el valor indispensable que todo efecto patrimonial debe ser fruto de fuentes lícitas. Si bien es cierto, pareciera que toda forma de corrección patrimonial responde más a manifestaciones dialécticas o materialistas históricas, lo real es que la "honestidad" y el "trabajo" sólo están presentes en un contexto de liberalismo clásico, en el cual, sólo el trabajo lícito es que puede garantizar una genuina "igualdad" para obtener riquezas entre las personas.

La deshonestidad genera distorsiones que terminan por otorgar ventajas *contra natura* a las personas que se aprovechan de las mismas, que, si no hubiesen sido "ayudadas" por esas maneras licenciosas, mal habrían podido obtener bienes o ganancias. Esto es la licitud de origen, que en sociedades más cercanas al liberalismo en su versión prototípica[90] -y no la del siglo XIX-

---

[90] Debemos ser cuidadosos con la expresión "liberalismo". Como bien lo ha indicado LASKI, Harold. (1961). *El liberalismo europeo.* México, D.F., Fondo de Cultura Económica, Trad. Victoriano MIGUÉLEZ, p 61, la doctrina liberal es alérgica a cualquier centralización del poder o a la uniformidad de sus diferentes corrientes. Por tanto, cuando hablamos de liberalismo en este contexto de valores constitucionales de la propiedad, lo hacemos bajo el modelo clásico. Es el mismo, patrimonio exclusivo de los economistas políticos ingleses SMITH, BENTHAM y HUME, donde centraban en la defensa de la libertad política y económica secular; así como, la protección del individuo contra la opresión gubernamental y las imposiciones de algunas instituciones sociales o de cualquier índole. En fin, será el liberalismo que creará el concepto de "institucionalidad", en el

tienen un peso muy por encima de cualquier disputa sobre los alcances del *ius utendi, fruendi et abutendi*. Si no se obtuvo de una forma lícita, mal puede generarse el derecho de propiedad, así, a los efectos de publicidad registral u otra formalidad legal aparezca una determinada persona sindicada como propietaria. Podrá disfrutar o poseer el dominio de la propiedad, más, sin embargo, ésta es aparente, porque nunca ha sido beneficiaria genuina del derecho de propiedad.

Quien ha reflejado y proyectado para América Latina el fundamento de los valores constitucionales de la propiedad, ha sido la CORTE CONSTITUCIONAL DE COLOMBIA, quien, en la celebérrima sentencia C-740 de fecha 28 de agosto de 2003[91], fue enfática en delinear:

"(…) La Corte debe precisar que el derecho de propiedad no es, *per se*, un derecho fundamental ya que el constituyente no lo ha dotado de esa precisa naturaleza. *Si bien durante el Estado liberal originario, el derecho de propiedad era considerado como un derecho inalienable del ser humano y, por lo mismo, no susceptible de la injerencia estatal, hoy esa concepción está superada y esto es así al punto que, en contextos como el nuestro, el mismo constituyente le ha impuesto límites sustanciales a su ejercicio.* De allí que, si bien

---

respeto de los derechos fundamentales, el mercado y un fortalecido estado de Derecho. Muy diferente es el ultraliberalismo del siglo XIX, partidario ya no de estos derechos políticos sino en el concepto de la "libertad absoluta del propietario". Serán en estas versiones decimonónicas donde adquiere ese acento del *laissez faire, laissez passez*, pasando la página de las formulaciones originales para entonces vincularlas a los designios del imaginario de Richard COBDEN. Para más detalles sobre las etapas del liberalismo, véase URBINA MENDOZA, Emilio J. (2005). "Neoliberalismo, filosofía liberal y derecho del siglo XXI", en: Parra Aranguren, Fernando. *Filosofía del Derecho y otros temas afines. Libro Homenaje a Juan Bautista Fuenmayor*. Caracas, Ediciones del Tribunal Supremo de Justicia, pp. 533-566.

[91] Caso *Pedro Pablo Camargo vs. Ley 793 de 2002.*

se lo reconoce como un derecho constitucional, se lo hace como un derecho adscrito al ámbito de los derechos sociales, económicos y culturales. Por ello, la jurisprudencia de esta Corporación *sólo le ha reconocido al derecho de propiedad el carácter de derecho fundamental cuando está en relación inescindible con otros derechos originalmente fundamentales y su vulneración compromete el mínimo vital de las personas. (…)*" (cursivas nuestras).

Por ello, no basta con sólo alegar que se adquirió la propiedad de conformidad con las formalidades civiles, registrales y de otra índole que otorgue publicidad para su validez. De igual forma, no es lícito alegar, como ha ocurrido en el caso *Shell,* que la empresa, en uso de su derecho que le otorga la libertad económica; no pueda ser objeto de corrección patrimonial así no se haya quebrantado ninguna disposición legislativa -nacional o internacional- Basta con que la propiedad y la dirección corporativa no se ajusten a las necesarias previsiones de reducción de niveles de CO_2 -por ejemplo- más allá de las que lícitamente se autoimpuso. Y de no cumplir, o de proseguir la línea empresarial originalmente trazada, el Estado-juez puede perfectamente imponer dispositivos que alineen nuevamente con otros valores constitucionales no para intervenir esa propiedad o empresa, sino, para "corregir" y evitar un daño al SISTEMA PATRIMONIAL NACIONAL.

B. El origen liberal de la "licitud" u honestidad propietaria: el trabajo

Visto que la licitud de origen se asocia terminológicamente, en el contexto de la propiedad, como honestidad propietaria, hay ciertos puntos que vale la pena detenernos para evitar las contradicciones al momento de revisar a fondo cualquier mecanismo de corrección patrimonial constitucional. Es necesario revisar los orígenes de este comportamiento previo, obligatorio, para preservar el principio de igualdad ante la ley y saber el por qué la "honestidad propietaria" es la piedra angular para el reconocimiento del derecho de propiedad.

Para ello, como indicamos, a pesar de que la propia CORTE CONSTITUCIONAL DE COLOMBIA pregone que ha abandonado cualquier vestigio de liberalismo, sin embargo, en el desarrollo de las líneas sobre la "(…) *fuente lícita de realización y de riqueza* (…), prácticamente asume las tesis liberales, en especial, de John LOCKE[92]. Para el filósofo inglés, lo único que legitimaba la propiedad era precisamente el trabajo honesto. Veamos lo que explica sobre el fundamento de la propiedad, en especial, la privada:

"(…) 25. Tanto si consideramos la razón natural, la cual nos dice que, una vez que nacen, los hombres tienen derecho a su autoconservación y, en consecuencia, a comer, a beber y a beneficiarse de todas aquellas cosas que la naturaleza procura para su subsistencia, como si nos atenemos a la revelación, la cual nos da cuenta de los dones mundanales que Dios otorgó a Adán, a Noé y a sus hijos, es sobremanera evidente que Dios, como dice el rey David (*Salmos CXV*. 16), "ha dado la tierra a los hijos de los hombres", es decir, que se la ha dado a toda la humanidad para que ésta participe en común de ella. Más, admitido esto, *a algunos les resulta muy difícil entender cómo podrá un individuo particular tener posesión de cosa alguna.*

No sólo me limitaré a responder que, si es difícil justificar la propiedad partiendo de la suposición que Dios entregó el mundo a Adán y a su posteridad para que todos lo tuvieran en común, sería también imposible que nadie, excepto un monarca universal, tuviese propiedad alguna si suponemos que Dios dio el mundo a Adán y a sus sucesores directos, excluyendo al resto de la humanidad; no me limitaré a la respuesta que acabo de dar, digo, sino que también mostraré cómo los hombres pueden llegar a tener en propiedad varias

---

[92] Sobre el trabajo en LOCKE y el liberalismo, véase CUARTAS HENAO, María Dolly. (2014). "El derecho a la propiedad: Locke y Kant, entre el trabajo y la ocupación", en: *Estudios de derecho*, Vol, 71, n° 157, pp. 211-233.

parcelas de lo que Dios entregó en común al género humano; y ello, sin necesidad de que haya un acuerdo expreso entre los miembros de la comunidad.

(…)

27. Aunque la tierra y todas las criaturas inferiores sean a todos los hombres comunes, cada hombre, empero, *tiene una "propiedad" en su misma "persona"*. A ella nadie tiene derecho alguno, salvo el mismo. *El "trabajo" de su cuerpo y la "obra" de sus manos podemos decir que son propiamente suyos*. Cualquier cosa, pues, que el remueva del estado en que la naturaleza le pusiera y dejara, con su trabajo se combina y, por tanto, queda unida a algo que de él es, y así se constituye en su propiedad. Aquélla, apartada del estado común en que se hallaba por naturaleza, *obtiene por dicho trabajo algo anejo que excluye el derecho común de los demás hombres*. Porque siendo el referido "trabajo" propiedad indiscutible de tal trabajador, no hay más hombre que él con derecho a lo ya incorporado, al menos donde hubiere de ello abundamiento, y común suficiencia para los demás.

28. Ciertamente, quien se ha alimentado de las bellotas que él mismo ha recogido de debajo de una encina, o de las manzanas que ha cosechado de los árboles del bosque, puede decirse que se ha apropiado de ellas. Nadie podrá negar que ese alimento es suyo. Pregunto pues: ¿Cuándo empezaron esos frutos a pertenecerle? ¿Cuándo los ha digerido? ¿Cuándo los comió? ¿Cuándo los coció? ¿Cuándo se los llevó a su casa? ¿Cuándo los cogió en el campo? Es claro que, si el hecho de recogerlos no los hizo suyos, ninguna otra cosa podría haberlo hecho. Ese trabajo estableció la distinción entre lo que devino propiedad suya y lo que permaneció siendo propiedad común. El trabajo de recoger esos frutos añadió a ellos algo más de lo que la naturaleza, madre común de todos, había realizado. Y de ese modo, dichos frutos se convirtieron en derecho privado suyo. ¿Podrá decir alguno que este hombre no tenía derecho a las bellotas o manzanas que él se apropió de ese modo,

alegando que no tenía el consentimiento de todo el género humano para tomarlas en pertenencia? ¿Fue un robo el apropiarse de lo que pertenecía comunitariamente a todos? Si el consentimiento de todo el género humano hubiera sido necesario, este hombre se habría muerto de hambre, a pesar de la abundancia que Dios le había dado. Vemos en las tierras comunales que siguen siendo tales por virtud de un convenio que la apropiación de alguna de las partes comunales empieza cuando alguien las saca del estado en que la naturaleza las ha dejado. Sin esto, las tierras comunales no tendrían sentido. Y la apropiación de esta o aquella parte no depende del consentimiento expreso de todos los comuneros. Así, la hierba que mi caballo ha rumiado, y el heno que mi criado ha segado, y los minerales que yo he extraído de un lugar al que yo tenía un derecho compartido con los demás, se convierten en propiedad mía, sin que haya concesión o consentimiento de nadie. El trabajo que yo realicé sacando esos productos del estado en que se encontraban me ha establecido como propietario de ellos (…)"[93] (cursivas nuestras)

Es el argumento del liberalismo de LOCKE donde explicita que sólo el trabajo es lo que permite el nacimiento de la propiedad privada y el fin del "estado de naturaleza" o del "dominio comunitario". Es quizá, según apunta GUERRERO[94], la primera de las teorías sistematizadoras sobre el fundamento de la propiedad privada formulada en occidente y que ha de mantenerse incólume a pesar de que autores como Richard PIPES, considera la

---

[93] LOCKE, John. (1690). *Segundo tratado sobre el gobierno civil,* Londres. Hemos empleado para la cita, la versión publicada en Madrid, Editorial Tecnos (traducción de Carlos MELLIZO), 2010. Capítulo V: "De la propiedad", pp. 32-35.

[94] GUERRERO, Doris Emilia. (1990-1991). "El tratado sobre el gobierno civil de John Locke. Una refutación del absolutismo de Robert Filmer", en: *Universitas Philosophica,* 15-16, pp. 9-60.

aseveración de LOCKE como un "retroceso"[95] al concepto de propiedad. Este fundamento persistirá en la misma Corte colombiana, inclusive, cuando aborda la esfera procesal de la extinción de dominio[96]. Como ha indicado tan respetada Corte, los bienes *no pueden ir en "contravía" de los valores que arropan y fundamentan la propiedad, entre ellos, el del trabajo honesto, lícitamente reconocido por el sistema jurídico*.

En Venezuela poco se ha abordado sobre el papel del "trabajo lícito" como fundamento de la propiedad. Como apuntamos en nuestros diferentes trabajos a lo largo de estos años[97], nuestros tribunales supremos se han debatido no en cuanto a la legitimidad del origen propietario en sí, sino más bien al carácter elástico o no del derecho real, si es absoluto o relativo[98].

---

[95] PIPES, Richard. (2019). *Propiedad y libertad. Dos conceptos inseparables a lo largo de la historia.* Boston, Epublibre, pp. 47-48.

[96] En efecto, la propia sentencia C-740 establecerá: "(…) Es una acción pública porque el *ordenamiento jurídico colombiano sólo protege el dominio que es fruto del trabajo honesto* y por ello el Estado, y la comunidad entera, alientan la expectativa de que se extinga el dominio adquirido mediante títulos ilegítimos, pues a través de tal extinción se tutelan intereses superiores del Estado como el patrimonio público, el Tesoro público y la moral social. (…)" (cursivas nuestras).

[97] JIMÉNEZ TAPIA, Rafael S. y URBINA MENDOZA, Emilio J. (2023). *Ob. Cit.,* pp. 210-215.

[98] Véase CORTE SUPREMA DE JUSTICIA DE LA REPÚBLICA DE VENE-ZUELA/SALA POLÍTICO ADMINISTRATIVA. Sentencia de fecha 10 de agosto de 1977 (Caso: *Varios vs. Municipalidad del Distrito Libertador del Distrito Federal*). Más recientemente, TRIBUNAL SUPREMO DE JUSTICIA/SALA POLÍTICO-ADMINISTRATIVA. Sentencia n° 522 de fecha 13 de mayo de 2015 (Caso: *Promociones La Madrugada, C.A. vs. Ministerio del Poder Popular para el Ambiente*).

De todas las sentencias dictadas en Venezuela en materia de constitucionalidad de la propiedad, resalta la número 881 del mes de junio de 2012, en la cual, la SALA CONSTITUCIONAL del actual TSJ destacó:

"(…) La propiedad privada en su doble dimensión como institución y como derecho individual, ha experimentado en nuestro siglo una transformación tan profunda que impide concebirla hoy como una figura jurídica reconducible exclusivamente al tipo abstracto descrito en el artículo 545 del Código Civil. Por el contrario, la progresiva incorporación de finalidades sociales relacionadas con el uso o aprovechamiento de los distintos bienes sobre los que el derecho de propiedad puede recaer, ha producido una diversificación de la institución dominical en una pluralidad de figuras o situaciones jurídicas reguladas con significado y alcance diversos. De ahí que esta Sala asuma el criterio, con general aceptación doctrinal y jurisprudencial, respecto de la flexibilidad o plasticidad actual del dominio, que se manifiesta en la existencia de diferentes tipos de propiedades dotadas de estatutos jurídicos diversos, de acuerdo con la naturaleza de los bienes sobre los que cada derecho de propiedad recae.

Tales consideraciones tienen, su fundamento en un dato histórico y material, en tanto que la propiedad como institución, incide directamente en orden social (sistema económico, político y cultural), por lo que cada sistema constitucional asume una postura sobre ella.

Así, si bien la Declaración de Derechos del Hombre y del Ciudadano, consagró en términos muy generales el derecho de propiedad entre los derechos "*naturales e imprescriptibles*", siendo su conservación, junto a la de la libertad, la seguridad y la resistencia a la opresión, "*el fin de toda asociación política*" (artículo 2 *eiusdem*), debe tenerse presente que bajo el vigente sistema constitucional no es posible derivar de su contenido, que el contenido del derecho de propiedad deba responder a los principios sistema económico de mercado, como ámbito natural, frente a otros sistemas, en tanto que esta sería una interpretación constitucional distorsionada, en el cual se asumirían criterios a nuestra realidad política y social, y se asumirían preceptos propios del siglo XIX, impulsados por una corriente doctrinaria, que enfatizaba la libertad *"natural"* del sistema frente a la numerosa y perjudicial regulación del Antiguo Régimen.

La propia *"teoría económica implica que los derechos de propiedad de redefinirán de tiempo en tiempo a medida que cambian los valores relativos de los usos diferentes de la tierra"* -Cfr. POSTNER, RICHARD A. *Análisis Económico del Derecho. Fondo de Cultura Económica*, México 2007, p. 101, que en materia urbana se concreta en el deber de los órganos que ejercen el Poder Público de garantizar el derecho a acceder a una vivienda adecuada, mediante el ejercicio de sus competencias constitucional y legalmente establecidas, ya que como bien señaló esta Sala *"la propiedad privada, en su doble dimensión como institución y como derecho subjetivo, ha experimentado en nuestro siglo una transformación tan profunda que impide concebirla hoy como una figura jurídica limitada exclusivamente al tipo abstracto descrito en el Código Civil, sino que la misma ha sido reconducida en virtud de la progresiva incorporación de finalidades sociales relacionadas con el uso o aprovechamiento de los distintos tipos de bienes sobre los que el derecho de propiedad puede recaer, produciéndose una diversificación de la institución dominical en una pluralidad de figuras o situaciones jurídicas reguladas con un significado y alcance diversos, como entre ellos podría citarse el aprovechamiento del suelo, así como la delimitación y restricción del derecho de edificación en ciertos casos. (Vid.* REY MARTÍNEZ, FERNANDO.

La Propiedad Privada en la Constitución Española, Centro de Estudios Constitucional, pp. 304-327)" (Cfr. Sentencia de esta Sala N° 403/06). (…)"[99] (subrayado nuestro. Cursivas originales de la Sala)

Al citar el tema de los valores y principios relativos a la propiedad dentro de un espacio temporal, hacemos alusión a aquellos que son incuestionables como es la adquisición "legítima" de la propiedad, que perfectamente calzan cuando la Sala trae a colación la exposición del economista RICHARD POSTNER en la supra citada sentencia 881/2012. Sin embargo, debemos apuntar que es insuficiente lo precisado en el fallo como para favorecer la tesis que en Venezuela sí se ha hablado sobre este punto.

Al cuestionarse siempre la estabilidad de la propiedad privada, poco o nada ha importado revisar su forma de adquisición, pues, ha estado siempre presente que todo es "expropiable". Que, lamentablemente, se ha equiparado la propiedad privada con la pública, cuando ésta última, debe ser una anomalía. Por tanto, es lógico que la antigua CORTE SUPREMA DE JUSTICIA como el actual TSJ, dediquen sus criterios jurisprudenciales a ratificar ese concepto relativo de propiedad[100], pues, ésta estará permanentemente sometida a un interés superior el cual siempre deberá "*prevalecer sobre el interés particular*"[101], aunque se deja abierta la puerta según la Sala Constitucional para que:

---

[99] Véase TRIBUNAL SUPREMO DE JUSTICIA/SALA CONSTITUCIONAL. Sentencia n° 881 de fecha 26 de junio de 2012 (Caso: *Municipio Iribarren vs. sentencia del juzgado superior contencioso-administrativa de la región centro-occidental*).

[100] Véase TRIBUNAL SUPREMO DE JUSTICIA/SALA POLÍTICO-ADMINISTRATIVA. Sentencia n° 1269 de fecha 18 de septiembre de 2014 (Caso: *Industrias Venoco, C.A. Vs. Decreto n° 7.712 de la Presidencia de la República*).

[101] Véase TRIBUNAL SUPREMO DE JUSTICIA/SALA POLÍTICO-ADMINISTRATIVA. Sentencia n° 196 de fecha 26 de febrero de 2013 (Caso: *Inversiones Alvean 2000 Vs. Decreto n° 8.857 de la Presidencia de la República*).

"(…) En este contexto, se aprecia que la Constitución reconoce un derecho a la propiedad privada que se configura y protege, ciertamente, como un haz de facultades individuales sobre las cosas, pero también, y al mismo tiempo, como un conjunto de deberes y obligaciones establecidos, de acuerdo con las leyes, en atención a valores o intereses de la colectividad, es decir, a la finalidad o utilidad social que cada categoría de bienes objeto de dominio esté llamada a cumplir.

Por ello, la fijación del contenido esencial de la propiedad privada no puede hacerse desde la exclusiva perspectiva subjetiva del derecho o de los intereses individuales que a éste subyacen, **sino que debe incluir igualmente la necesaria referencia a la función social, entendida no como mero límite externo a su definición o a su ejercicio, sino como parte integrante del derecho mismo.**

(…)

No obstante, lo expuesto, cabe advertir que la traducción institucional de tales exigencias colectivas no puede llegar a anular la utilidad meramente individual del derecho y, por tanto, la definición de la propiedad que en cada caso se infiera de las leyes o de las medidas adoptadas en virtud de las mismas, *por lo que ello puede y debe ser controlado por esta Sala Constitucional o por los órganos judiciales, en el ámbito de sus respectivas competencias.*

Finalmente, debemos advertir que entendiendo la propiedad privada, en su doble dimensión como institución y como derecho subjetivo, ha experimentado en nuestro siglo una transformación tan profunda que impide concebirla hoy como una figura jurídica limitada exclusivamente al tipo abstracto descrito en el Código Civil, sino que la misma *ha sido reconducida en virtud de la progresiva incorporación de finalidades sociales relacionadas con el uso o aprovechamiento de los distintos tipos de bienes sobre los que el derecho de propiedad puede recaer, produciéndose una diversificación de*

*la institución dominical en una pluralidad de figuras o
situaciones jurídicas reguladas con un significado y alcance
diversos*, como entre ellos podría citarse el aprovechamiento
del suelo, así como la delimitación y restricción del derecho de
edificación en ciertos casos. (Vid. REY MARTÍNEZ, Fernando,
"La Propiedad Privada en la Constitución Española", Centro
de Estudios Constitucional, pp. 304-327). (…)"[102] (cursivas
nuestras. Negrillas originales de la Sala)

Con los mecanismos de corrección patrimonial, la propiedad -
para Venezuela- abre una puerta inexplorada que facilitará una
genuina integración con el resto de las naciones del orbe donde la
revolución patrimonial no radica en abrazar fórmulas propias del
materialismo dialéctico o cualquier versión socialista[103], sino más
bien, centrarse en el origen mismo del concepto moderno de
propiedad, que por mucho que haya sido formulado por LOCKE y
una corriente liberal determinada, no es dominio exclusivo del
liberalismo.

C.   La "licitud por derivación". Ponderación legislativa
y judicial

Muy diferente al caso que explicamos en los epígrafes
anteriores, es el relativo a la licitud por derivación, o también,
honestidad propietaria de ejercicio. No basta con que los efectos
patrimoniales hayan sido obtenidos desde las más cristalinas
fuentes de legitimidad, es decir, del trabajo honesto. Es necesario,
en virtud ya no tanto del interés general, sino del interés social, que
el desarrollo de la riqueza sea apegado a la función social que
conlleva el ser propietario.

---

[102] TRIBUNAL SUPREMO DE JUSTICIA/SALA CONSTITUCIONAL. Sentencia n°
403 de fecha 24 de febrero de 2006 (Caso: *Municipio Baruta del estado
Miranda vs. Corte Primera de lo Contencioso-Administrativo*).

[103] Sobre las diferentes versiones del socialismo, véase VON MISSES, Ludwig.
(1984)."Socialismos y pseudosocialismos", en: *Estudios Públicos,* n° 15,
pp. 1-38.

Por esta razón, el artículo 6 de la LOED venezolana fue redactada de la siguiente forma:

"(…) Artículo 6. La extinción de dominio procederá, aunque los presupuestos fácticos exigidos para su declaratoria hubieren ocurrido con anterioridad a la entrada en vigencia de esta Ley.

La extinción de dominio tendrá como único límite el derecho de propiedad lícitamente obtenido como valor constitucional y *cuyos atributos se ejerzan de conformidad con la función social prevista en la Constitución de la República Bolivariana de Venezuela y las leyes*.

Una vez demostrada la ilicitud de origen de los bienes afectados en el proceso de extinción de dominio se entenderá que el objeto de las convenciones o negocios jurídicos que dieron lugar a la adquisición es contraria al régimen constitucional y legal de la propiedad. Por tanto, los actos y contratos que versen sobre dichos bienes en ningún caso constituyen justo título y se considerarán nulos (…)" (cursivas nuestras).

La potestad correctiva patrimonial por derivación, si bien cumple la misma función que la de origen, su aplicación para la comprobación de esa "ruptura" del ejercicio de los atributos propietarios con la función social, sólo opera a través de la ponderación legislativa y la judicial. Nos explicamos.

A nivel legislativo, ese contenido que la Constitución denomina "función social", debe completarse en la medida que se estructura reglas nominales sobre cuándo y cómo debe materializarse. Es muy peligroso dejarlo como "cláusula abierta", es decir, sin que el legislador pueda precisar qué debe entenderse, en cada situación patrimonial concreta, por función social. Para ello debe ponderar bienes e intereses, que, en esta materia, estaría enmarcado más que todo para evitar que dinero o patrimonio ilícito pueda penetrar dentro de las actividades económicas. Será otorgar jerarquía y consecuencias patrimoniales en determinadas hipótesis concretada en la ley, y de esta manera, otorgarle validez jurídica[107]. De igual forma, ocurre con las prácticas de la libertad empresarial. No puede tolerarse aquellas que maximizan las ganancias a costa del ambiente o de la propia viabilidad económica del sector o área donde se desenvuelva, así no se violen leyes ambientales de forma expresa.

En lo judicial, la ponderación sirve ante la ausencia evidente de una solución normativa reglada sobre determinadas hipótesis, para asumir una decisión en la cual, como indica RODRÍGUEZ DE SANTIAGO, ha de tener en cuenta dos o más principios, bienes, valores, intereses y eventuales perjuicios, evidentemente, contra-puestos[108]. Acá la ponderación aparece como método -diferenciado de la interpretación- para resolver aquellos casos de conflicto de principios donde no cabe aplicar el criterio de jerarquía, cronología o especialidad[109]. Como bien lo indica BERNAL PULIDO, la ponderación judicial no "implica ni validez de un orden lexicográfico de los derechos fundamentales ni de un orden lexicográfico de principios de justicia"[110]. En pocas palabras con la ponderación el juez establece una relación de precedencia

---

[107] URBINA MENDOZA, Emilio J. (2023). *Jurisprudencia y Derecho, método y cliometría. Análisis e investigación en Derecho III.* Caracas, Editorial Jurídica Venezolana-AVIPRI, p. 63.

[108] RODRÍGUEZ DE SANTIAGO, José M. (2000). *La ponderación de bienes e intereses en el derecho administrativo.* Madrid, Editorial Marcial Pons, p. 21. Sobre la ponderación en general, véase ORTEGA, Luis y DE LA SIERRA, Susana. (Coord.) (2009). *Ponderación y Derecho administrativo.* Madrid, Editorial Marcial Pons.

[109] Véase PRIETO SANCHÍS, Luis. (2001). "Neoconstitucionalismo y ponde-ración judicial", en: *Anuario de la Facultad de Derecho de la Universidad Autónoma de Madrid,* n° 5, pp. 201-228.

[110] BERNAL PULIDO, Carlos. (2009). *El neoconstitucionalismo y la nor-matividad del Derecho.* Bogotá, Universidad Externado de Colombia, p. 29.

condicionada entre los principios, tomando siempre como referencia lo que ALEXY llama las "circunstancias del caso"[111].

Ahora bien, la ponderación solo sería empleada como mecanismo para establecer la licitud por derivación en los siguientes casos:

- En el hipotético enfrentamiento entre principios y derechos constitucionales de forma sobrevenida.

- Cuando estemos en un caso de actividad procesal no contemplada en la ley procesal.

- En casos extremos que pudieran amenazar la estabilidad de la propiedad en sí como institución.

Es por ello sumamente importante que, para este proceso, en la determinación por derivación sobre la licitud o no, que se atienda los aspectos más resaltantes de la interacción de la propiedad pública/privada, la cual, se manifiesta en la existencia de cuatro principios relativos a la propiedad que estarán siempre en juego a los fines de saber si está cumpliéndose o no la función social prevista en la Constitución y en las leyes. A saber, estos principios son:

- *Principio de la libertad relegada al interés general.*

- *Principio de la solidaridad patrimonial.*

- *Principio de la subsidiariedad patrimonial.*

- *Principio del ejercicio lícito de la propiedad.*

Estos principios los estudiaremos más adelante, pero, siempre existirá entre ellos la debida interacción donde muchas veces, dependiendo del caso, uno ejercerá mayor preponderancia que otro.

---

[111] ALEXY, Robert. (2008). *Teoría de los derechos fundamentales.* Madrid, Centro de Estudios Políticos y Constitucionales, p. 92.

D.   La creación de riqueza como valor constitucional

La riqueza, sea cual sea la ideología imperante, será un valor presente en las Constituciones de los Estados. Por ejemplo, si se castiga el latifundio, no es para que el Estado sea un "latifundista", sino porque ese esquema de producción es ineficiente, colocando en riesgo la sustentabilidad de elementos que conforman el SISTEMA PATRIMONIAL NACIONAL.

La riqueza siempre será un alto valor constitucional. Gracias a aquélla es que puede sostenerse todas las actividades de la Nación y de quienes la conforman, pues, de no existir, la viabilidad como país quedaría en entredicho. Por tanto, es indispensable verificar lo previsto en el artículo 299 de la Constitución de 1999, que establece:

"(...) Artículo 299. El régimen socioeconómico de la República Bolivariana de Venezuela se fundamenta en los principios de justicia social, democracia, eficiencia, libre competencia, protección del ambiente, productividad y solidaridad, a los fines de asegurar el desarrollo humano integral y una existencia digna y provechosa para la colectividad. El Estado, conjuntamente con la iniciativa privada, promoverá el desarrollo armónico de la economía nacional con el fin de generar fuentes de trabajo, alto valor agregado nacional, elevar el nivel de vida de la población y fortalecer la soberanía económica del país, garantizando la seguridad jurídica, solidez, dinamismo, sustentabilidad, permanencia y equidad del crecimiento de la economía, para lograr una justa distribución de la riqueza mediante una planificación estratégica democrática, participativa y de consulta abierta (...)".

El texto constitucional, a pesar de algunos ribetes en su redacción, apunta hacia un sistema protectorio de aquello que genera riqueza. Esta protección no sólo se refiere a las medidas nominativas típicas del Derecho administrativo económico, como es el subsidio, la prestación indirecta, las concesiones, las nacionalizaciones o el uso de personalidad jurídica de Derecho privado, por el Estado, para cumplir estos cometidos. Los mecanismos de protección patrimonial le otorgan al Estado la potestad para "corregir" aquello que pueda atentar contra la producción de riqueza o la licitud de esta, es decir, sea por actividades naturales (*vgr.* deslaves, etc.) o humanas (*vgr.* guerras, proliferación de tráfico de drogas, lavado de activos, etc.).

La SALA CONSTITUCIONAL DEL TRIBUNAL SUPREMO DE JUSTICIA, en una de las sentencias más emblemáticas, al respecto de lo escrito, estableció:

"(…) Por ejemplo, la actividad económica, está limitada por la Constitución, por razones de desarrollo humano, protección del ambiente u otros de interés social; por lo que la *actividad económica tiene que encuadrarse dentro del Estado Social, así ésta no emerja del Estado* (con más razón si es él quien la dinamiza de alguna manera).

Así mismo, el *Estado promoverá la riqueza*, así como la protección de bienes y servicios que satisfagan las necesidades de la población, la libertad de trabajo, de empresa, de comercio e industria, *pero siempre con la meta de garantizar la creación y justa distribución de la riqueza* (artículo 112 constitucional), por lo que, es el bien común, sin desigualdades ni discriminaciones, sin abusos, el objetivo del Estado Social de Derecho, y tanto en las leyes como en la interpretación constitucional deberán propender a él. Esta finalidad, necesariamente, limita la autonomía de la voluntad contractual, y a la actividad económica irrestricta, que permite a las personas realizar todo aquello que la ley no prohíba expresamente, así sea en perjuicio de la población o de sus grupos.

No es que la interpretación constitucional de lo que es el Estado de Derecho prohíba el lucro, la ganancia o la libertad negocial, lo que sucede es que a juicio de esta Sala, *la creación de riqueza y su justa distribución no pueden partir de una ilimitada y desorbitada explotación de los demás*, y menos en áreas que por mandato constitucional pertenecen al Estado, o donde éste otorga a particulares concesiones; o los autoriza para que exploten dichas áreas o actúen en ellas, por lo que *los particulares pueden crear en estos espacios autorizados riqueza propia, pero esta creación no puede ser en detrimento de quienes entran en contacto con las actividades que se realizan en ellas, y que por ser atinentes a todos los venezolanos, mal pueden ser aprovechados por algunos en desmedido perjuicio de los otros.* De allí que las ganancias que los explotadores de tales áreas puedan obtener tienen que ser proporcionadas al servicio que presten y a la idoneidad con que lo hacen.

Se trata de evitar los perjuicios derivados de una desigualdad en las relaciones, proveniente de que una de las partes se encuentra en una posición dominante ante otras que forman un grupo o una clase social, por lo que dichas relaciones, de carecer de tutela efectiva, *generarían una situación desproporcionadamente ventajosa para quien se encuentra naturalmente en la posición dominante sobre los miembros de las clases o grupos que en tal relación, les correspondería estar en situación de inferioridad.*

No se trata sólo de la desproporción que puede existir entre el poderoso económico que explota a los menesterosos, sino que puede ocurrir en otras relaciones donde por motivos tecnológicos o de otra índole, una de las partes del contrato, debido a su posición, lesiona en su calidad de vida, al otro contratante, quien incluso podría formar parte del grupo privilegiado, pero que en este tipo de relación queda igualado a la masa explotable.

Ello puede ocurrir -por ejemplo- con consumidores de bienes, cuya publicidad masiva y subliminal los presiona inconscientemente a su adquisición; o con usuarios de servicios públicos necesarios o de bienes esenciales de amplia distribución, que no reciben dichos servicios o bienes en la calidad y condiciones requeridas, ni dentro de una relación de armonía entre lo recibido y lo pagado por ello; o con aquellos a quienes colectivamente se les sorprende en la buena fe, al no prestarles la información comprensible y necesaria, abusando de la ignorancia y obteniendo sobre ellas leoninas ventajas.

Igualmente, derechos individuales pierden efectividad ante derechos colectivos, tal como ocurre con el de la libertad económica, ya que por razones de interés social (artículo 112 Constitucional), ella puede verse limitada, sobre todo -si conforme al mismo artículo 112- el Estado debe garantizar la justa distribución de la riqueza. (…)"[112] (cursivas nuestras)

Nótese que existe un límite a la creación de riqueza que protege el propio texto constitucional, según lo determinó la Sala. Límites que están previstos en las leyes, una vez que el legislador desarrolla la garantía legal ordenada por el constituyente. Por ello, es necesario prestar la debida atención a los valores constitucionales que conlleva el ejercicio lícito de la propiedad, para lo cual, se transforma en un punto referencial para abordar, en la segunda parte de este libro, lo atinente a la potestad de corrección patrimonial constitucional del Estado.

E.   La riqueza y el trabajo como problema del interés general

Ya vimos que el trabajo honesto y la riqueza poseen una relación inexcusable e inextinguible. Sin embargo, existe un problema y es el relativo a la aplicación del concepto de "interés general" al concepto de trabajo. No hacemos mención del trabajo como derecho, es decir, a las relaciones laborales subordinadas. Queremos resaltar lo sensible que se vuelca hablar de honestidad, entendida ésta como, *calidad de honesto*[113]. Implica así

---

[112]   TRIBUNAL SUPREMO DE JUSTICIA/SALA CONSTITUCIONAL. Sentencia n° 85 de fecha 24 de enero de 2002 (Caso: *Asodiviprilara vs. Superintendencia de Bancos*).

[113]   REAL ACADEMIA DE LA LENGUA ESPAÑOLA. *Diccionario de la Lengua Española.* Consulta: https://dle.rae.es/honestidad

referirnos a las actividades generadoras de riqueza de forma íntegra, recta, noble, decente, digna, proba y casta.

La CORTE CONSTITUCIONAL DE COLOMBIA, vincula el derecho de propiedad con otros derechos que están en relación "inescindible", sobre todo, el trabajo como fuente lícita de realización. Veamos:

"(…) 4. La Constitución de 1991 suministró un nuevo fundamento para la contextualización de los derechos y, entre ellos, del derecho a la propiedad. Lo hizo no sólo al consagrar los pilares de toda democracia constitucional -dignidad humana y democracia pluralista- sino también al *fijar los principios sobre los que se funda el orden político constituido y entre ellos los de trabajo, solidaridad y prevalencia del interés general.* De acuerdo con esto, afincó el *trabajo como fuente lícita de realización y de riqueza,* descartó el individualismo como fundamento del orden constituido y relegó el interés privado a un plano secundario respecto del interés general.

Así, ya desde el artículo 1°, está claro que el nuevo orden constitucional no hay espacio para el ejercicio arbitrario de los derechos, pues su ejercicio debe estar matizado por las razones sociales y los intereses generales. Pero estas implicaciones se descontextualizan si no se tienen en cuenta los fines anunciados en el artículo 2° y, para el efecto que aquí se persigue, el aseguramiento de la vigencia de un orden justo. En efecto, un orden justo sólo puede ser fruto de unas prácticas sociales coherentes con esos fundamentos. *No se puede asegurar orden justo alguno si a los derechos no se accede mediante el trabajo honesto sino ilícitamente y si en el ejercicio de los derechos lícitamente adquiridos* priman intereses egoístas sobre los intereses generales (…)

(…) Finalmente, de acuerdo con lo dispuesto por el constituyente de 1991, el orden de valores y principios configurado para posibilitar la convivencia *torna exigible un título lícito para la adquisición de derechos, pues, en una democracia constitucional se protegen únicamente aquellos que son fruto del trabajo honesto.* Y si esta exigencia no se satisface, el *Estado ejerce la facultad de desvirtuar la legitimidad de los bienes y de extinguir*, por esa vía, un dominio al que se accedió ilegítimamente. De esta manera, la regulación de los efectos de la ilegitimidad del titular del derecho de dominio dejó de estar relegada a la ley y fue regulado directamente por el constituyente (…)"[114] (cursivas nuestras)

Uno de los problemas que pudiera encontrarnos, es la evolución misma del concepto de trabajo "lícito" u honesto. Habría que analizar las nuevas manifestaciones de trabajo lícito asociadas con la libertad de expresión, visto que la riqueza no puede ser analizada desde la óptica de un solo derecho fundamental sino en la concatenación de aquellos que deban participar. Hacemos referencia al caso del uso de las plataformas *Only fans* o *Patreon,* para la promoción del trabajo fotográfico artístico, muchas de las cuales se hacen sobre cuerpo desnudo, sin caer en el halo conceptual de la pornografía o la explotación sexual. El concepto de licitud también evoluciona en la medida que otros elementos valóricos juegan, muy diferentes a los que estrenaron el siglo XX[115].

II.   EL SISTEMA PATRIMONIAL NACIONAL

Analizados los detalles sobre la Constitución económica, y de cómo ésta faculta la concepción del SISTEMA PATRIMONIAL NACIONAL, es necesario detenernos para establecer las dimensiones principales de este novísimo concepto, todavía, sin precisarse en la doctrina o la jurisprudencia. Erróneamente se identifica este

---

[114]   CORTE CONSTITUCIONAL DE COLOMBIA. Sentencia C-740 de fecha 28 de agosto de 2003 (caso: *Pedro Pablo Camargo vs. Ley 793 de 2002*).

[115]   Para más detalles, véase uno de los casos emblemáticos de la SUPREMA CORTE DE JUSTICIA DE LOS ESTADOS UNIDOS DE AMÉRICA, sentencia de fecha 24 de febrero de 1988 (caso: *Hustler Magazine Inc. Et al. Vs. Falwell*).

sistema patrimonial con todo aquello relativo al patrimonio natural o cultural de una Nación. Lamentablemente ni es uno ni forma parte de otro, aunque, aquéllos si pueden calzar como elementos del patrimonio de la Nación, protegidos, también, por los mecanismos de corrección patrimonial del Estado. El caso *Shell,* al que estudiamos al inicio de este libro es quizá un ejemplo de cómo nuevos mecanismos correctivos pueden intervenir dentro del llamado "halo" duro de un derecho fundamental, en especial, el de propiedad y el de libertad económica.

1. *Aproximaciones conceptuales*

Comencemos por definir qué es el Sistema Patrimonial Nacional. Su aproximación puede hacerse o bien a través del criterio material (objeto del sistema), de la siguiente forma:

> *Es el conjunto de activos y pasivos generales de una nación, que incluye todos los haberes patrimoniales, públicos y privados, destinados hacia la creación de riqueza.*

También podemos entenderlo, con la óptica funcional, como:

> *Es el mecanismo creado por la Constitución económica, mediante el cual, el Estado cohesiona toda la riqueza producida por quienes conforman dicho Estado, sean públicos o privados.*

En ambas definiciones resalta el valor de entender todas las tipologías de propiedades[116] al servicio de los objetivos generales planteados como Nación en el texto constitucional, sobresaliendo, el creador de riqueza y haberes para el sostenimiento de todos los habitantes y sus instituciones legítimas.

---

[116] Incluiría la propiedad privada, la pública, la individual y la colectiva, todas consagradas en la Declaración Universal de los Derechos Humanos de 1948 (artículo 17). En el caso del continente americano, la Convención Americana de los Derechos Humanos de 1969 fue el instrumento que reconocería a la propiedad el carácter de "derecho". Véase, para más detalles, Hernández-Mendible, V. (2023). … *Ob. Cit.*, pp. 233-234.

De esta manera, la propiedad es revisada en este sistema bajo su *dimensión patrimonial*, en la cual, se contempla la garantía al principio de la autonomía de la voluntad de las partes, la libertad de negociación y la de contratación. Estas libertades no son omnímodas, puesto que, el modelo de Estado de posguerra -previsto luego de 1945- responde al esquema social y democrático de Derecho, por lo tanto, con evidentes restricciones vinculadas al concepto de orden público o interés general como lo ha señalado la CORTE INTERAMERICANA DE LOS DERECHOS HUMANOS[117]. Dichas limitaciones no pueden bajo ningún parámetro "desnaturalizar" los atributos que trae consigo el derecho de propiedad, pues, de hacerlo, ya no estaríamos en el plano de un sistema patrimonial sino en la más pura arbitrariedad, ésta última, expresada en forma económica extrema a través de la confiscación.

Tanto el concepto material como funcional se construyen desde los elementos que conforman todo patrimonio[118]. Los *activos* (derechos), al que solo deben contabilizarse los derechos evaluables en dinero. Estos, sea cual sea la circunstancia, pueden lícitamente enajenarse o adquirirse mediante el pago de dinero, o bien, que produzca una utilidad económica[119]. Al igual que a las personas, el SISTEMA PATRIMONIAL NACIONAL posee activos, que se aplica el mismo criterio que hemos abordado, excluyéndose, aquellos "(…) *hechos y relaciones de la vida económica, que beneficiar al sujeto, pero no se fundan en un derecho subjetivo, o no le corresponden, por tratarse de intereses patrimoniales en cuanto acrecientan el valor de ciertos derechos patrimoniales, o*

---

[117] Véase CORTE INTERAMERICANA DE LOS DERECHOS HUMANOS. Sentencia de fecha 06 de mayo de 2008 (Caso: *Salvador Chiriboga vs. Ecuador*). También, sentencia de fecha 24 de febrero de 2012 (Caso: *Atala Riffo y Niñas vs. Chile*).

[118] DOMÍNGUEZ GUILLÉN, María Candelaria y PÉREZ FERNÁNDEZ, Carlos (2022). *Ob. Cit.,* p. 64.

[119] DOMÍNGUEZ GUILLÉN, María Candelaria y PÉREZ FERNÁNDEZ, Carlos (2022). *Ob. Cit.,* p. 66.

abren la posibilidad de adquirir ciertos derechos para el titular del patrimonio, incluyendo entre estos supuestos: la fuerza de trabajo y capacidad de ganancia del hombre, la clientela o las relaciones sociales por cuyo medio pueda conseguirse un empleo ventajoso (…)"[120].

Con relación al segundo elemento, *los pasivos*, estos deben entenderse como las obligaciones o cargas[121], legítimamente adquiridas por vía libre y voluntaria. El pasivo implica también las responsabilidades que debe soportar ese SISTEMA PATRIMONIAL NACIONAL, que va más allá de la mera valoración de los activos como prenda común de los acreedores, tal y como pregona el Derecho civil patrimonial tradicional.

Sobre el concepto funcional, el SISTEMA PATRIMONIAL NACIONAL cumple una *labor de cohesión* entre los tres patrimonios que interactúan en toda Nación: el patrimonio público, el patrimonio privado de las personas naturales y el patrimonio privado de las personas jurídicas. Así, la suma de todos debe apuntar -y apuntalar- la generación de riqueza para el sostenimiento de esa misma Nación, más allá de que sea el Estado el propietario o no del patrimonio; o inclusive, una versión ultraliberal que niegue la capacidad de acrecentar el patrimonio público. De este punto abordaremos más adelante, ya que, la aplicación de conceptos ideológicos termina por desnaturalizar al propio sistema.

---

[120] DOMÍNGUEZ GUILLÉN, María Candelaria y PÉREZ FERNÁNDEZ, Carlos (2022). *Ob. Cit.*, p. 67.

[121] DOMÍNGUEZ GUILLÉN, María Candelaria y PÉREZ FERNÁNDEZ, Carlos (2022). *Ob. Cit.*, p. 64.

2. *Características*

Son características del concepto de patrimonio[122], en general, su legalidad, su unidad, identidad, flexibilidad, autonomía, garantía o afectación de sus acreedores e instrumentalidad. Cada una de ellas es aplicable al concepto de SISTEMA PATRIMONIAL NACIONAL. Sin embargo, además de las propias del patrimonio, tenemos las siguientes:

- *Integralidad* (no se excluye ningún elemento patrimonial, por lo que cumple una función unificadora de integración, generando una unidad que debe ser resguardada ante cualquier contingencia).

- *Multidisciplinariedad* (se aborda desde el derecho de propiedad, en sus múltiples aristas, no sólo de la dimensión económica, *vgr.* jurídica, política, social, institucional, etc.).

- *Sometimiento al principio superior de creación de la riqueza* (como dispositivo superior, ya que la creación no puede detenerse, pues, las necesidades y pasivos del sistema patrimonial nacional deben ir en constante incremento. De haber una reducción, ésta sólo pudiera estar motivada a situaciones vinculadas con calamidades naturales o de fuerza mayor, como es el caso de la guerra en cualquiera de sus versiones[123]).

---

[122] DOMÍNGUEZ GUILLÉN, María Candelaria y PÉREZ FERNÁNDEZ, Carlos (2022). *Ob. Cit.,* pp. 61-63.

[123] Supongamos un caso donde exista una disminución patrimonial de la Nación, ejemplificado en un desplome del Producto Interior Bruto en niveles que superen el 50%, tomando como referencia, el último año donde dicho PIB logró crecer. Esto es suficiente para que se pongan en marcha los mecanismos judiciales para hacer valer la responsabilidad de quienes han sido los artífices de semejante retroceso. El caso venezolano, desde 2014, es un típico ejemplo de cómo pudiera, en aplicación del SISTEMA PATRIMONIAL NACIONAL, establecer responsabilidades de quienes tenían el control del Estado y de la economía durante el lapso 2014-2021.

- No puede responder a ningún discurso ideológico, pues, esta clave de lectura terminaría por desfigurar al sistema patrimonial (lo ideológico, como advertimos[124], trae consigo la preminencia de un proyecto histórico, que, por regla es intolerante y busca secuestrar la conducción de un SISTEMA PATRIMONIAL NACIONAL).

De ocurrir esto último, entonces, más que un mecanismo correctivo, estaríamos en presencia de una forma sofisticada de confiscación. Un SISTEMA PATRIMONIAL NACIONAL no está al servicio de ningún programa u oferta de gobierno, llámese materialismo dialéctico o la más pragmática de las versiones liberales. Sin embargo, a pesar de lucir como una utopía lo propuesto, todas las ofertas ideológicas en la historia humana coinciden en lo económico en un solo objeto: *crear riqueza*. Y precisamente, para ello se contempla un SISTEMA PATRIMONIAL NACIONAL, para saber exactamente cómo producirla y de dónde viene.

Sabiendo que la riqueza puede crearse de diferentes formas y el peligro que esta actividad instrumentalice al ser humano se plantea a nivel constitucional unos previsibles horizontes éticos que sobresalen muy por encima de cualquier efecto moralizador o punitivo. Es por ello por lo que el modelo de Estado sea cual sea, siempre se decante por el establecimiento de aquellas actividades que no están prohibidas, no tanto por una arbitrariedad del constituyente o legislador, sino porque pone en peligro la integridad misma del patrimonio de todos, individual, particular, colectivo o estatal, según sea el caso.

---

[124] El proyecto histórico, tal como lo define VIDAL FERNÁNDEZ, Fernando. (2007). "La modernidad como edad de universalización: revisión del programa weberiano de modernización", en: *Miscelánea Comillas*, n° 126, p. 154, "(...) *son las versiones, programas de naturaleza política, social, económica, jurídica, cultural, etc., que buscan explicar a su manera, o influir abiertamente, sobre la esencia de un particular eje histórico* (...)".

3. *Superando las limitaciones ideológicas del estado liberal y del estado social*

Queremos detenernos un momento en este punto, visto que, está comprobado que la lucha global por diferentes proyectos históricos se debate en un péndulo entre la esencia del estado liberal y la del estado social. En el primero, hay una visión de relación entre el Estado y la sociedad donde el primero es subyugado a los designios individuales. El segundo, por aplicación de versiones extremas[125] que rayan más en los modelos de *procura existencial,* pueden otorgar la errónea creencia que la voluntad general se impone siempre sobre las iniciativas privadas, fomentando otra tipología de propiedades -como la pública o la comunal- que a todas luces es anómala.

La riqueza no puede responder a un condicionante ideológico, como tampoco, por más que el gobierno -así sea producto de una impoluta democracia- que dirija al Estado se aferre a ideas-fuerzas extremista. No puede el Estado contaminar al sistema patrimonial de la Nación con dogmas que más que impulsar al aparato económico creador de riqueza, termina por resentirlo o ponerlo en peligro. Ya el pasado ha enseñado costosísimas lecciones, tanto del

---

[125] Sobre los modelos de estado social, en especial, los denominados *estados del bienestar,* véase TARNAWSKI GESLOWSKA, Eduard (1998). "El bienestar contra el Estado: premisas y consecuencias de la reforma del estado de bienestar", en: *Revista de Estudios Políticos,* n° 102, pp. 95.128. RODRÍGUEZ-ARANA MUÑOZ, Jaime, (1999). *Nuevas claves del estado del bienestar: hacia la sociedad del bienestar.* Granada, Comares. GORDILLO PÉREZ, Luis. (Coord.) (2023). *Una teoría del Estado constitucional europeo.* Madrid, Athenaica. COTARELO GARCÍA, Ramón. (1988). "Crisis y reformulación del estado del bienestar", en: CORCUERA ATIENZA, Francisco Javier y GARCÍA HERRERA, Miguel. (Edit.). *Derecho y economía en el estado social.* Madrid, Editorial Tecnos, pp. 19-37. PAREJO ALFONSO, Luciano. (2002). "Estado social y Estado de Bienestar a la luz del orden constitucional", en: MUÑOZ MACHADO, Santiago; GARCÍA DELGADO, José Luis y GONZÁLEZ SEARA, Luis. (Coord.). *Las estructuras del bienestar. Propuestas de reformas y nuevos horizontes.* Madrid, Editorial Civitas, pp. 793-862.

desplome de un sistema patrimonial ultraliberal (Estados Unidos, 1929 y 2008) como el colectivista (Unión Soviética, 1989) o del bienestar extremo (Grecia 2010, Venezuela 2018, Cuba 2023).

No podemos caer ni en la tentación liberal de nuevo cuño, como alternativa ante una visión distorsionada del *welfare state,* que asusta a sus ciudadanos con las amenazas de la sociedad del riesgo global[126], caracterizado por entender ese estado social por la ruina económica estatal, la distorsión del mercado, la ineficiencia en la prestación de los servicios públicos, la inflación, el déficit crónico y el exceso de burocracia. Tampoco podemos abrir las puertas a la satanización generada sobre la libertad del mercado, por quienes son apologistas de modelos apegados al estatismo, ya que, un sistema patrimonial no genera riquezas por más que se proponga el Estado a subvencionar a todas las actividades económicas, que imponga una gratuidad de los servicios, los controles de precios o sencillamente proceda a generar un mercado financiero con gran acento en la flexibilización cuantitativa del dinero.

4. *La interacción patrimonial pública/privada*

Precisamente para evitar los excesos de la tentación ideológica que abordamos más arriba, se plantea la necesidad de una teoría general sobre mecanismos de corrección patrimonial constitucional sobre el SISTEMA PATRIMONIAL NACIONAL. Uno de los componentes de esta teoría descansa sobre el papel de los principios específicos, en este caso, de corte garantista que evitan que la ideología, sea cual sea, ingresen o se revistan en la franja de la incerteza y la arbitrariedad. Si no operaran, entonces, habría que otorgarles crédito a las versiones de protesta, tanto en América Latina como en Europa, sobre la denuncia de calificar a la extinción o sus modelos análogos (decomiso civil) como formas sutiles de

---

[126] BECK, Urlich. (2002). *La sociedad del riesgo global.* Madrid, Siglo XXI Editores, pp. 113 y ss.

confiscación de los Estados, en fin, para aplicar el Derecho penal del enemigo o Derecho constitucional del enemigo para ser más precisos.

Debemos advertir que no vamos a trabajar a detalle todo lo referente a los principios dentro del orden jurídico[127]. Nos interesa es dilucidar la necesaria identificación de principios generales propios para el SISTEMA PATRIMONIAL NACIONAL, en específico, los relativos a la potestad de corrección patrimonial constitucional.

Los principios del Derecho cumplen varias funciones. Como indica PÉREZ LUÑO, son consecuencias particulares de disciplinas no jurídicas[128], es decir, de otras parcelas del saber que humanizan cualquier dureza del discurso jurídico. Aquellos se mueven

---

[127] Sobre los principios, en general, véase LASARTE ÁLVAREZ, Carlos. (2017). *Principios de Derecho civil.* Madrid, Marcial Pons. DEL VECCHIO, Giorgio; OSSORIO MORALES, Juan y CLEMENTE DE DIEGO, Felipe. (1978). *Los principios generales del Derecho.* Madrid, J.M. Bosch Editores. CASSAGNE, Juan Carlos. (2009). "Los principios generales en el Derecho Administrativo", en: *Estudios jurídicos,* n° 7, pp. 11-37. GARCÍA DE ENTERRÍA, Eduardo. (1984). *Reflexiones sobre la ley y los principios generales del Derecho.* Madrid, Editorial Civitas. REINOSO BARBERO, Fernando. (Coord.) (2014). *Principios generales del Derecho. Antecedentes históricos y horizonte actual.* Madrid, Thomson Reuters Aranzadi. CASTRO RIVERA, Alicia. (2020). "Los principios generales de derecho en la decisión judicial", en: *Doctrina y jurisprudencia de derecho civil,* Vol. 8, n° 0, pp. 99-106. LLUIS Y NAVAS, Jaime. (2014). "Los principios del derecho en los sistemas romano-germánicos", en: *Revista general de legislación y jurisprudencia,* n° 4, pp. 637-658. ARCE Y FLÓREZ-VALDÉS, José. (1990). *Los principios generales del Derecho y su formulación constitucional.* Madrid, Editorial Civitas.

[128] PÉREZ LUÑO, Antonio E. (2000). "La peculiaridad normativa de los principios generales del Derecho", en: *Persona y Derecho: Revista de fundamentación de las Instituciones Jurídicas y de Derechos Humanos,* n° 42, p. 136.

jerárquicamente, de menor a mayor generalidad desde un simple instituto hasta el ordenamiento general[129].

Precisada esta noción, los principios que analizaremos informan sobre el SISTEMA PATRIMONIAL NACIONAL, como una suerte de teoría general. Como hemos explicado, este mecanismo es sumamente efectivo, pero, ese grado de eficiencia también lo hacen provocativo para que las estructuras del Estado abusen del mismo, como en efecto, ha ocurrido en algunos países, incluyendo, lo que ha originado este libro cuando en Bolivia se aprobó un proyecto de ley que establecía la extinción de dominio a través de un procedimiento administrativo, sustanciado por un órgano de la Administración pública. Un verdadero contrasentido.

Así, los principios -prosigue PÉREZ LUÑO- no exigen o tipifican comportamientos concretos y especificados, sino que, establecen *estándares genéricos* de conductas dirigidos a la consecución de fines de interés general o para satisfacer exigencias éticas o postulados de justicia[130]. Estos estándares pueden entenderse como[131]:

- *Metanorma* (reglas orientadoras superiores).

- *Principia essendi* (ontológicas autorizadas por el sistema normativo).

- *Prima principia* (axiomas que inspiran todo el orden jurídico).

De las tres acepciones nos interesa en la materia abordada el concepto de metanorma. Es decir, visto que el SISTEMA PATRIMONIAL NACIONAL es una materia novedosa, que comparte naturaleza constitucional. Si el juzgador no entiende esta complejidad, en vez

---

[129] BOBBIO, Norberto. (1994). *Principi generali di diritto.* Torino, Giappichelli, p. 275.

[130] PÉREZ LUÑO, Antonio E. (2000). *Ob. Cit.,* p. 138.

[131] PÉREZ LUÑO, Antonio E. (2000). *Ob. Cit.,* pp. 144-147.

de "corregir" las desviaciones cuando ocurran, lo que haría será deformarlo introduciendo formas sutiles de confiscación. Así, siguiendo el razonamiento de GARCÍA DE ENTERRÍA, si no se acuden a los principios propios de un instituto jurídico preciso, no podría ese mismo juzgador tener sentido de las instituciones, así como, articular éstas en el sistema general del ordenamiento[132].

Sin la capacidad de articulación, entonces, habría que otorgarles a los detractores del SISTEMA PATRIMONIAL NACIONAL la razón al calificarla como una lesión directa a la propiedad privada. Por ello, la presencia de unos principios especiales, con fines garantísticos, ponderan y limitan esa potestad omnímoda del Estado sometida a permanente tentación de conculcar derechos fundamentales, en específico, los relacionados al derecho de propiedad. Esta realidad, más allá de la idealización que los organismos internacionales multilaterales han manifestado con los nuevos mecanismos de persecución patrimonial no penal contra la delincuencia económica, nos exige precisar esos estándares de comportamiento que en la propia legislación latinoamericana sobre extinción de dominio no se encuentran muy claras, salvo, lo que está relacionado con la buena fe calificada y el interés general.

Una de las fuentes que nos permiten extraer principios, previa revisión metodológica, son precisamente ese *ius commune* o *babelia normativa* en que se han convertido los tratados y convenios internacionales en materia contra la delincuencia económica[133]. Al ser suscritos por casi todos los Estados, es una

---

[132] GARCÍA DE ENTERRÍA, Eduardo. (1984). *Reflexiones sobre la ley y los principios generales del Derecho.* Madrid, Editorial Civitas, p. 195. Véase también, LEGUINA VILLA, Jesús. (1987). "Principios generales del Derecho y Constitución", en: *Revista de Administración Pública,* n° 114 (septiembre-diciembre), pp. 7-37.

[133] Nosotros, en 2021, ya hacíamos la advertencia sobre esta exponencial crecimiento de reglas y dispositivos internacionales para la persecución de la criminalidad económica. A tal fin bautizamos como "babelia normativa y terminológica", haciendo paralelismo con el relato bíblico de la torre de

argamasa común que no genera discrepancias sobre su aplicación o no. Es por ello por lo que la primera fuente para discernir estos principios, que, deben ser deducidos de métodos autorizados por el propio Estado normativo, son los puntos comunes de todo el compendio normativo internacional, comunitario y de aplicación extra nacional. En los casos en que se produzca un conflicto entre ellos, se deberá echar mano de la ponderación judicial como método, a los fines de jerarquizar su respectiva importancia, así como el grado de adecuación (pertinencia) para ser aplicado al caso que debe resolverse[134].

Pero los principios generales en todo sistema jurídico, si no establecemos una sistematización para comprender la relación conceptual entre, por ejemplo, la extinción de dominio y los atributos de la propiedad y el derecho de propiedad, sabiendo identificar las diferencias entre ambos conceptos; entonces, pudiéramos entrar en un proceso metafísico donde cada juez, dependiendo de su realidad político-institucional, deduzca principios con diferentes formas de materializarlos. Es la advertencia de

---

Babel. Véase JIMÉNEZ TAPIA, Rafael S. y URBINA MENDOZA, Emilio J. (2021). *Ob. Cit.,* pp. 19-24. "(…) Esta incapacidad estatal -la de simplificar normas- ha hecho proliferar reglamentaciones más allá de nuestras fronteras. Anualmente se aprueban y suscriben tratados, convenciones, protocolos anexos, memorándums de intención, borradores de los grupos de seguimiento y toda una geografía documental del *Ius Cogens,* donde pareciera construirse una nueva *babelia terminológica* sobre la delincuencia organizada. Todo se maximiza hacia dimensiones nunca vistas, donde las escuelas del Derecho penal participan, dejando siempre en las conferencias, sus posturas, polémicas y otras expresiones que construyen una nueva torre de babel lingüística. A la dinámica normal se le adicionó el Covid-19, que, tras la migración forzada del sistema económico analógico al digital, también, las formas de criminalidad hacen de lo suyo en una suerte de criminalidad económica 2.0. Esta es quizá una de las razones de peso para la puesta en funcionamiento definitivo, -y acelerada- de la nueva Fiscalía Europea (European Public Prosecutor's Office – EPPO). (…)".

[134] PÉREZ LUÑO, Antonio E. (2000). *Ob. Cit.,* p. 138.

PÉREZ LUÑO y LEGUINA VILLA en indicarnos que una de las características más resaltante de los principios jurídicos es su ambigüedad y opacidad[135].

Quizá sea este el gran escollo que ha divorciado a los Tribunales y Cortes Constitucionales en América Latina al momento de limitar o perfilar a la extinción de dominio u otro mecanismo de corrección patrimonial, pues, para Ecuador y México la característica de imprescriptibilidad y retrospectividad de la acción resulta una evidente inconstitucionalidad, mientras que, para Colombia, República Dominicana, Honduras, El Salvador y Guatemala, representan una de las principales virtudes del instituto. ¿Quién tiene la razón? Es difícil ofrecer una respuesta en este orden territorial, puesto que, América Latina ha bebido de las mismas fuentes originales normativas, provenientes, en principio, del Derecho indiano que informaría las incipientes Constituciones como naciones independientes en el siglo XIX. Además de odiosa la comparación, abriría una terrible brecha entre países con extinción de dominio de primera marcha y segunda marcha, como si la calidad del instituto proviniese exclusivamente del valor de la *lege ferenda*.

La adopción de los principios requiere de una urgencia que amerita el caso. En la reciente *Cumbre Latinoamericana de Seguridad*[136], celebrada en Guayaquil y organizada por el BANCO INTERAMERICANO DE DESARROLLO (BID), el énfasis se ha

---

[135] PÉREZ LUÑO, Antonio E. (2000). *Ob. Cit.,* pp. 133-135. En el mismo sentido, LEGUINA VILLA, Jesús. (1987), *Ob. Cit.,* p. 7.

[136] Ciudad de Guayaquil, Ecuador, 19 y 20 de agosto de 2024. El eje temático central fue sobre el combate financiero al crimen organizado. Sobre los pormenores de la Cumbre, véase MELLA, C. "América Latina busca en la Cumbre Latinoamericana de Seguridad, cortar el oxígeno al crimen organizado", en: *Diario El País,* Madrid, edición del 19 de agosto de 2024 [en línea] en: https://elpais.com/america/2024-08-20/america-latina-busca-en-la-cumbre-latinoamericana-de-seguridad-cortar-el-oxigeno-al-crimen-organizado.html

colocado en los mecanismos de persecución patrimonial contra el flujo económico de la delincuencia 2.0. Pero, más allá de los buenos propósitos o la clarificación de una agenda operativa para enfrentar a esta lacra que le cuesta a la región el 3.5% del PIB[137], realmente, una cifra alarmante; lo determinante es comenzar a construir esa base teórica para que la potestad de corrección no sólo sea una referencia de "buenas prácticas". Para la ciencia del Derecho, la definición de una base epistemológica, que, en conjunto con el universo conceptual bien precisado, requiere de principios que informen, como metanorma, para establecer no sólo la eficiencia en su puesta en vigencia, sino también, para limitar cualquier tentativa de excesos.

Tomando como referencia todo lo anteriormente expuesto, podemos deducir la existencia de cuatro (04) grandes principios garantistas propios del SISTEMA PATRIMONIAL NACIONAL. Muchos de ellos deducidos de las mismas fuentes normativas de la Constitución Económica. Estos, más allá de informar al momento de resolver un caso, previenen y otorgan las mayores garantías de seguridad jurídica al sistema, de cara a cualquier reforma legislativa que trasgreda la racionalidad, o bien, de una decisión de la justicia constitucional que la haga nugatoria.

Estos principios son:

- Principio de la libertad relegada al interés general.

- Principio de la solidaridad patrimonial.

- Principio de la subsidiaridad patrimonial.

- Principio del ejercicio lícito de la propiedad pública y privada.

---

[137] Véase MELLA, C. "La Cumbre Latinoamericana de Seguridad cierra con propuestas para combatir el lavado de activos", en: *Diario El País,* edición del 20 de agosto de 2024 [en línea] en: https://elpais.com/america/2024-08-21/la-cumbre-latinoamericana-de-seguridad-cierra-con-propuestas-para-combatir-el-lavado-de-activos.html

A.   Principio de la libertad relegada al interés general

La libertad económica y patrimonial es la regla en el constitucionalismo occidental. El constitucionalismo, sobre todo, el devenido desde 1945, apuesta por la implantación de modelos mixtos patrimoniales. Esto implica en mayor o menor medida, una interacción entre el patrimonio privado y el público, estableciendo vasos comunicantes, unos, muchas veces dependientes del otro. En este sentido, el Estado, asume la vigilancia patrimonial de forma permanente. No para buscar intervenir la economía o modificar la configuración de los patrimonios privados, sino, precisamente, para que el equilibrio constitucional entre ambos no se pierda ante cualquier exceso cometido por los actores económicos, incluyéndose.

Este principio ya lo hemos venido explicando a lo largo del libro, y, ahondaremos más adelante en él cuando analicemos pormenorizadamente en qué consiste la potestad correctiva o de corrección patrimonial constitucional del Estado. El interés general servirá como cláusula normativa rectora al sistema patrimonial, en la cual, así expresamente el constituyente no contemple mecanismos específicos sobre extinción de dominio o el relativo al litigio ambiental parecido a lo suscitado con el caso *Shell*, suficientemente analizado *ut supra*; el simple hecho de contemplarla en el texto sirve como fundamento para la aplicación de las correcciones en pro del sostenimiento del sistema y su preservación. Inclusive, pudiéramos calificarlo como uno de los pocos principios de *autopoiesis* donde no existe un actor claramente beneficiado al momento de aplicarlo[138].

---

[138]   Véase LUHMANN, Niklas. (1998). *Sistemas sociales: lineamientos para una teoría general.* Barcelona, Editorial Anthropos. También como interpretación al autor y sus implicaciones políticas, véase MOLINA Y VEDIA, Silvia. (1995). "Conceptos básicos para el estudio de la credibilidad política según la teoría de los sistemas autorreferentes y autopoiéticos de Niklas Luhmann". En: *Revista Mexicana de Ciencias Políticas y Sociales*, n° 162, pp. 23-41.

Si el Estado pretende, en aplicación de una *autopoiesis* mal enfocada, donde, asuma una hegemonía patrimonial dentro del sistema, sencillamente estaríamos ante un caso de evidente arbitrariedad. La relegación al interés general no va aparejado un beneficio al Estado, en el sentido de engrosamiento patrimonial en desmedro del sector privado. Lo que se busca es que aquella anomalía presente en el sistema patrimonial sea resuelta para que retorne el equilibrio, atacando de raíz las causas.

B.   Principio de la solidaridad patrimonial

Este principio, de larga data, proviene del concepto teológico de virtud humana y cristiana de la genuina caridad[139]. Ha sido asumido por la civilización occidental como uno de sus rasgos característicos, debido a que todos partimos de la base digna como miembros de una especie que no merece establecer discriminaciones basadas en condicionantes biológicos. La solidaridad ha sido un principio que constitucionalmente se regula con suma frecuencia, tal como puede evidenciarse en los artículos 2, 4, 75, 299 y 326 de la Constitución de 1999.

Como bien lo indicó la CORTE CONSTITUCIONAL DE COLOMBIA, la solidaridad como valor constitucional, aplicable también al sistema patrimonial nacional es:

---

[139]   Véase SS. SAN JUAN PABLO II. (1987). *Carta encíclica Solicitudo rei socialis*. Ciudad del Vaticano, 30 de diciembre: "(…) *39. El ejercicio de la solidaridad dentro de cada sociedad es válido sólo cuando sus miembros se reconocen unos a otros como personas. Los que cuentan más, al disponer de una porción mayor de bienes y servicios comunes, han de sentirse responsables de los más débiles, dispuestos a compartir con ellos lo que poseen. Estos, por su parte, en la misma línea de solidaridad, no deben adoptar una actitud meramente pasiva o destructiva del tejido social y, aunque reivindicando sus legítimos derechos, han de realizar lo que les corresponde, para el bien de todos. Por su parte, los grupos intermedios no han de insistir egoísticamente en sus intereses particulares, sino que deben respetar los intereses de los demás.* (…)"

"(…) Ha sostenido esta Corporación que la *solidaridad es un valor constitucional* que en cuanto fundamento de la organización política presenta una triple dimensión, a saber: (i) como una pauta de comportamiento conforme a la cual deben obrar las personas en determinadas ocasiones; (ii) como un criterio de interpretación en el análisis de las acciones u omisiones de los particulares que vulneren o amenacen los derechos fundamentales; (iii) como un límite a los derechos propios

(…)

En esta dimensión el principio de la solidaridad se despliega como un deber que pesa en cabeza del Estado y de todos los habitantes del país. Yendo en el primer caso de lo público hacia lo privado, a tiempo que, en el segundo del núcleo familiar hacia el ámbito social, en una suerte de *concatenaciones dialécticas* que deben tener siempre a la persona como razón y fin último.

(…)

El deber – derecho de solidaridad corre *a cargo y a favor de cada miembro* de la comunidad, constituyéndose en patrón de conducta social de función recíproca, adquiriendo una especial relevancia en lo relativo a la cooperación de todos los asociados para la creación de condiciones favorables a la construcción y mantenimiento de una vida digna por parte de los mismos. Por donde, la solidaridad se despliega como columna vertebral para la articulación de voluntades en el propósito común de convivencia pacífica, desarrollo socio – cultural y construcción de Nación. No es de extrañar la trascendencia que la solidaridad ha tenido a través de la historia de la humanidad, propiciando mayores grados de civilización y desarrollo tecnológico, al igual que proveyendo a la solución de las imperiosas necesidades que suelen surgir de las grandes catástrofes naturales, de las enfermedades, de las hambrunas, de los incendios y de las mismas guerras.

En el ámbito de nuestro ordenamiento jurídico discurren múltiples expresiones de la solidaridad, siendo pertinente destacar, entre otras las siguientes: (i) la que le corresponde asumir al Estado, a la sociedad y a la familia frente al derecho a la vida digna; (ii) la que le atañe a las personas frente al deber de contribuir al financiamiento de los gastos e inversiones del Estado dentro de conceptos de justicia y equidad; (iii) la que le corresponde al empleador frente a la dignidad del trabajador que padece de alguna enfermedad catastrófica, manteniéndolo en su cargo, o si existe posibilidad de contagio, reubicándolo en otra plaza.

Finalmente, teniendo la solidaridad *tanto móviles para su ocurrencia*, no es de esperar que ella siempre despunte por generación espontánea, dado que, si bien la espontaneidad para dar de sí a quien lo necesita es una importante fuente de solidaridad, es de reconocer que ésta puede ser válidamente inducida, promocionada, patrocinada, premiada y estimulada por el Estado en orden a la materialización y preservación de determinados bienes jurídicos de especial connotación social. Lo cual encuentra arraigo constitucional en el hecho de que nuestra Carta Política no prohíja un modelo ético único, pues, según se vio, la pluralidad de pensamiento y el respeto a la diferencia campean cual coordenadas rectoras de las instituciones del Estado y de las relaciones entre los particulares y las autoridades públicas. (…)"[140] (cursivas nuestras)

Debemos resaltar del fallo parcialmente transcrito tres notas para entender la solidaridad como principio que guía al SISTEMA PATRIMONIAL NACIONAL.

Primero, es un *valor que establece una pauta de comportamiento en el obrar de las personas (públicas y privadas) en determinadas ocasiones* donde la libertad económica y el libre

---

[140] CORTE CONSTITUCIONAL DE COLOMBIA, Sentencia C-459 de fecha 11 de mayo de 2004 (caso: *Ramiro Bejarano vs. Ley 472 de 1998*).

desenvolvimiento del derecho de propiedad se ven amenazados ante una contingencia, que como explicamos, se potencian dentro del contexto que vivimos de la sociedad del riesgo global. Así, podemos ver que la solidaridad sea un principio de aplicación recurrente, pues, sería aniquilador de las iniciativas particulares o bien destruiría cualquier estabilidad en las políticas públicas al tener que desviar permanentemente recursos públicos para reparar "solidariamente", contingencias.

Segundo, la solidaridad *se aplica para las personas públicas y privadas, en un rango de igualdad*, por lo que cualquier versión que arrincone este principio sólo para ser aplicado al patrimonio público, sencillamente violenta el principio de igualdad. Al igual que cualquier interpretación que gravite el peso solidario en los patrimonios privados, también pudiera entenderse como una patología confiscatoria o de despotismo económico.

Tercero, que este principio de solidaridad *sólo puede exigirse en los términos en que esté previsto en la ley*. Este último punto es capital al momento de establecer mecanismos correctivos patrimoniales, puesto que, se desnaturalizaría la solidaridad si es exigida o fundamenta comportamientos que terminan por vaciar de contenido al derecho de propiedad y a la libertad económica. La legislación viene a ser el marco dentro del cual se encauza la solidaridad patrimonial, no pudiendo exigirse a ninguna persona, ni siquiera al Estado, comportamientos que patrimonialmente rebasen las bases jurídicas del sistema económico o del derecho de propiedad.

C.   Principio de la subsidiariedad patrimonial

El principio de la subsidiariedad fue reconocido por primera vez de forma expresa, en la tradición iuspublicista venezolana, en la Constitución de 1999, al establecer las relaciones entre las diversas personas públicas de base territorial[141]. Se resume en la expresión *"ayudar hacer, dejar hacer y hacer por sí mismo"*[142], y se ha erigido con el fin de contrarrestar excesos o abusos en la aplicación destructiva del principio de solidaridad[143].

Etimológicamente "subsidiaridad", como vocablo, proviene del latín *subsidiarius, -a, -um (subsidium),* que en sentido figurado implica la noción de ayuda, auxilio, apoyo, asistencia[144]. En el "lenguaje militar romano -puntualiza el Cardenal HÖFFNER- por ejemplo, se contraponen a las cohortes que luchan al frente (en

---

[141] Artículo 165 de la Constitución de 1999. Al respecto, véase uno de nuestros primeros trabajos académicos en URBINA MENDOZA, Emilio J. (2004). "La globalización y el atlas federal venezolano. ¿Recuperación del principio de subsidiaridad en Venezuela?, en: *Iuridica,* n° 1, pp. 97-150. Este trabajo sirvió como documento base de nuestra ponencia en las *X Jornadas sobre Federalismo, Descentralización y Municipio,* organizadas por el CENTRO DE ESTUDIOS PROVINCIALES Y LOCALES (CIEPROL-ULA), Mérida, diciembre de 2004. También, véase PAREJO ALFONSO, Luciano. (1997). "Algunas reflexiones sobre el principio de subsidiaridad y el gobierno local", en: *Revista Tachirense de Derecho,* n° 9, pp. 7-25.

[142] Al respecto, sobre el principio de subsidiaridad, véase VALLET DE GOYTISOLO, Juan. (1981). *Tres ensayos: cuerpos intermedios, representación política, principio de subsidiaridad.* Madrid, Editorial Speiro. BANÚS, Enrique. (2000). *Pequeña aportación lexicográfica al término de subsidiaridad.* Pamplona, Universidad de Navarra, pp. 25-35. PÉREZ SOLÓRZANO, Nieves. (2000). *La aplicación del principio de subsidiaridad: ¿Se toman las decisiones de la forma más próxima a los ciudadanos?* Pamplona, Universidad de Navarra, pp. 457-467.

[143] "(…) *La aplicazione in modo indiscriminato e miope, consideri solamente l'individuo, produrrebbe un pluralismo distruttivo (…)".* FERRARI PASSANO, Paolo Da. (1998). "Il Principio di Sussidiarietà", en: *Civiltà Cattolica,* Quaderno 3552 – II, p. 543.

[144] SEGURA MUNGÍA, Santiago. (2001). *Nuevo diccionario etimológico Latín-Español y de las voces derivadas.* Bilbao, Universidad de Deusto, p. 742.

prima acies) a las cohortes de reserva dispuestas en la retaguardia (las *subsidiarii cohortes*)"[145].

La etimología de la lengua española lo cataloga como un *adjetivo* que describe lo que se da o se manda en socorro o subsidio de otro[146]. Incluye también, en este enfoque, como una aplicación a la acción u obligación que sustituye o robustece a otra principal[147]. Una aplicación a la acción o responsabilidad dispuestas para sustituir a otra principal en caso de fallar ésta[148].

En la historia socioeconómica, aparece por primera vez formulado en la Doctrina Social de la Iglesia[149], de forma discreta, en la Carta Encíclica *Rerum Novarum*[150] de 1891. Se configurará definitivamente durante el pontificado de SS Pío XI, cuando formalmente lo defina en la *Quadragesimo Anno*[151] (1931),

---

[145]   HÖFFNER, Joseph. (2001). *Doctrina Social Cristiana*. Barcelona, Editorial Herder, p. 53.

[146]   BARCIA D, Roque. (1882). *Primer diccionario etimológico de la Lengua Española*. Barcelona, F. Seix-Editor, Tomo IV, p. 1092.

[147]   CASARES, Julio. (1959). *Diccionario ideológico de la Lengua Española – III Parte alfabética*. Barcelona, Editorial Gustavo Gili, p. 785.

[148]   MOLINER, María. (1998). *Diccionario del uso del español*. Madrid, Editorial Gredos, p. 1138.

[149]   Véase UTZ, A. F. (1953). *Das Subsidiaritätprinzip*. Heidelberg, Krautz Editores, p. 7. URBINA MENDOZA, Emilio J. (2003). "Los principios orientadores de la Doctrina Social de la Iglesia y su influencia dentro del proceso de interpretación jurídica", en: *Revista de la Facultad de Derecho UCAB*, n° 58, pp. 113-144.

[150]   Expone la *Rerum Novarum* lo siguiente: "(…) *26. Ante todo, los gobernantes vienen obligados a cooperar en forma general con todo el conjunto de sus leyes e instituciones políticas, ordenando y administrando el Estado de modo que se promueva tanto la prosperidad privada como la pública* (…)".

[151]   Publicada en la ASS, 23 de 1931. "(…) *79. Pues aún siendo verdad, y la historia lo demuestra claramente, que, por el cambio operado en las*

asociándolo con la colaboración permanente para la "prosperidad de la nación", entre las diversas personas, públicas y privadas.

El principio de la subsidiaridad aparece en el contexto patrimonial y político motivado al surgimiento de los totalitarismos europeos en Alemania, Italia y la Unión Soviética como doctrina de Estado. No es aleatorio que el magisterio pontificio comience la defensa del individuo por intermedio del *afferre subsidium*, cuando esos totalitarismos secuestraron la democracia, la dignidad, la propiedad y los patrimonios privados. Así, la subsidiaridad como principio era para comprender a toda la comunidad de hombres,

---

condiciones sociales, muchas cosas que en otros tiempos podían realizar incluso las asociaciones pequeñas, hoy son posibles sólo a las grandes corporaciones, sigue, no obstante, en pie y firme en la filosofía social aquel gravísimo principio inamovible e inmutable: como no se puede quitar a los individuos y darlo a la comunidad lo que ellos pueden realizar con su propio esfuerzo e industria, así tampoco es justo, constituyendo un grave perjuicio y perturbación del recto orden, quitar a las comunidades menores e inferiores lo que ellas pueden hacer y proporcionar y dárselo a una sociedad mayor y más elevada, ya que toda acción de la sociedad, por su propia fuerza y naturaleza, debe prestar ayuda a los miembros del cuerpo social, pero no destruirlos ni absorberlos (...) 80. Conviene, por tanto, que la suprema autoridad del Estado permita resolver a las asociaciones inferiores aquellos asuntos y cuidados de menor importancia, en los cuales, por lo demás, perdería mucho tiempo, con lo cual lograría realizar más libre, más firme y más eficazmente todo aquello que es de su exclusiva competencia, en cuanto que sólo él puede realizar, dirigiendo, vigilando, urgiendo y castigando, según el caso requiera y la necesidad exija. Por lo tanto, tengan muy presente los gobernantes que, cuanto más vigorosamente reine, salvado este principio en función "subsidiaria", el orden jerárquico entre las diversas asociaciones, tanto más firme será no sólo la autoridad, sino también la eficiencia social, y tanto más feliz y próspero el estado de la nación (…)".

como llamada a auxiliar, estimular, ayudar o subsidiar la iniciativa privada de cuantos de desenvuelven bajo su autoridad, sin pretender destruirlos o absorberlos[152].

Ese "estímulo" se volcaba originalmente hacia la economía, y luego, se proyectaría hacia las artes, ciencias, filosofías donde se conjugará el papel del Estado con los individuos, es decir, interrelación patrimonial. En sociedades poco desarrolladas económica y productivamente, la subsidiaridad facilitaría la formación de instituciones, hombres y mentalidades apropiadas para replicar el proceso de creación de riqueza[153], elemento esencial de un SISTEMA PATRIMONIAL NACIONAL. Sin instituciones, poco o nada puede hacerse para configurar un sistema económico[154].

La subsidiaridad es una garantía para que el Estado, las fuerzas sociales, el partido, etc., por muy populares que sean, por muy legitimadas desde la tesis del cuerpo electoral; no suplanten las iniciativas patrimoniales particulares, la libertad económica y la responsabilidad de las personas cuando éstas pueden por sí mismas ejercerlas sin tutelas. El principio de la subsidiaridad supone la preexistencia de los principios de solidaridad y del bien común, pero, no es ni idéntico ni tampoco puede subordinarse a ellos[155].

El principio involucra que el Estado posee unos límites que van más allá de lo jurídico y lo moral, donde aquél no puede ocuparse de un asunto propio de la sociedad o del individuo, a menos que, por traumas o impedimentos normativos racionales, deba intervenir el sector público con el fin de que ese individuo o

---

[152] GINER, Carlos y ARANZADI, Dionisio. (1964). *En la escuela de lo social.* Bilbao, Universidad de Deusto, p. 467.

[153] VAN GESTEL, Carlos. (1964). *La Doctrina Social de la Iglesia.* Barcelona, Editorial Herder, p. 396.

[154] VAN GESTEL, Carlos. (1964). *Ob. Cit.*, p. 397.

[155] HÖFFNER, Joseph. (2001). *Ob. Cit.,.* p. 53.

sociedad puedan más adelante continuar con esas competencias que son propias[156]. La subsidiariedad, entonces, no concibe la inexistencia del Estado ni siquiera en lo que se conoce como "Estado mínimo"[157]. Al contrario, le otorga un papel fundamental en el modelo económico. La diferencia radicará en la simultaneidad del Estado-Individuo-Sociedad, estableciendo un papel "flexible" en las competencias patrimoniales. Siendo entonces, cuando no pueda el individuo o la sociedad, o ambas, que el Estado los sobrelleve como ente superior subsidiario.

En los sistemas patrimoniales nacionales, el principio de la subsidiariedad cumpliría cuatro grandes funciones:

- Dinamizar la actividad económica, incluyendo la privada.

- Adaptarse al problema patrimonial para resolverlo.

- Limitar la actuación del Estado, por lo menos, para evitar una intromisión inaceptable en los patrimonios individuales o sociales.

- Complementar una actividad patrimonial de un ente menor, desarrollando técnicas de gestión más eficaces que las utilizadas por los individuos o la sociedad que motivaron la crisis.

D.   Principio del ejercicio lícito de la propiedad pública y privada

Uno de los principios rectores en este SISTEMA PATRIMONIAL NACIONAL es la igualdad de condiciones en que es abordado tanto los patrimonios privados como públicos. Ambos, al ejercer su derecho de propiedad, no pueden bajo ninguna hipótesis proceder al abuso de sus atributos. En la propiedad privada luce muy claro este corolario, ya que, los procesos de corrección en su generalidad operan sobre bienes privados. Sin embargo, en el Derecho

---

[156]   URBINA MENDOZA, Emilio J. (2004). *Ob. Cit.,* p. 143.

[157]   Sobre el Estado mínimo, véase NOZICK, Robert. (1992). *Anarquía, Estado y Utopía.* Barcelona, Alianza Editorial.

administrativo de bienes, el sector público muchas veces hace alarde de la indolencia en el manejo de esos bienes, es decir, pérdida de haberes patrimoniales, etc.

El principio obliga también a los entes públicos para que la licitud sea el norte de su comportamiento, tanto para adquirir un bien como para su desempeño. Esto implica que no queda exento de las obligaciones de "debido cumplimiento", si el ente público desea hacer compras de efectos patrimoniales o servicios al sector privado, sin hacer las indagaciones sobre si son lícitos o no dichos bienes, o, si la vendedora cumple los derechos humanos o ha asumido buenas prácticas para la protección del ambiente.

Para aplicar este principio de ejercicio lícito, aparece en el horizonte el concepto de *public compliance*, con el objetivo de manejarse la Administración bajo un marco de integridad institucional, honestidad y transparencia[158].

El simple hecho que la Administración adquiera de forma lícita un bien no significa que con esta simple operación queden esos bienes totalmente limpios de cualquier contaminación patrimonial, o per se, ejerza implícitamente su potestad correctiva. Recordemos que sólo por vía judicial es que se aplican los mecanismos correctivos, no teniendo las Administraciones públicas competencia para aplicar aquéllos.

---

[158] Véase, RODRÍGUEZ MORALES, Alejandro J. (2021). *Criminal compliance (Cumplimiento normativo penal y Derecho penal económico).* Caracas, Ediciones Paredes, pp. 175-185. También, del mismo autor, véase *Compliance y Extinción de Dominio (Teoría y Práctica).* Caracas, Editorial Jurídica Tribuna, 2024.

SEGUNDA PARTE:

LA POTESTAD DE CORRECCIÓN PATRIMONIAL DEL ESTADO

I. APROXIMACIONES CONCEPTUALES.

Resulta evidente desde la teoría del Derecho que es prácticamente impertinente fundamentar el SISTEMA PATRIMONIAL NACIONAL en los predios del Derecho penal, el civil o el administrativo. Como apuntamos, estos mecanismos sólo responden dentro de los parámetros y funciones de la llamada Constitución económica.

Para aproximarnos a lo que significa la POTESTAD DE CORRECCIÓN PATRIMONIAL DEL ESTADO, partiremos por aceptar que esta materia está incardinada dentro de la sustancialidad constitucional. ¿Cuál sería la concreción conceptual dentro de esa naturaleza que ampara la Constitución? La respuesta no es tan sencilla como para reducirla al concepto de "acciones constitucionales" a secas, como aparece en la doctrina.

LOS MECANISMOS DE LA POTESTAD DE CORRECCIÓN PATRIMONIAL que le concede la Constitución económica al Estado, en específico, al Estado-juez, implica reconocer la existencia de un SISTEMA PATRIMONIAL NACIONAL, éste último, conformado por sus elementos, características y principios tal como vimos en la primera parte de este libro.

De todos los principios anteriores nos detendremos en el relativo al ejercicio lícito de la propiedad, que es quien informa, directamente para la concreción de lo que debe entenderse por POTESTAD DE CORRECCIÓN PATRIMONIAL CONSTITUCIONAL. Esta es:

Son los poderes conferidos al Estado, en específico al Poder Judicial, por la Constitución económica, con el objeto de preservar la legitimidad e integridad del sistema patrimonial nacional.

El concepto está compuesto de algunos elementos que es necesario explicar.

En primer lugar, son *poderes constitucionales otorgados al Estado directamente por la Constitución económica.* Esto implica que existe un mandato, revestido de *ius imperium,* que autoriza al Estado, más específico al Estado-juez, a la aplicación de las más variadas formas de corregir patrimonialmente, lo cual, es diametralmente opuesto al de "intervenir" o "dirigir" la economía o el sistema patrimonial. Para nosotros es capital que se precise una nítida diferencia entre "corregir" a "intervenir". Cada vocablo posee una dimensión propia, que, por el contexto, pudiera confundirse con los llamados cometidos esenciales de la Administración Pública, materia que fue propia y definió durante décadas la esencia misma del Derecho administrativo[159].

Los mecanismos de corrección patrimonial no tienen asociación intrínseca con el Derecho administrativo. Aquéllos no

---

[159] Como lo explicamos en las páginas precedentes, para el Derecho administrativo histórico, tres han sido los cometidos de la Administración Pública: las actividades de fomento, la gestión de servicios públicos y la tutela de las actividades de policía administrativa. En los tres, el Estado interviene sobre los patrimonios no tanto para hacer correcciones sino para garantizar el correcto funcionamiento de las actividades que generan bienestar general. Para más detalles, en la versión clásica, JORDANA DE POZAS, Luis. (1951), "El problema de los fines de la actividad administrativa", en: *Revista de Administración Pública,* n° 4, pp. 11-28.

buscan gestionar intereses generales sino "evitar" que ciertas distorsiones puedan alterar la esencia del derecho de propiedad y que, en consecuencia, se ponga en peligro la creación de riqueza. Ni las nacionalizaciones, confiscaciones o versiones autorizadas de expropiación pueden vincularse, bajo ningún esquema, como formas propias de las potestades de corrección patrimonial constitucional. Tampoco es una sutil manera de bautizar un "intervencionismo público" que tutela al sector privado, pues, poco importa en este caso las tipologías de propiedad, ya que, la propiedad pública en cierto momento puede poner en peligro al propio SISTEMA PATRIMONIAL NACIONAL, por lo que requerirá, tan igual que la propiedad privada, medidas correctivas para evitar su colapso.

En segundo lugar, *esa potestad se ejerce con el fin de preservar la legitimidad e integridad del sistema patrimonial nacional*. Esto implica la única finalidad prevista en la construcción de este concepto, como es la de mantener totalmente "limpio" todos los elementos y componentes del SISTEMA PATRIMONIAL NACIONAL. Esto incluye al sector público, que como indica el profesor RODRÍGUEZ MORALES, desde la aprobación de la norma ISO 19600, no hay excusas por las que las Administraciones públicas se autoexcluyan de la aplicación de normas de integridad patrimonial[160]. Más adelante estudiaremos mejor sobre las finalidades de estos mecanismos.

En tercer lugar, *este poder no se ejerce de forma intermitente*. Es permanente y opera en todo tiempo y lugar, no pudiendo alegarse privilegios o prerrogativas sobre los bienes públicos. El Estado está en la obligación de vigilar, actualizar, mantener todas las formas que nacional e internacionalmente se aprueben, en el marco de la legalidad, sobre corrección patrimonial. El primer

---

[160] RODRÍGUEZ MORALES, Alejandro J. (2021). *Ob. Cit.,* p. 177.

marco global la tenemos en las reglas GAFI[161], suscritas también por Venezuela, ya que, como lo indicamos en otro momento, muchas veces pudiera correrse el peligro que grupos de Estados fallidos decidan unirse para hacer todo lo contrario, es decir, buscar crear un *paraísos jurídico-patrimoniales* donde todo se vale[162].

La violación de las normativas del GAFI trae consigo la calificación de dicho Estado, debido a su compromiso -o falta de este- por mantener reglas de integridad uniforme y perseguir los fraudes en los ámbitos financieros y del dinero. No hacerlo expondría al Estado en una suerte de opacidad que juega en contra

---

[161] El GAFI es el GRUPO DE ACCIÓN FINANCIERA INTERNACIONAL SOBRE EL BLANQUEO DE CAPITALES. Este surge a finales de los 80 del siglo XX, de la reunión de Jefes de Estado y Gobierno del grupo de los 7 (G-7). En la declaración económica suscrita por sus miembros, el 14 de julio de 1989, se anunció la creación de un grupo de expertos financieros cuya misión se centra en la evaluación de los resultados de cooperación interguberna- mental dirigidas a prevenir la utilización del sistema bancario y de las instituciones financieras con el propósito de blanquear dinero. Visto que la delincuencia económica 2.0 ha mutado -y lo continúa haciendo- en formas sutiles, muchas veces apegadas a la legalidad, es que los mecanismos correctivos propuestos por el GAFI se hagan también más tecnificados. Sobre el GAFI, véase SAINZ-CANTERO CAPARRÓS, José. (2019). *Criminalidad organizada y delitos económicos.* Madrid, DPEI-IAEU, p. 82. ROLDÁN ALEGRE, José María. (2000). "La cooperación en materia de lucha contra el blanqueo a nivel internacional: el GAFI (Grupo de Acción Financiera Internacional)", en: *Estudios de Derecho Judicial,* n° 28, pp. 203-212. PRIETO DEL PINO, Ana María; GARCÍA MAGNA, Deborah y MARTÍN PARDO, Antonio. (2010). "La deconstrucción del concepto de blanqueo de capitales", en: *In Dret: Revista para el Análisis del Derecho,* n° 3, pp. 1-36.

[162] JIMÉNEZ TAPIA, Rafael S. y URBINA MENDOZA, Emilio J. (2023). *El Comiso Autónomo y la Extinción de Dominio en la lucha contra la corrupción.* Caracas, Editorial Jurídica Venezolana, Colección Biblioteca "Allan R. Brewer-Carías" del Instituto de Investigaciones Jurídicas de la UCAB, n° 3, p. 56-57.

de todos los patrimonios vinculados a esta nacionalidad[163], por ejemplo, imponiendo cercos sanitarios que impedirían a los nacionales y empresas del Estado contumaz a negociar con el resto de los patrimonios en todo el orbe.

De manera que esta potestad correctiva no es facultativa unilateralmente de un Estado, sino que, su convivencia con la comunidad internacional lo obliga a direccionarla hacia donde todos apunten, es decir, que no es la imposición de uno u otro Estado patrimonialmente más caudaloso, sino que es producto del consenso que se realizan en las organizaciones internacionales especializadas. Los mecanismos para obtener ese consenso son universalmente conocidos -vgr. reuniones anuales, ruedas de encuentros, etc- por lo que existe todo un cúmulo de procedimientos aceptados por todos para aplicar o no las medidas correctivas o sancionatorias[164].

---

[163] Hace unas semanas, GAFI se pronunció sobre la situación de Venezuela y su cooperación con la implementación y seguimiento de estas reglas que nuestro país suscribió voluntariamente hace algunos años, sin objetar las mismas. Véase INFOLAT. "¿Por qué Venezuela regresó a la lista gris del GAFI?", en: https://www.infolaft.com/por-que-venezuela-regreso-la-lista -gris-del-gafi "El GAFI pone a Venezuela y Mónaco en su 'lista gris' sobre la acción contra el blanqueo" en: *Swissinfo.ch,* Berna, edición de 28 de junio de 2024, en: https://www.swissinfo.ch/spa/el-gafi-pone-a-venezuela -y-mónaco-en-su-%27lista-gris%27-sobre-la-acción-contra-el-blanqueo/82 077559 Sobre el estatus actual de Venezuela en relación a las evaluaciones permanentes del GAFI, véase directamente en su página web: https:// www.fatf-gafi.org/en/countries/detail/Venezuela.html

[164] Sobre los procedimientos del GAFI en relación a las evaluaciones a Venezuela, véase DANIELS, Alí. (2023). *¿Se protege a la sociedad civil en Venezuela?.* Caracas, Acceso a la Justicia-El Observatorio venezolano de la Justicia. 30 pp. Puede accederse en: https://accesoalajusticia.org/wp-content/uploads/securepdfs/2023/09/Resultado-de-la-evaluacion-mutua-del-GAFI-a-Venezuela.pdf

II. DIFERENCIAS CONCEPTUALES CON LA INTERVENCIÓN ESTATAL SOBRE LA ECONOMÍA

La potestad de corrección, tal como analizamos el concepto, pudiera traernos alguna confusión conceptual con otras formas donde el Estado, como bien lo indica la Constitución, "interviene" sobre el patrimonio privado o bienes particulares. Recordemos que la Constitución económica basada en un modelo de estado social[165], otorga potestades al Estado para intervenir en la economía, reservarse áreas de ésta que considera estratégica o restringir las operaciones privadas sea para generar lucro o para obtener bienes.

Esto ha llevado a la concreción histórica, desde finales de 1945, de medidas intervencionistas típicas, algunas efectivas y otras con finalidades más de control sobre la sociedad y los individuos que por genuinas razones de interés público. Al fin y al cabo, la presencia del Estado regulador en Venezuela ha sido una constante histórica, por lo menos, desde 1947. Estas medidas de intervención nominativas discurren desde la intervención estatal sobre las inversiones, la planificación centralizada, las nacionalizaciones, confiscaciones, expropiaciones, reservas de actividades económicas

---

[165] Sobre los modelos y su relación con los bienes, véase HÉRNÁNDEZ-MENDIBLE, Víctor. (2014). "La regulación de los bienes necesarios para la satisfacción del interés general", en: CANÓNICO SARABIA, Alejandro. (Coord.). *Temas relevantes sobre los contratos, servicios y bienes públicos.* Caracas, Centro de Adiestramiento Jurídico y Editorial Jurídica Venezolana, pp. 39-72.

sin la participación privada; y más recientemente, las que provienen de la abstracción operativa[167] denominada "sistema económico comunal"[168].

Para establecer las diferencias con la potestad correctiva patrimonial constitucional del Estado, debemos enfocarnos en el origen de ambas, su finalidad, la temporalidad, obligatoriedad y quién la aplica.

Con relación al *origen*, la potestad de corrección patrimonial parte del concepto de INTERÉS GENERAL, presente en cualquier modalidad ideológica que asuma el Estado, desde un liberalismo corregido hasta uno más centralizado en la economía institucional. Sobre el interés general más adelante revisaremos con detalle el núcleo conceptual para diferenciarlo de otros términos que aparecen en los artículos 115 y 299 de la Constitución de 1999. En cambio, la intervención del Estado sobre la economía tiene su punto de partida en el concepto de interés social, función social o directamente del modelo de estado social, sea o no prestacional. En las Constituciones económicas decantadas por el modelo liberal, la función social está limitada, muchas veces, en términos casi absolutos como puede leerse, por ejemplo, en la Constitución Argentina de 1994[169].

---

[167] Sobre las derivaciones del concepto "Poder Popular" en el contexto venezolano, véase URBINA MENDOZA, Emilio J. (2007). "La (sobre) interpretación popular constitucional y la Reforma de 2007: ¿retorno a la interpretación ideológica auténtica?, en: *Revista de Derecho Público,* n° 112, pp. 59-63.

[168] Para más detalles sobre este sistema económico, véase BREWER-CARÍAS, Allan R. (2013). *Tratado de Derecho Administrativo. Derecho Público en Iberoamérica.* Madrid, Fundación de Derecho Público-Editorial Jurídica Venezolana-Civitas-Thomson Reuters, Tomo V, pp. 400-430.

[169] "(…) Artículo 17. La propiedad es inviolable, y ningún habitante de la Nación puede ser privado de ella, *sino en virtud de sentencia fundada en ley.* La expropiación por causa de utilidad pública, debe ser calificada por

Segundo, sobre su *finalidad,* la POTESTAD DE CORRECCIÓN PATRIMONIAL tiene como un único fin la "preservación y conservación del SISTEMA PATRIMONIAL NACIONAL", éste último, estudiado en sus pormenores en la primera parte de este libro. Esta preservación puede poseer ribetes de prevención de actividades ilícitas, algunas, hasta de corte criminal. Al contrario, en la intervención económica del Estado, los fines pueden ser múltiples, que pudieran resumirse en el sostenimiento del modelo económico impuesto constitucionalmente. Sería un despropósito que se impusiera, por ejemplo, la expropiación sancionatoria[170] como "castigo ejemplarizante" por cualquiera de los comportamientos de los actores económicos, en especial, aquellos que manifiesten discrepancias con el gobierno de turno sobre las políticas económicas diseñadas y ejecutadas. En este aspecto somos contestes que ambos operan de *carácter instrumental*, es decir, ni se corrigen patrimonios ni se interviene la economía con el objeto de hacer prevalecer al Estado por el Estado.

Tercero, si sostenemos que ambos mecanismos comparten la instrumentalidad, entonces, la *temporalidad* es un elemento clave para establecer diferencias. La corrección patrimonial es permanente, operativizada por períodos bien definidos que conllevan la concreción de etapas según la realidad presente en cada SISTEMA

---

ley y previamente indemnizada. Sólo el Congreso impone las contribuciones que se expresan en el artículo 4. Ningún servicio personal es exigible, sino en virtud de ley o de sentencia fundada en ley. Todo autor o inventor es propietario exclusivo de su obra, invento o descubrimiento, por el término que le acuerde la ley. *La confiscación de bienes queda borrada para siempre del Código Penal argentino.* Ningún cuerpo armado puede hacer requisiciones, ni exigir auxilios de ninguna especie (…) (cursivas nuestras).

[170] Véase HERNÁNDEZ, José Ignacio. (2016). "Repensando la expropiación pública en el Derecho venezolano. A propósito de la deconstrucción jurídica de la propiedad privada", en: Louza S, Laura. (Coord.). *La propiedad privada en Venezuela. Situación y perspectivas.* Caracas, Ediciones FUNEDA, pp. 147-185.

PATRIMONIAL NACIONAL. Esta es la causa de la evaluación periódica de los organismos internacionales especializados, ya que, esta permanencia no puede operar en prolongados momentos sin hacer una revisión sobre la aplicación o no de forma eficiente y eficaz estos instrumentos. Al contrario, en la intervención estatal sobre la economía, salvo que la Constitución contemple un Estado totalmente intervencionista, las medidas siempre serán temporales, en tanto y en cuanto, se mantenga la contingencia que obligó al Estado intervenir en pro de la protección de la economía y no del patrimonio.

Cuarto, la *obligatoriedad*, en este elemento comparativo, las medidas de corrección patrimonial son permanentes, su duración dependerá del daño o potencial perjuicio al SISTEMA PATRIMONIAL NACIONAL. En determinados espacios temporales, verificados metodológicamente según el tipo de mecanismo correctivo, puede ocurrir que no deban tomarse acciones para hacer las correcciones ya que, los elementos patrimoniales se mantienen dentro de lo que instrumentos técnicos-normativos internacionales consideran un estándar normal. En la intervención económica, esta obligatoriedad estará otorgada no por la contingencia, ya que, el Estado puede decir llamar a que determinado bien o servicio sea prestado vía concesional por un particular. La obligatoriedad la ancla el modelo económico asumido por el constituyente. Si es más estatizador, entonces, las medidas como las nacionalizaciones y expropiaciones serán una consecuencia lógica del alcance del poder del Estado.

Finalmente, una clara diferencia entre los conceptos abordados lo encontramos en el *órgano estatal que está obligado a aplicarlo*. En el caso de las potestades de corrección, éstas sólo se reservan exclusivamente al juez, en su actividad naturalmente jurisdiccional. Esto es así porque siempre se encuentran implicados conflictos de diminución o limitación en el derecho de propiedad. Restricciones que sólo un juez, en un debido proceso, puede aplicar. Al contrario, en la intervención del Estado sobre la economía, son los poderes ejecutivos quienes exclusivamente aplican su capacidad para intervenir en la economía, cediendo residualmente alguna participación de estas medidas en el legislativo o el poder judicial, como, por ejemplo, ocurren en la expropiación por causa de utilidad pública o social[171].

La economía en lo que respecta su regulación y direccionamiento, es potestad del Ejecutivo Nacional[172], como indica la Constitución de 1999. Es por tanto desde el poder ejecutivo, en su capacidad constitucional para gestionar intereses colectivos, la que puede, sin intervención de otros poderes, proceder a la aplicación de medidas económicas, en fin, a intervenir toda la actividad económica. En cambio, la potestad correctiva patrimonial no recae nunca sobre la Administración, salvo, que sea auxiliar técnico para los procesos judiciales que impliquen corregir el sistema patrimonial. Esto porque la gestión de las policías y demás organizaciones especializadas de investigación contra la delincuencia económica, incluyendo, la autoridad de inteligencia financiera nacional se encuentra dentro de las competencias ejecutivas de la República, generalmente, adscritos a un órgano de la administración central.

III. LA FINALIDAD DE LA CORRECCIÓN PATRIMO-NIAL DEL ESTADO: LA CONSERVACIÓN DEL SISTEMA PATRIMONIAL DE LAS CONTINGENCIAS DE LA SOCIEDAD DEL RIESGO GLOBAL

Las explicaciones anteriores, relativas a establecer diferencias de la corrección patrimonial con la intervención del Estado en la economía, nos devuelve al estudio de los principios. La finalidad de la corrección está vinculada estrechamente con el principio que informa y cohesiona al sistema patrimonial nacional: *el principio de la libertad patrimonial relegada al interés general,* conocido

---

[171] Véase BREWER-CARÍAS, Allan R. (2013). *Ob. Cit.*, Tomo V, pp. 431-556.

[172] Artículo 156, numerales 11 y 21.

también como orden público económico[173]. Como explicamos, la corrección patrimonial no cuestiona las garantías del derecho de propiedad[174], sino que establece si hubo la correcta forma para que ese derecho naciera a favor del supuesto titular sin que alterara el principio de adquisición o destinación lícita del patrimonio.

Esto nos lleva a detenernos en el concepto de *interés general* como *koiné* especial para entender por qué el Estado debe corregir patrimonios no con el objeto definitivo de apropiárselos, sino volverlos a reinsertar al sistema patrimonial una vez limpios de todo elemento distorsionador o ilegal.

1. *Superando el esquema tradicional de la "elasticidad del derecho de propiedad"*

En este orden de ideas, partimos por diferenciar el interés general de la función social de la propiedad, ésta, corolario de la llamada cláusula social del derecho de propiedad, inserta en casi

---

[173] Al respecto, véase SAINZ MORENO, Fernando. (1980). "El principio de libre competencia como manifestación del orden público económico", en: *Revista española de Derecho administrativo,* n° 24, pp. 134-138. FERMANDOIS VÖHRINGER, Arturo. (2005). "Ripert y su influencia en el concepto de Orden Público Económico: auge y caída de una visión dirigista", en: *Revista Chilena de Derecho,* Vol. 32, n° 1, pp. 7-18. SANCLEMENTE ARCINIEGAS, Javier. (2020). "Corrupción, orden público y regulación económica en Colombia", en: *Jurídicas,* Vol. 17, n° 1, pp. 105-124. Donde quizá aparezca con nítida concreción este concepto, es en la Constitución de la República de Chile de 1980, reformada múltiples veces luego de 1990. Para más detalles véase HERNÁNDEZ PEÑAILILLO, Víctor. (2019). "El Orden Público Económico en la Constitución de Chile de 1980 y su presencia en el ordenamiento jurídico actual", en: OTÁROLA ESPINOZA, Y. (Coord.). *El Derecho en Chile.* Madrid, Editorial Reus, pp. 187-201.

[174] URBINA MENDOZA, Emilio J. (2024). … Los valores constitucionales de la propiedad …, p. 63.

todas las Constituciones del mundo[175]. Esta cláusula le entrega al derecho de propiedad su característica "elasticidad" de los atributos que la componen.

Para los mecanismos de corrección patrimonial constitucional, la función social de la propiedad toma poca relevancia, salvo quizá, para aquellos casos donde la ilicitud no es de origen, sino, producto de un ejercicio distorsionado de los atributos de la propiedad como lo explicamos en la primera parte del libro. Si la función social adquiriera protagonismo, entonces, las actividades criminales desviarían buena parte de los recursos obtenidos ilícitamente para una frenética actividad filantrópica con el objetivo bastardo de blanquear jurídicamente esos patrimonios ante las necesidades materiales, especialmente, en América Latina[176].

---

[175] Al respecto, véase HERNÁNDEZ, José Ignacio. (2014). *La expropiación en el Derecho administrativo venezolano.* Caracas, Ediciones de la Universidad Católica Andrés Bello, p. 24. GHAZZAOUI, Ramsis. (2020). *Propiedad y expropiación. Un estudio comparado entre los ordenamientos de España y Venezuela.* Valencia, Tirant Lo Blanch.

[176] Como lo hemos reseñado en múltiples oportunidades, existe una patología propia, por ejemplo del narcotráfico en América Latina, y es la relativa al destino de las ganancias obtenidas por el tráfico ilícito de drogas para ser invertidos en obras sociales, muchas de ellas, de mayor consistencia y persistencia en el tiempo que las programas por las Administraciones Públicas u organizaciones caritativas vinculadas a la Iglesia Católica. Por ejemplo, emblemáticos fueron los casos de contribuciones sociales del Cártel de Medellín que fueron más allá de la mera beneficencia pública. Se llegó al paradoxismo de inversiones en la construcción de viviendas de interés social de mayor y más impacto que las ofertadas por el sector público, así como, mejoras en los servicios públicos de los urbanismos populares en Colombia. Al respecto, véase HOPE, A. (2020), "La filantropía criminal", En: *Diario El Universal,* México D.F., edición del 6 de mayo de 2020 [https://www.eluniversal.com.mx/opinion/alejandro-hope/la-filantropia-criminal] Señala este artículo lo siguiente: "(...) *Como bien explica mi colega Eduardo Guerrero, la selección de estas ubicaciones puede dar pistas sobre las prioridades de los grupos criminales. Es posible que haya detrás de esto un intento de generar*

No estamos hablando del servicio de la propiedad al colectivo, sino, de cómo la propiedad -especialmente la privada- obligatoriamente deberá consolidarse como verdadero derecho fundamental cuando es creada desde la *licitud*, es decir, desde los mecanismos generativos de riqueza válidamente contemplados en el ordenamiento jurídico. Los correctivos extrapatrimoniales en una sociedad de riesgo global[177], el que calza a la perfección no tanto para identificar a la extinción de dominio, sino más bien para fundamentarla constitucionalmente, es el concepto de *interés general*, presente en todas nuestras Constituciones al precisar el derecho de propiedad.

---

simpatías y ganar base social en ubicaciones particularmente importantes para las operaciones de tal o cual banda de la delincuencia organizada. Sin embargo, me parece que, a la par de esas estrategias focalizadas de relaciones públicas, hay un mensaje más amplio. Con sus arranques de generosidad, sus vistosas entregas de despensas, sus reparticiones de víveres de la mano de hombres armados, los grupos criminales están mandando el mensaje de que pueden hacer lo que sea y donde sea, que pueden mostrarse en sociedad sin recato alguno, que pueden suplir al Estado en una de sus funciones esenciales. Es una demostración de fuerza e impunidad más potente que un convoy de cincuenta camionetas balizadas con 150 sicarios armados hasta los dientes (...)".

[177] Sobre el particular, véase JIMÉNEZ DÍAZ, María José. (2014). "Sociedad del riesgo e intervención penal", en: *Revista Electrónica de Ciencia Penal y Criminología*, n° 16-08, pp. 08:1-08:25. Como la autora explica: "(...) Dicha *sociedad se caracteriza* fundamentalmente por su complejidad, trasnacionalidad, dinamicidad en su economía, multiplicidad de interconexiones causales y existencia de una alta intervención de colectivos. En definitiva, una sociedad en la que los avances científicos y tecnológicos, así como el fenómeno de la globalización, entre otros factores, favorecen la aparición de nuevos peligros ante los que el ciudadano medio se siente amenazado (ej. los derivados del uso de la energía nuclear).

2. El fundamento de la potestad de corrección patrimonial del Estado: el interés general

El interés general es un concepto complementario a los valores constitucionales de la propiedad, que, más allá de considerar aquel como limitante de la propiedad, nos interesa saber en qué consiste y cómo faculta al juez para corregir los patrimonios y no intervenir o apropiarse de éstos[178].

> A. Diferencia del concepto de interés general con el de la cláusula social de la propiedad y la "función social"

Debemos partir, a los fines de evitar confusiones que generalmente ocurre en estos temas, que existen dos conceptos diferenciados. Por un lado, nos encontramos con la cláusula social de la propiedad, resumida en la expresión "función social", propio de la concepción del Derecho administrativo desde mediados del siglo XX[179]. Según el profesor HERNÁNDEZ, este anclaje fue introducido por la tesis de León DUGUIT[180], donde para el autor galo, "la propiedad es una función social" sin diferenciar las categorías.

Sobre esta influencia de la doctrina francés, estamos de acuerdo con el profesor BREWER-CARÍAS, al indicar que la

---

[178] JIMÉNEZ TAPIA, R. y URBINA MENDOZA, E. (2023). *Ob. Cit.*, p. 218-236.

[179] GHAZZAOUI, Ramsis. (2020). *Ob. Cit.,* p. 119 "(…) Es preciso notar, también, que la cláusula del artículo 115 de la Constitución de 1999 no alude a la noción de función social como fundamento para limitar el derecho de propiedad, sino que para ello utiliza la expresión de *"utilidad pública o de interés general"*. Esto no comporta mayores implicaciones en tanto que se entiende como una expresión de la cláusula general del Estado Social que propugna el texto constitucional. Será entonces esa noción de *"utilidad pública o de interés general"* la empleada para efectuar limitaciones al derecho de propiedad en el caso venezolano (…)".

[180] HERNÁNDEZ, José Ignacio. (2014). *Ob. Cit.*, p. 25.

propiedad en sí "no es una función social"[181], como apunta
DUGUIT, sino que, el concepto omnicomprensivo no puede ser
incompatible con los intereses públicos[182], máxime, cuando la
Constitución de 1999 no contempló expresamente la cláusula[183] a
diferencia de la de 1961 donde sí se precisaba como concepto
diferenciado de otros como la utilidad pública o el mismísimo
interés general[184].

a. *Aproximaciones conceptuales al interés general*

El concepto de interés general es múltiple. No puede abordarse
como un término estático, sino que, por sus características, es
necesario detenernos a revisar en qué consiste.

---

[181] BREWER-CARÍAS, Allan R. (1980). *Urbanismo y propiedad privada.*
Caracas, Editorial Jurídica Venezolana, p. 83. "(…) *Ahora bien, de
acuerdo a la concepción de Duguit, realmente no era que la propiedad
tenía una función social que cumplir, sino que la propiedad tendía a ser
considerada como una función social, lo que implicaba la transformación
total de la propiedad individualista, es decir, de la propiedad-derecho en
una propiedad-función. Esta concepción, sin embargo, no ha sido la
acogida en el derecho moderno, y la concepción que recoge nuestra
Constitución no es que la propiedad sea una función social, sino que la
propiedad tiene una función social* (…)".

[182] BREWER-CARÍAS, Allan R. (1980). *Ob. Cit.*, p. 84.

[183] El artículo 115 de la Constitución de 1999, establece: "(…) Se garantiza el
derecho de propiedad. Toda persona tiene derecho al uso, goce, disfrute y
disposición de sus bienes. La propiedad estará sometida a las
contribuciones, restricciones y obligaciones que establezca la ley con fines
de utilidad pública o de interés general. Sólo por causa de utilidad pública
o interés social, mediante sentencia firme y pago oportuno de justa
indemnización, podrá ser declarada la expropiación de cualquier clase de
bienes (…)".

[184] Artículo 99 de la derogada Constitución de 1961, establecía: "(…) Se
garantiza el derecho de propiedad. En virtud de su función social la
propiedad estará sometida a las contribuciones, restricciones y
obligaciones que establezca la ley con fines de utilidad pública o de interés
general (…)".

Primeramente, el interés general es un *concepto jurídico indeterminado*[185]. Esta calificación nos permite establecer un puente legitimador de los mecanismos correctivos patrimoniales en un estado social de Derecho, pues, como indicamos, el concepto de estado social tiende a arrinconar los problemas de la propiedad más hacia sus limitaciones y tensiones con relación al orden público, las decisiones colectivas y su servicio a la sociedad en general. Como en estos mecanismos no estamos en presencia de esta lidia, sino que la cuestión fundamental es verificar si la propiedad privada se configuró o no como derecho fundamental, en relación a la actividad del titular aparente, cuya única solución -y no se acepta tercera vía- es dilucidándose sobre el carácter "lícito o ilícito" de su origen. En fin, *o es un patrimonio legalmente adquirido o no lo es*. No puede aceptarse un término medio, pues, toda sociedad sabe calificar según las circunstancias temporales, cuándo estamos en presencia de patrimonios honestamente obtenidos y cuándo no.

---

[185] Sobre la definición e historicidad en la teoría del Derecho de los conceptos jurídicos indeterminados, véase GARCÍA DE ENTERRÍA, Eduardo. (1974). *Las luchas contra las inmunidades del poder.* Madrid, Editorial Civitas. También del mismo autor, "Una nota sobre el interés general como concepto jurídico indeterminado", en: *Revista española de derecho administrativo,* n° 89, 1996, pp. 69-89. SAINZ MORENO, Fernando. (1976). *Conceptos jurídicos, interpretación y discrecionalidad administrativa.* Madrid, Editorial Civitas. URBINA MENDOZA, Emilio J. (2010). "La influencia de la voluntad popular sobre la interpretación constitucional judicial en Venezuela: ¿abuso de los conceptos jurídicos indeterminados?, en: *Estudios de Deusto,* Vol. 58, n° 2, pp. 363-375. MARTÍNES ESTAY, José Ignacio. (2019). "Los conceptos jurídicos indeterminados en el lenguaje constitucional", en: *Revista de Derecho Político,* n° 105, pp. 161-196. LINFANTE VIDAL, Isabel. (2020). "Sobre los conceptos jurídicos indeterminados: las pautas de conducta y diligencia en el derecho", en: GARCÍA RUBIO, María Paz (dir.), MORESO, Josep Joan (dir.), VARELA CASTRO, Ignacio. (coord.). *Conceptos multidimensionales del Derecho,* Madrid, Editorial Reus, pp. 565-582.

Los conceptos jurídicos indeterminados, además de caracterizarse por su *dinamicidad*, así como no nos permiten sino una única solución como apuntamos en el párrafo anterior posee una estructura compleja, bien definida y aceptada en la doctrina[186], a saber: 1.- un núcleo fijo o zona de certeza positiva; 2.- un halo conceptual o zona de incertidumbre; 3.- una zona de certeza negativa, que excluye totalmente la posibilidad de una solución justa.

La POTESTAD CORRECTIVA PATRIMONIAL CONSTITUCIONAL, apelando al interés general que rodea toda propiedad, siendo más incisivamente en la privada, sería: 1.- todo bien lícito adquirido de conformidad a la ley, es requisito indispensable para reconocer, por todos, la propiedad privada; 2.- es contrario a la ley, sin que implique un hecho punible en algunos casos, la apropiación de bienes en perjuicio patrimonial a la administración pública, o bien, en desmedro de la confianza de la sociedad, por ventaja desleal y deshonesta[187], 3.- No puede ampararse la propiedad, bajo ninguna circunstancia, cuando fue adquirida de forma ilícita.

Este *test* se alimenta, para verificar el respeto al interés general de una propiedad, con el balance de probabilidades o también llamado criterio de probidad[188]. Ahora bien, el concepto jurídico indeterminado goza de una nota característica que es su

---

[186] CASSAGNE, Juan Carlos. (2016). *El principio de legalidad y el control judicial de la discrecionalidad administrativa,* Montevideo-Buenos Aires, B de F, p. 249.

[187] O bien a través de otras actividades que no sólo sea la prototípica corrupción que en el caso venezolano, también sería aquella proveniente de tráfico de drogas, lavado de activos, delincuencia organizada y financiamiento al terrorismo.

[188] Sobre el balance de probabilidades, véase AGUADO CORREA, Teresa. (2014). "Comiso: crónica de una reforma anunciada. Análisis de la propuesta de Directiva sobre embargo y decomiso de 2012 y del proyecto de reforma del Código Penal de 2013", en: *In Dret: Revista para el Análisis del Derecho,* n° 1, p. 41.

"dinamicidad", es decir, que dependiendo de circunstancias históricas, coyunturas estructurales, vinculación de la apreciación pública sobre lo que debería ser *trabajo honesto*, por ejemplo, puede actualizarse constantemente y responder ante la necesidad jurídica de liquidar cualquier vestigio de discrecionalidad, sobre todo, porque no podemos entender en estos tiempos el mismo concepto de *trabajo honesto*, como era apreciado hace más de 50 años, en una sociedad más homogénea valóricamente hablando.

Para evitar una modificación legal o reglamentaria permanente, en la medida que avanza la sociedad, el concepto jurídico indeterminado nos permite actualizar la gravedad de la delincuencia económica en nuestros días. Como hemos explicado, hogaño, la delincuencia económica no emplea "viejas" fórmulas como la mafia de antaño, donde se constituían empresas para delinquir y redes más o menos visibles. Hoy es sencillamente insertarse en la estructura económica legal, aprovechando la libertad y globalización de los mercados, potenciando las deficiencias de organización y estructuras, para de esta forma delinquir sin la menor sospecha. A diferencia de la discrecionalidad donde puedo escoger entre varias decisiones, en el concepto jurídico indeterminado solo existe una: O se lesiona el "interés general" con actividad ilícita para adquirir la propiedad o no existe tal daño patrimonial. O fue legítima la obtención de esos bienes, y, por tanto, apegados a los valores constitucionales de la propiedad, o son de origen ilícito, generando lesiones al interés general que reviste el concepto de propiedad dentro de nuestro estado de Derecho.

En segundo lugar, sobre el interés general, más allá del universo conceptual supra estudiado, vale la pena detenernos en una advertencia formulada por ACOSTA GALLO sobre la necesaria calificación como concepto "jurídico" y no político[189]. Esto es capital por cuanto si se abraza un concepto de tipo político, el

---

[189] ACOSTA GALLO, Pablo. (2019) "Interés general", en: *Eunomía: Revista en Cultura de la Legalidad,* n° 16, pp. 173-182.

núcleo de lo que se entiende por "interés general" será interpretado ideológicamente por quien gobierne al país, siendo muy determinante si esa ideología está impregnada por notas totalitarias. Y como indica el maestro NIETO GARCÍA, "(…) *la ideología del interés general ha servido para legitimar el poder y al mismo tiempo para limitarlo* (…)"[190].

Si la propiedad fuera así, entonces, los mecanismos correctivos no tendrían sentido alguno, pues, existiría una intervención estatal previa para validar la propiedad, como un *compliance* general hasta ahora inexistente e incompatible con la libertad económica. Por tanto, de confirmarse una propiedad "ilícita", en este sistema, más que una conducta reprochable al titular aparente sería más bien como una falla de servicio del propio Estado. En fin, un contrasentido. Como apunta PAREJO ALFONSO, JIMÉNEZ BLANCO y ORTEGA ÁLVAREZ, el interés general acciona un fin institucional a cualquier concepto jurídico[191], en nuestro caso, al derecho de propiedad. Siempre estará sometida a otros valores superiores que la condicionan, inclusive, al reconocimiento o no de su concreción en el titular aparente.

En tercer lugar, aunque en la doctrina comparada buena parte de ella indique el interés general se identifique a utilidad pública, interés social, y otras tantas expresiones abiertas[192], generando cierto desorden terminológico al estudiarse; tiene sus diferencias conceptuales muy marcadas. Por tanto, podemos entender que el interés general, además de ser un concepto jurídico indeterminado, habilitante del Estado para actuar con sus potestades correctoras,

---

[190] NIETO GARCÍA, Alejandro (1991). "La Administración sirve con objetividad los intereses generales", en: MARTÍN-RETORTILLO, Sebastián. (Coord.). *Estudios sobre la Constitución Española. Libro Homenaje al profesor Eduardo García de Enterría,* Madrid, Editorial Civitas, Tomo II, p. 2211.

[191] PAREJO ALFONSO, Luciano; JIMÉNEZ BLANCO, Antonio y ORTEGA ÁLVAREZ, Luis. (1998). *Manual de Derecho Administrativo,* Barcelona, Editorial Ariel, Volumen I, pp. 605-606.

[192] ACOSTA GALLO, Pablo. (2019). *Ob. Cit.*, pp. 174-175.

implica la existencia de condicionantes legitimadoras indeterminadas e indeterminables al principio, que, en el contexto donde ha sido concretado, habilita el actuar del Estado en protección de un bien común[193].

Es lo que indica MARTÍNEZ LÓPEZ-MUÑIZ que el sólo interés general no puede ser comprendido sin la existencia de la *debida gradación*[194] entre el interés particular y el general, y su contraste en la medida que se concreta una situación sometida a la decisión del Estado. En nuestro caso, la verificación de la "licitud" o "ilicitud" en la forma de adquisición de un bien o patrimonio, indicará la presencia o no del interés general de la propiedad, como mecanismo -paradójico- protectorio de la misma.

En cuarto lugar, existe una errónea percepción que el interés general es la suma de intereses individuales, donde el criterio de afectación mayoritaria sería la clave para entenderlo. Este concepto, propio del utilitarismo, no es el que contemporáneamente se debe aceptar, pues, por interés general se asiste, protege e interpreta a minorías precisamente contra una interpretación "generalizante" que desfavorecería el mismísimo derecho de propiedad. El interés general, en este caso, serviría -empleando el argumento de MARTÍNEZ LÓPEZ-MUÑIZ- como la garantía para la salvaguarda de libertades y satisfacción del derecho mismo de propiedad[195]. El

---

[193] A los efectos de evitar emplear versiones no cónsonas con un espíritu universal del bien común, nos ceñiremos a la ortodoxia teológica: "(…) *Sobre actos particulares no tiene razón de ley sino en cuanto se ordena al bien común* (…) (*Videtur quo lex non ordinetur semper ad bonus commune*" SANTO TOMÁS DE AQUINO, *Summa Theologicae,* I-II, q. 90, a. 2, página 150. Para la consulta de la obra, hemos tomado la publicada en Roma en el año de 1892 bajo la dirección del R.P. Thomas de VIO CAYENATO, O.P. Puede consultarse en línea: https://archive.org/details/operaomniaiussui07thom/page/2/mode/2up?view=theater

[194] MARTÍNEZ LÓPEZ-MUÑIZ, José Luis. (2022). "El interés general", en: *Revista de Derecho,* n° 23, pp. 29-30.

[195] MARTÍNEZ LÓPEZ-MUÑIZ, José Luis. (2022). *Ob. Cit.*, p. 39.

interés general, por tanto, *no es el interés de la mayoría*[196], sino de todo aquello común que afectan, de forma indeterminada, a todos.

En quinto lugar, siendo así vislumbrado el concepto de interés general aplicado al derecho de propiedad, aquél sería a su vez un principio jurídico de actuación del Estado, y como principio general del Derecho, facilita un criterio de interpretación[197]. Lo que se traduce en que gracias al interés general se faculta al Estado (y a su vez éste lo garantiza[198]) para la verificación que el origen de todos los bienes dentro de un sistema constitucional estén permanentemente vigilados para evitar que su adquisición sea a través de formas "ilícitas", éstas últimas, producto de actividades que quiebran al principio de igualdad formal ante la ley; y, por tanto, de la dignidad de la persona humana.

En Venezuela, además de los comentarios anteriores, el interés general no ha servido como fundamento para golpear al núcleo duro de la propiedad[199] como sí ha ocurrido con el concepto de "función social", que, en su oportunidad, lo explicamos. Así como pudimos revisar las principales cuestiones doctrinales sobre este concepto jurídico indeterminado, valdría la pena detenernos en lo

---

[196] ACOSTA GALLO, Pablo. (2019). *Ob. Cit.*, p. 176.

[197] ACOSTA GALLO, Pablo. (2019). *Ob. Cit.*, p. 178. En este aspecto, GHAZZAOUI, Ramsis. (2020). … *Propiedad y expropiación* … pp. 126-127 explica que todo derecho fundamental, todo su contenido esencial es resistente a las limitaciones del legislador, y que, no basta apelar a un genérico "interés general" para establecer un debilitamiento a la propiedad; sino que, su invocación termine fortaleciendo aún más ese derecho.

[198] RODRÍGUEZ-ARANA, Jaime. (2008). "Un nuevo Derecho Administrativo: el derecho del poder para la libertad", en: *Revista de Derecho Público,* n° 116, p. 7.

[199] Véase HERRERA ORELLANA, Luis Alfonso. (2014). "Derecho administrativo y libertad: o del por qué el Derecho administrativo venezolano no ha respetado ni promovido la libertad", en: *Revista Electrónica de Derecho Administrativo,* n° 2, pp. 78-79.

que la jurisprudencia venezolana ha interpretado por el mismo. Nuevamente hacemos énfasis que el interés general no faculta para generar una "pérdida de la propiedad"[200] por el titular aparente, sino que faculta al Estado, más propiamente dicho, al poder judicial (garantía de reserva judicial), para verificar si la propiedad, sometida al interés general, ha sido adquirida de forma lícita o no. De ser positiva, ese mismo tribunal deberá consolidar el derecho de propiedad. En caso contrario, procede el mecanismo de corrección patrimonial, sea en forma de decomiso civil, extinción de dominio o cualquier otra versión de las estudiadas.

La jurisprudencia venezolana ha asociado el interés general, tal como lo indicamos en los párrafos superiores, a otros cometidos o fines; es decir, que no tiene sentido apelar a un "abstracto interés general", cuando éste concreta y concatena otros valores, principios o conceptos, como por ejemplo "(…) *transparencia, estabilidad, seguridad, eficiencia, solvencia y licitud* (…)". Eso se dejó entrever por la SALA CONSTITUCIONAL, en dos sentencias[201] vinculadas a la regulación de la actividad financiera.

Aunque también esta Sala ha confundido muchas veces este concepto con el de interés social, interés público, interés común; llevándolo a posiciones simplistas que el *interés general es todo lo contrario al interés particular*[202], sin otorgar al primero, un concepto diferenciante del segundo. Lo importante del caso, a pesar de estas observaciones, estriba en que no puede existir un

---

[200] Sobre las formas de perder la propiedad, véase DOMÍNGUEZ GUILLÉN, María Candelaria y PÉREZ FERNÁNDEZ, Carlos. (2019). "Notas acerca de los modos de perder la propiedad en el Derecho venezolano", en: *Revista Venezolana de Legislación y Jurisprudencia*, n° 12, pp. 131-165.

[201] TRIBUNAL SUPREMO DE JUSTICIA/SALA CONSTITUCIONAL. Sentencia n° 85 de fecha 24 de enero de 2002 (Caso: *Asodiviprilara vs. Sudeban*). También, sentencia n° 825 de fecha 06 de mayo de 2004 (Caso: *Banco del Caribe vs. Sudeban*).

[202] TRIBUNAL SUPREMO DE JUSTICIA/SALA CONSTITUCIONAL. Sentencia n° 1324 de fecha 13 de agosto de 2008 (Caso: *Richard Monasterio Marrero*).

"interés general" *in abstracto*, sino que se concreta tanto en acciones, simulaciones o -incomprensiblemente- conveniencia[203], máxime, cuando afectan a la propiedad y se vincula estrechamente con la libertad económica. Además de estas aristas, la Sala ha empleado más al interés general como un "comodín restrictivo" de derechos fundamentales[304], que como un justificador para acciones positivas y no tanto negativas o de eliminación.

---

[203] TRIBUNAL SUPREMO DE JUSTICIA/SALA CONSTITUCIONAL. Sentencia n° 1556 de fecha 08 de diciembre de 2000 (Caso: *Transportes Sipalcar S.R.L. vs. Puertos del Litoral Central P.LC., C.A.*) En esta decisión, la Sala vincula erróneamente al interés general como una forma de "discrecionalidad" en establecer: "(…) *Ahora bien, no es que quien presta el servicio público no pueda tomar las medidas tendentes a la mejor prestación del mismo, sino que no puede utilizar la posición que tiene en forma abusiva, no equitativa, causando un perjuicio irrazonable a los que están sujetos a su dominio, y por ello, quien se encuentra en tal posición, cuando va a rescindir contratos, o a cambiar sus términos, fundado en el interés general, tiene que tomar en cuenta que forma parte del interés general el no abusar de la posición equivalente a la de dominio, y por ello, si va a transformar cláusulas contractuales, precios, etc., debe (a pesar de gozar de las cláusulas exorbitantes) considerar el interés económico general y la razonabilidad de lo que pretende. Claro está que por razones de mérito, oportunidad y conveniencia (interés general), la concesionaria del servicio, como subrogada de la Administración, puede dar por terminado los contratos, con indemnización de daños y perjuicios, pero esta discrecionalidad, se repite, debe partir de la razonabilidad y no de su arbitrio. (…)".* Los términos, méritos, oportunidad y conveniencia son la esencia misma del concepto "discrecionalidad", lo cual, ya hemos explicado, se excluye de lo que significa un concepto jurídico indeterminado.

[304] TRIBUNAL SUPREMO DE JUSTICIA/SALA CONSTITUCIONAL. Sentencia n° 1265 de fecha 05 de agosto de 2008 (Caso: *Ziomara del Socorro Lucena vs. Contraloría General de la República*). Estableció la Sala en esta decisión: "(…) En función de lo expuesto, esta Sala considera que es posible, de conformidad con la *Convención Americana sobre los Derechos Humanos*", restringir derechos y libertades, siempre que sea mediante ley, en atención a razones de interés general, seguridad de todos y a las justas

En fin, el interés general siempre estará asociado a la propiedad, y ésta última a la libertad de forma intrínseca e imposible de separarse, pues de hacerlo, se desnaturalizaría el derecho como afirma la profesora RONDÓN, en su completo trabajo sobre la propiedad[305]. Para la potestad correctiva patrimonial, el concepto jurídico indeterminado abordado en las líneas precedentes, habilita al Estado para que se realicen las correspondientes revisiones sobre el origen de los bienes y patrimonios, fungiendo como el instrumento para justificar dicha potestad, pues, reconocer que un bien ilícito en su origen puede generar propiedad, sería un grave atentado contra el propio derecho de propiedad y sus garantías, aceptadas por todos los ciudadanos.

b. *El escaso valor de la función social de la propiedad en la corrección patrimonial*

Ya hemos indicado que existen claras diferencias entre la función social o pública y el interés general. En la primera, prima siempre el concepto de Estado que subyace del constituyente, otorgándole mayor peso a los argumentos y ponderaciones que surjan precisamente de esa fuente ideológico-constitucional. En el caso de la corrección patrimonial, la función social cumple un valor muy escaso, pues, en el estado liberal de Derecho este mecanismo

---

exigencias del bien común. (…) Esta Sala concluye que la restricción de los derechos humanos puede hacerse conforme a las leyes que se dicten por *razones de interés general, por la seguridad de los demás integrantes de la sociedad y por las justas exigencias del bien común,* de conformidad con lo dispuesto en los artículos 30 y 32.2 de la "Convención Americana sobre derechos humanos". Esta prescripción es en un todo compatible con lo dispuesto en los artículos 19 y 156, cardinal 32 de la Constitucional Nacional. Lo previsto en el artículo 23.2 no puede ser invocado aisladamente, con base en el artículo 23 de la Constitución Nacional, contra las competencias y atribuciones de un Poder Público Nacional, como lo es el Poder Ciudadano o Moral (…)" (cursivas nuestras)

[305] RONDÓN GARCÍA, Andrea. (2009). "El derecho de propiedad en el ordenamiento jurídico venezolano", en: *Revista de la Facultad de Ciencias Jurídicas y Políticas de la UCV,* n° 133, pp. 199-238.

asume mayor protagonismo porque sirve para superar cualquier contradicción de las autoridades al momento de corregir patrimonios. Es más, como apuntamos, es claro el origen filosófico en el liberalismo primigenio, donde, el valor de honestidad propietaria era fundamental para comprender la mecánica completa del modelo social liberal.

La función social asoma valor nugatorio en estas potestades, dado que no es pretensión del Estado quedarse con el bien para entonces lucir como flamante propietario, o bien, repartirlo entre todos. No. El desiderátum es revisar ese patrimonio contaminado para entonces proceder a corregir sus desviaciones, y una vez limpio, volver al sistema patrimonial para que esa propiedad siga cumpliendo sus funciones debido al interés general, es decir, crear riqueza, aunque ésta última, quede toda para su titular.

c. El "estado de sospecha patrimonial"

Como último punto de esta segunda parte, quiero mencionar un concepto que en los últimos años ha venido tomando fuerza, sobre todo, al estudiarse la esfera económico-patrimonial de los llamados "Estados fallidos"[306]. Es el llamado "estado de sospecha patrimonial", en el cual, ante las magnitudes de la falta de control por el Estado de las desviaciones dentro del SISTEMA PATRIMONIAL NACIONAL, ocurre una situación donde todos los que conforman dicho sistema, se consideran sospechosos. De esta forma, la "toxicidad patrimonial" ocurre en estos casos, limitando la capacidad para el desarrollo económico de dicho Estado, pues, al no cumplirse los estándares internacionales -aceptado por ese

---

[306] Sobre el Estado fallido, véase MEJÍA, José Amando. (2019). "El Estado fallido en Venezuela", en: *Revista Tachirense de Derecho,* n° 30, pp. 245-272. ZAPATA CALLEJAS, John Sebastián. (2014). "La teoría del Estado fallido: entre aproximaciones y disensos", en: *Revista de relaciones internacionales, Estrategia y Seguridad,* Vol. 9, n° 1, pp. 87-110. CARRILLO GÓMEZ, Amado. (2021). "El control difuso constitucional: iniciativa para la creación de normas en el Estado fallido", en: *Revista de Derecho Público,* n° 167-168, pp. 343-362.

Estado- todo lo que conlleve patrimonialmente esta nacional, estaría literalmente "contaminado", generándose rechazo para futuras contrataciones o intercambio de bienes y servicios con otros Estados o sus connacionales.

Es el último de los escalones en que puede calificarse a una Nación, en el sentido de la falta de aplicación de mecanismos correctivos. Un patrimonio quedaría totalmente fuera de toda capacidad para ser valorado económicamente, pues, ni siquiera donado otras naciones pudieran recibirlo. Y para hacerlo, habría que aplicar disposiciones altamente costosas para el otro Estado o personas, por lo que nadie negociaría en los mercados internacionales. Generalmente la sospecha generalizada patrimonial trae epítetos como consecuencia de la principal actividad ilícita contaminante. Recordamos lo que significó para los años 80 del siglo XX, al hablar del término *"Narco Estado"* con relación al conflicto presentado por el tráfico ilegal de drogas en Colombia[307].

---

[307] Al respecto, véase HEALY, Kevin. (1989). "Opinión pública y economía narco", en: *Chasqui: Revista Latinoamericana de Comunicación,* n° 29-30, pp. 62-82.

TERCERA PARTE:

MECANISMOS DE CORRECCIÓN PATRIMONIAL DEL ESTADO

I. HETERODOXIA JURÍDICA COMO CRITERIO DE CREACIÓN DEL MECANISMO DE CORRECCIÓN PATRIMONIAL DEL ESTADO

Esta última parte del libro, lo queremos dedicar a la aplicación concreta de la potestad correctiva patrimonial del Estado. Hacemos alusión a las más emblemáticas en occidente: *los decomisos sin condena y las extinciones de dominio.*

La aceptación de una fundamentación teórica que sostenga con argumentos universales y universalizables, más allá de las precisiones formuladas geográficamente, por ejemplo, por el TEDH, sobre la naturaleza del decomiso sin condena; nos posicionan sobre las diferentes configuraciones y características que asume ambos mecanismos correctivos una vez ingresan en las legislaciones nacionales. Por tanto, no puede sostenerse que exista "el decomiso" o "la extinción", a título singular. Lo propio es hablar de "los decomisos" y "las extinciones", en alusión a las diferencias que operan entre los Estados al momento de asirse de estos instrumentos, así beban de las fuentes comunes como son la UNCAC 2003 y la Ley Modelo de ONUDC de 2011.

Si queremos comprender la ratio de este libro, dedicado a la potestad correctiva patrimonial del Estado, es importante detenernos en identificar cuál es el modelo que se corresponde con mi Estado, ya que, dependiendo del grado de compromiso con el Derecho civil o el penal, pudiéramos estar hablando desde modelos moderados hasta sus versiones civilistas más extremas. Los principios ayudarán a paliar cualquier exceso que pueda presentarse en la configuración modular que asuma el Estado al trabajar el decomiso o la extinción, según sea el caso, pues, los decomisos siempre estarán más inclinados hacia la esfera procesal penal mientras que la extinción, procesalmente, el acento se reforzará en el proceso civil.

Huelga advertir que, aunque muchas veces se aborda al decomiso como un concepto sinónimo de extinción de dominio, o viceversa, existen diferencias ontológicas que es necesario tomar como referencia para evitar futuras confusiones terminológicas como ya lo hemos hecho en otras oportunidades[308].

II.　EL DECOMISO SIN CONDENA O DECOMISO CIVIL

Los "decomisos sin condena", "comiso autónomo", "decomisos civiles", o "decomiso", a secas, como lo define la UNCAC 2003[309], parten como el instrumento más generalizado en todas las geografías. La extinción de dominio es regional, como afirma la exposición de motivos de la LMEDO, es decir, sólo tiene como ámbito geográfico al continente americano, más precisamente, a Latinoamérica.

Lo que históricamente se ha calificado como "comiso" es su esencia como una "pena accesoria" a la condena penal[310]; ha

---

[308]　Para más detalles sobre las diferencias entre los decomisos y las extinciones de dominio, véase JIMÉNEZ TAPIA, Rafael S. y URBINA MENDOZA, Emilio J. (2023). *Ob. Cit.,* pp. 51-60.

[309]　Artículo 2, literal g) de la Convención de las Naciones Unidas contra la Corrupción (Convención de Mérida, 2003).

[310]　Sobre la evolución del llamado "comiso directo" o tradicional en comiso autónomo, lo explicamos a mayor detalle en nuestra obra publicada en

sufrido modificaciones, o, mejor dicho, adiciones que lo han apartado paulatinamente de esa naturaleza histórica propia de la dogmática penal.

En los decomisos el modelo se determina según la gradación del término "sin condena penal", es decir, la intensidad de alejamiento del proceso penal típico. Esto no implica una absoluta prescindencia de la dogmática penal (como si es factible que ocurra en la extinción de dominio), ya que, siempre existirá en los decomisos una conexión casi íntima entre los tipos punitivos y la aplicación de estas formas correctivas patrimoniales. También, influye en la morfología del modelo de decomiso, el grado de "riesgo permitido"[311] en las políticas criminales de los Estados para atrapar a la delincuencia económica. Este riesgo estará basado en si el modelo es de corte subjetivo u objetivo[312].

En los primeros, el concepto de "actividad ilícita", abre el compás para identificar con "cualquier actividad que sea contraria a la ley", siendo, el esquema colombiano el más elástico de todos. En efecto, el artículo 34 de la Constitución Política de Colombia indica textualmente que "(…) *por sentencia judicial, se declarará extinguido el dominio sobre los bienes adquiridos mediante*

Caracas a finales 2020 (edición internacional). Es más, el mérito de este libro fue exponer cómo una pena accesoria tradicional terminó evolucionando hacia nuevas tipologías y modelos de decomisos sin condena. Para más detalles, véase JIMÉNEZ TAPIA, Rafael S. y URBINA MENDOZA, Emilio J. (2020). *Ob. Cit.,* pp. 87-167.

[311] Sobre el riesgo permitido, véase SILVA SÁNCHEZ, Jesús M. (2022). *El riesgo permitido en Derecho penal económico.* Barcelona, Atelier, pp. 15-32.

[312] Sobre el particular, publicamos un estudio pormenorizado sobre el concepto de "modelo" subjetivo u objetivo tanto en el decomiso como en la extinción de dominio. URBINA MENDOZA, Emilio J. (2023). "Los modelos del decomiso sin condena y la extinción de dominio en el Derecho comparado Latinoamericano. Origen, tendencias y transformaciones por la Justicia Constitucional", en: *Estudios de Deusto,* Vol. 71/2 (julio-diciembre), pp. 259-299.

enriquecimiento ilícito, en perjuicio del Tesoro Público o con grave deterioro de la moral social (...)". "Grave deterioro de la moral social", es prácticamente un comodín abierto para ponderar como ilícito aquello que ni siquiera está calificado como delito o contravención jurídica, si no, como categoría ética. De esto lo explicaremos con detenimiento cuando abordemos los modelos de extinción.

En los segundos, es decir, en el modelo objetivo, la actividad ilícita siempre estará limitada por una calificación previa, precisa, determinada e identificada en una norma, generalmente, de rango legal. Su tipicidad normativa facilitará una circunscripción del esfuerzo en utilizar racionalmente este mecanismo para áreas bien delimitadas, evitando así, cualquier resquicio por el cual, el poder judicial, pueda salirse del cauce hermenéutico para caer en la siempre polémica creación del Derecho por el juez[313].

Formuladas estas observaciones metodológicas, por decomiso sin condena entendemos:

> "Acción de naturaleza civil, de carácter patrimonial por la cual el Estado, en ejercicio de funciones constitucionales de prevención de actividades criminales asociadas con la corrupción, priva a los particulares de la propiedad de sus bienes sin requerimiento de una condena penal previa, una vez cubierto los extremos previstos en la legislación especial diseñada bajo parámetros internacionales sobre la materia"[314]

Primero, es una *acción judicial*. Para preservar las mínimas garantías constitucionales, que en los modelos sociales de Estado de Derecho se concentra en la actividad jurisdiccional, debemos encasillarla dentro de la esfera de un proceso judicial. Como

---

[313] Sobre este particular, véase el número 50 (2007) de *Archives de Philosophie du Droit,* dedicado íntegramente a la creación del Derecho por el juez.

[314] JIMÉNEZ TAPIA, Rafael S. y URBINA MENDOZA, Emilio J. (2020). *Ob. Cit.,* p. 146.

explicamos en otra de nuestras obras sobre la materia[315], por más que aceptemos la presencia de un Derecho penal a dos velocidades, tal como lo explicamos en la segunda parte de este libro, no podemos en ninguna circunstancia descartar el proceso judicial como el único escenario para la aplicación de estos decomisos.

Segundo, es de naturaleza *civil patrimonial*. Esta calificación facilita la autonomía del decomiso frente al cordón umbilical penal, como expresa el profesor SANTANDER ABRIL[316]. Lo patrimonial implica enfocarlo desde el Derecho de las obligaciones, más precisamente, con instituciones históricas de eficiente resultado como es el caso del enriquecimiento injusto, ilícito o sin causa, dependiendo del país donde acuñe esta denominación.

Tercero, el Estado la ejerce usando sus potestades conferidas por la Constitución, *para la prevención de actividades criminales asociadas a la corrupción* y a la delincuencia económica. A pesar de su emancipación del proceso penal, el decomiso es una consecuencia de la política criminal del Estado, siguiendo los lineamientos de las organizaciones supranacionales especializadas, que busca evitar a toda costa que el enriquecimiento ilícito se instale como forma para obtener ganancias. Como bien fue precisado por Guillermo JORGE, el principio *nadie debe beneficiarse de sus acciones ilícitas*[317], ilumina -desde el origen del comiso directo- las directivas contra el crimen, diseñadas y ejecutadas por los Estados en materia anticorrupción. Es así como el decomiso cumple un papel preventivo, en razón que al encarecer

---

[315] JIMÉNEZ TAPIA, Rafael S. y URBINA MENDOZA, Emilio J. (2020). *Ob. Cit.,* p. 147.

[316] SANTANDER ABRIL, Gilmar. (2017). "La emancipación del comiso del proceso penal: su evolución hacia la extinción de dominio y otras formas de comiso ampliado", en: AAVV. *Combate del Lavado de Activos desde el Sistema Judicial.* Washington D.C., Ediciones de la Organización de Estados Americanos, p. 488.

[317] JORGE, Guillermo. (2008). *La recuperación de activos de la corrupción.* Buenos Aires, Editores del Puerto, p. 67.

los costes delictuales por gravitar sobre cualquier persona -natural o jurídica- la amenaza de la privación de la propiedad, coloca sobre el tapete de los criminales la opción de ejecutar o no el acuerdo corrupto que explicamos en la primera parte del libro.

Cuarto, *privación de la propiedad de bienes a personas.* Esta privación difiere de otras instituciones similares como la confiscación, la incautación, la expropiación, el aseguramiento de bienes y recuperación de activos, el comiso directo, inclusive, de la propia extinción de dominio. Lo importante estriba en la capacidad de entender dicha exacción hacia las personas jurídicas, que, en materia criminal, ha conllevado múltiples polémicas no resueltas todavía en el Derecho penal[318]. Máxime, al no tener claro el horizonte en la teoría penal general, poco más sería complicado la vinculación de estas en los delitos de corrupción[319].

Quinto, *basado en elementos objetivos previstos en la legislación bajo parámetros internacionales.* Quizá sea uno de los puntos más decisivos de los diferentes decomisos y sus modelos, ya que, su aplicación al no requerir una condena penal previa, así como tampoco mediar una causa de utilidad pública para privar del derecho de propiedad sobre unos bienes; exigiría del legislador la mayor de las escrupulosidades al momento de plasmar en la norma cuáles serían los elementos para que el juez pueda ordenar el decomiso. En efecto, consideramos que el mayor éxito de esta institución se centra en una clarificación legislativa sobre cuáles elementos probatorios, indicios y presunciones (*balance de*

---

[318] Al respecto, véase BACIGALUPO, Silvina. (1998). *La responsabilidad penal de las personas jurídicas.* Madrid, Editorial Bosch. ONTIVEROS ALONSO, Miguel. (Coord.). (2014). *La responsabilidad penal de las personas jurídicas: fortalezas, debilidades y perspectivas de cara al futuro.* Valencia, Editorial Tirant Lo Blanch.

[319] Véase, al respecto, RODRÍGUEZ-GARCÍA, Nicolás. (2011). "Corrupción y responsabilidad penal de las personas jurídicas", en: AAVV. *El estado de derecho colombiano frente a la corrupción: retos y oportunidades a partir del Estatuto Anticorrupción de 2011.* Bogotá, Ediciones de la Universidad del Rosario, pp. 417-482.

probabilidades y *carga dinámica de la prueba*) debería ponderar el juez al momento de entablarse esta acción de privación de la propiedad contra los particulares.

Aunado a estos elementos configuratorios de los decomisos, no pueden bajo ningún parámetro responder al "capricho del legislador", cuando estamos en presencia de un flagelo de magnitudes incalculables para la apropiación de recursos que originalmente su finalidad es para el desarrollo de sociedades[320]. Nos explicamos. Si bien es cierto los tratados internacionales no ordenan a los Estados que los suscriben la adopción "automática" de sus contenidos, sino que sirven como referencias; no puede alegarse "razones de soberanía" para incorporar arbitrariamente lo que debería calificarse como un decomiso sin condena, Para ello, existe a nivel del Derecho comparado suficientes modelos, que coadyuvarán en su construcción, para así no perder el norte de esta materia: *encarecimiento de los costes de la delincuencia económica.*

Formuladas las precisiones conceptuales, urge entonces clasificar los diferentes modelos de decomisos. En nuestro caso particular, podemos identificar tres grandes modelos, cada uno, proveniente quizá de la misma fuente inspiradora, en los principios del Derecho angloamericano[321].

---

[320] JORGE, Guillermo. (2008). *Ob. Cit.*, pp. XIV-XVI. Debe llamar a la reflexión lo expresado en la más reciente *Directiva 1260/2024* del Parlamento Europeo y Consejo de Europa sobre las cantidades de dinero, sólo en el espacio de la UE, generadas por la delincuencia económica. Estima, que para el 2021, es decir hace algún tiempo, la misma ascendía a un total de 139.000 millones de euros, resaltando el peligro de que "(...) *se blanquean cada vez más a través de un sistema financiero paralelo encubierto, la disponibilidad del producto de las actividades delictivas plantea una amenaza considerable a la integridad de la economía y la sociedad que erosiona al Estado de Derecho y los derechos fundamentales* (...)" (Considerando 1).

[321] En nuestro trabajo publicado en Buenos Aires por la Editorial Olejnik (2021), explicamos con detenimiento la influencia de los principios del

1. *El modelo UNCAC 2003*

Es el modelo de decomiso más universal y quizá el más extendido en todo el orbe en la medida que fue suscrito por casi todos los Estados. Fue concebido formalmente en la *Convención de las Naciones Unidas contra la Corrupción*, en octubre de 2003, mejor conocida como la *Convención de Mérida*[322]. Si bien no es un documento que establezca unas características especiales de los decomisos, busca fundamentalmente orientar a los legisladores nacionales para introducir mecanismos que prevengan la corrupción más que su represión penal clásica[323]. Una vez suscrito, el Estado se compromete no tanto en calcarlo, como copia trasunta, sino también, para el análisis permanente y actualización periódica como profundidad en los niveles de su implementación[324].

UNCAC 2003 contempla el decomiso como *fórmula de invitación*, es decir, resalta únicamente la expresión del núcleo duro conceptual de todo decomiso: "(…) *sin que medie una condena* (…)", haciendo sólo mención de la imposibilidad de juzgar penalmente a una persona vinculada a los delitos de

---

Derecho angloamericano para la concreción de los diferentes modelos de decomisos, desde el previsto en la UNCAC 2003 hasta la evolución de los que pertenecen en ese sistema legal, sea los *Non-Conviction Based* hasta las *Unexplained Wealth Orders*. JIMÉNEZ TAPIA, Rafael S. y URBINA MENDOZA, Emilio J. (2021). *Ob. Cit.,* pp. 54-68.

[322] Suscrita en la ciudad de Mérida, Península del Yucatán, México. Sobre sus antecedentes, véase VÁSQUEZ-PORTOMEÑE SEIJAS, Fernando. (2018). "La lucha contra la corrupción en la agenda internacional: algunas reflexiones sobre el ámbito y contenidos de la Convención de las Naciones Unidas contra la Corrupción". En: AAVV. *Represión penal y estado de Derecho: homenaje al profesor Gonzalo Quintero Olivares.* Pamplona, Editorial Aranzadi, pp. 1081-1094. OFICINA DE LAS NACIONES UNIDAS CONTRA LA DROGA Y EL DELITO. (2005). *Acción mundial contra la Corrupción. Los documentos de Mérida.* Viena, ONUDC.

[323] Al respecto, véase RODRÍGUEZ-GARCÍA, Nicolás. (2018). *Ob. Cit.,* p. 2173.

[324] RODRÍGUEZ-GARCÍA, Nicolás. (2018). *Ob. Cit.,* p. 2174.

corrupción sea por fallecimiento, fuga, ausencia u "otros casos apropiados". El tenor del dispositivo es el siguiente:

Artículo 54. Mecanismos de recuperación de bienes mediante la cooperación internacional para fines de decomiso.

1. Cada Estado parte, a fin de prestar asistencia judicial recíproca conforme a lo dispuesto en el artículo 55 de la presente Convención con respecto a bienes adquiridos mediante la comisión de un delito tipificado con arreglo a la presente Convención o relacionados con ese delito, de conformidad con su derecho interno:

(…) Omisis (…)

c) Considerará la posibilidad de adoptar las medidas que sean necesarias para permitir el decomiso de esos bienes *sin que medie una condena, en casos en que el delincuente no pueda ser enjuiciado por motivos de fallecimiento, fuga o ausencia, o en otros casos apropiados* (Cursivas nuestras).

El artículo es enfático, requiere obligatoriamente tres elementos para la procedencia de un "decomiso" como conceptualmente lo ha calificado la propia UNCAC.

a) Que no sea necesario una condena penal.

b) Que sea en casos donde el "delincuente" no pueda ser enjuiciado por motivos de fallecimiento, fuga, ausencia o en "otros casos apropiados".

c) Que sólo procede en los delitos de corrupción.

La fórmula es un *numerus apertus,* que deja en la ponderación legislativa estatal, las diversas maneras cómo debería operar la figura, e inclusive, hasta su propio nombre. Sobre el particular, RODRÍGUEZ-GARCÍA[325] otorga importancia a las previsiones del artículo 54 de la UNCAC 2003, en razón que los delincuentes

---

[325] RODRÍGUEZ-GARCÍA, Nicolás. (2018). *Ob. Cit.,* p. 2179.

procuran con frecuencia ocultar el producto, los instrumentos y pruebas del delito en más de una jurisdicción, aprovechando la máxima movilidad que otorga los medios de transporte y las ventajas informáticas de nuestros días.

Es por ello, que muchas veces, quedaban congeladas las investigaciones procesal-penal por hechos de corrupción, en razón que, el principal o principales sindicados habían huido hacia otras jurisdicciones donde ni siquiera existe un convenio de extradición. Ese "congelamiento" impide aplicar el comiso directo, al ser este último, calificado como una pena o accesoriedad a una privativa de libertad en casi todas las legislaciones penales del mundo. Con la UNCAC 2003 se abre la puerta para la "prescindencia" de la tradicional sentencia penal condenatoria, con cosa juzgada y sentenciada según los estándares garantistas del proceso penal contra toda duda razonable.

2. El modelo europeo de 2014 y la reforma de 2024

Otro de los modelos con morfología propia en los decomisos, inspirada en la plantilla creada con UNCAC 2003, es el llamado *modelo europeo comunitario* en materia de decomisos de bienes y recuperación de activos. Como apunta el profesor BLANCO CORDERO, la normativa de la UE prevista desde 2014, ha planteado un modelo "desdibujado"[326] de la esencia de estos decomisos al introducir elementos polémicos como lo analizaremos en detalles. Por más que sea una realidad que Europa, como señala RODRÍGUEZ-GARCÍA[327], sea el gran laboratorio de la integración penal de bloque, no dudamos que existen algunas contradicciones de este modelo al momento de plantearnos la ontología de los decomisos.

---

[326] BLANCO CORDERO, Isidoro. (2023). "Hacia un modelo de decomiso sin condena en la Unión Europea", en: Luchtman, M. (Edit.). *Of Sword and Shields: Due process and crime control in times of globalization. Liber Amicorum prof. Dr. J.A.E. Vervaele.* Chicago, Eleven International publishing, pp. 298-299.

[327] RODRÍGUEZ-GARCÍA, Nicolás. (2018). *Ob. Cit.,* p. 2184.

La Directiva 2014/42 UE será el marco normativo base que agrupa de forma sistemática todo lo referente al *embargo y el decomiso de los instrumentos y del producto del delito en la Unión Europea*[328]. Su artículo 2.4 comienza por precisar escrupulosamente qué es el decomiso en los siguientes términos:

4) "decomiso": la privación definitiva de un bien *por un órgano jurisdiccional en relación con una infracción penal* (cursivas nuestras)

La Directiva contempla varias tipologías de decomiso vinculados a una sentencia penal (vgr. ampliado, de terceros, etc.), exigiendo como requisitos para su aplicación las previsiones del artículo 4, *ejusdem*. Veamos.

Artículo 4
Decomiso

1. Los Estados miembros adoptarán las medidas necesarias para poder proceder al decomiso, ya sea total o parcial, de los instrumentos y del producto del delito, o de bienes cuyo valor corresponda a dichos instrumentos o producto, previa resolución penal firme condenatoria que podrá ser también resultado de un procedimiento tramitado en ausencia del acusado.

2. En caso de que *no sea posible efectuar el decomiso sobre la base del apartado 1*, al menos cuando dicha imposibilidad se *derive de la enfermedad o la fuga del sospechoso o del acusado*, los Estados miembros tomarán las medidas necesarias para posibilitar el decomiso de instrumentos o productos en aquellos casos en los que se *hayan incoado procedimientos penales en relación con una infracción penal que pueda dar lugar, directa o indirectamente, a una ventaja económica, y en los que dichos procedimientos podrían haber conducido a una resolución penal condenatori*a si el sospechosos o acusado hubiera podido comparecer en juicio. (cursivas nuestras)

---

[328] Publicada en el Diario Oficial de la Unión Europea, n° L. 127 de fecha 29 de abril de 2014.

El texto nos ofrece las claves del modelo europeo de decomiso, que sería la concurrencia de las siguientes condiciones, sistematizadas por el profesor BLANCO CORDERO[329]:

a) Que no sea posible dictar una resolución penal firme condenatoria en la que se declare el decomiso.

b) Que se hayan incoado procedimientos penales en relación con un delito que haya generado alguna ventaja económica de manera directa o indirecta.

c) Que tales procedimientos podrían haber dado lugar a una resolución penal condenatoria.

d) Que el proceso se dirija contra el sospechoso o acusado que no puede comparecer en juicio, y que, en caso de que hubiera podido hacerlo, hubiera sido condenado.

e) Sólo un tribunal penal en un proceso penal puede aplicar el decomiso, una vez verificado los extremos anteriores.

Este modelo posee algunas debilidades que bien ha sido las que detractores de los mecanismos de corrección patrimonial encuentren asidero en sus críticas. Entendemos que perfectamente, si un proceso penal, la fiscalía posee el acervo probatorio contra toda duda razonable, pueda dictarse una sentencia condenatoria, y por vía accesoria, se proceda al comiso directo de bienes. Ahora bien, la preocupación que subyace en este modelo estriba en la hipótesis que establece el literal c) transcrito *ut supra*, es decir, *que el decomiso se dirija contra el sospechoso o acusado que no ha podido comparecer al juicio penal, pero, en caso de haberlo hecho, la sentencia hubiera resultado a toda luz condenatoria.*

Estamos entonces en presencia de un posible adelanto, basado en hipótesis, de que habría la plausibilidad de una "sentencia condenatoria penal", es decir, una presunción contraria a la garantía más sagrada del Derecho penal: *la presunción de*

---

[329] BLANCO CORDERO, Isidoro. (2023). *Ob. Cit.,* 298-299.

inocencia. Debemos advertir que, en América Latina, este artículo ya habría sido declarado "inconstitucional" por violentar precisamente el máximo brocardo del garantismo penal: *la inocencia como regla y la culpabilidad como excepción.*

Independientemente si un proceso penal se sustancia en ausencia, no es óbice para que se violente la presunción de inocencia. Cuando la Directiva 2014/42 nos exige una sentencia condenatoria en el horizonte, prácticamente está ordenándole al juez que adelante una opinión sin mediar siquiera un contradictorio procesal que ratifique las convicciones del juzgador. Y no hay nada más peligroso contra un estado de Derecho que basar las sentencias en *estimaciones y convicciones internas* sin ser soportadas por unas pruebas legales, pertinentes, admitidas y valoradas según los estándares ordenados en la legislación penal sustantiva o adjetiva.

El modelo europeo de decomiso si bien comparte en estos mecanismos la no necesaria sentencia condenatoria penal para proceder a su aplicación; el hecho de sustentarla en lo que un hipotético juicio penal hubiera declarado a toda luz culpable, no es más que un problema que explica de por sí las razones para su poca receptividad en los países que conforman la Unión. Abiertamente colisiona con la tradición garantista europea en materia penal, obligando al juez a trasladarse en esa sibilina expresión "hubiera sido condenado", basado nada menos y nada más que en una realidad procesal como es la ausencia del acusado o sospechoso en el juicio penal.

Estas contradicciones han llevado al PARLAMENTO EUROPEO y CONSEJO DE EUROPA a la aprobación de una segunda Directiva (2024/1260), publicada este año[330]. Tras una década de vigencia de la 2014/42, esta nueva Directiva fue una propuesta presentada en

---

[330] Publicada en el Diario Oficial de la Unión Europea, Serie L, de fecha 02 de mayo de 2024.

2022[331] para ampliar las hipótesis de cuándo y cómo aplicar el decomiso, en especial, en la categoría de sujetos prófugos del proceso penal.

Sin embargo, existen algunas modificaciones que valdría la pena analizarlas, de cara a la Directiva de 2014, pues, consideramos que son formas sutiles para asemejar el decomiso europeo a las formas menos civiles de extinción de dominio. Aunque luzca algo descabellada esta afirmación, al Directiva 2024/1260 introduce elementos que son parte de las características de la extinción de dominio de su figura análoga latinoamericana[332]. ¿Cuáles son? Vamos a analizarlas.

Primero, el artículo 12.2 califica que el decomiso podrá ser "subsidiario o alternativo" al comiso directo. Es decir, que perfectamente puede o ser solicitado en el transcurso de un proceso penal o paralelamente a este.

Segundo, el artículo 15 precisa mejor algunos requisitos que atenúan la dureza de expresión "hubiera sido condenado". El citado dispositivo establece:

Artículo 15

Decomiso no basado en una sentencia condenatoria

1. Los Estados miembros adoptarán las medidas necesarias para que pueda procederse, en las condiciones establecidas en el apartado; 2 del presente artículo, al decomiso de instrumentos, productos o bienes a que se refiere el artículo 12 o *productos o bienes que se hayan transferido a terceros tal como se menciona*

---

[331] Proyecto de fecha 25 de mayo de 2022 COM (2022) 245 final 2022/0167 COD.

[332] Al respecto véase URBINA MENDOZA, E. (2024). *Novedades de la extinción de dominio en la Unión Europea.* Videoconferencia, recuperada en el Canal de YouTube de la Fundación Universitas, emitido en directo el 16 de agosto de 2024, en: https://www.youtube.com/watch?v=8EKFe2mczbU&t=483s

en el artículo 13 cuando se hayan incoado procesos penales que no hayan podido continuar debido a una o más de las circunstancias siguientes:

a) enfermedad de la persona sospechosa o acusada;

b) fuga de la persona sospechosa o acusada;

c) fallecimiento de la persona sospechosa o acusada;

d) *el plazo de prescripción de la infracción penal* correspondiente establecido por el Derecho nacional es inferior a quince años y ha expirado después de la incoación del proceso penal.

2. El decomiso sin sentencia condenatoria previa en virtud del presente artículo se limitará a aquellos casos en los que, de no haberse dado las circunstancias establecidas en el apartado 1, *el proceso penal correspondiente hubiera podido conducir a una condena penal, al menos en relación con los delitos que puedan dar lugar, directa o indirectamente, a un beneficio económico sustancial*, y cuando el órgano jurisdiccional nacional haya resuelto que los instrumentos, productos o bienes que deban decomisarse proceden de la infracción penal en cuestión o están directa o indirectamente relacionados con esta. (cursivas nuestras)

El texto reconoce que, si bien se espera una estimada sentencia penal condenatoria esta expresión queda mitigada en reconocer que un proceso penal pudiera ser condenatorio, y que, sea con aquellos delitos que hayan reportado objetivamente un beneficio económico sustancial. Esto último reduce todavía más el grado de discrecionalidad judicial, visto que, en un proceso penal puede contener elementos probatorios que no apunten hacia la demostración de la responsabilidad penal del sujeto, sino, hacia la vinculación de los bienes y un patrimonio a una actividad ilícita que objetivamente haga presumir (aplicando el balance de probabilidades) que el bien sea más de origen ilícito que lícito. Sencillamente este adelanto de la nueva Directiva nos permite afirmar que ha comenzado un acercamiento de Europa al concepto latinoamericano de extinción de dominio. Así lo hicimos ver el año pasado en nuestra obra, cuando analizamos la propuesta de 2022[333].

Tercero, se concibe un tipo de decomiso sin condena nueva, que la Directiva 2024/1260 la denomina *Decomiso de patrimonio no explicado vinculado a actividades delictivas*. El artículo 16 establece:

Artículo 16

Decomiso de patrimonio no explicado vinculado a comportamientos delictivos

1. Los Estados miembros adoptarán las medidas necesarias para que, en los casos en que, de conformidad con el Derecho nacional, puedan no aplicarse las medidas de decomiso previstas en los artículos 12 a 15, pueda procederse al decomiso de bienes identificados en el contexto de una investigación en relación con una infracción penal, siempre que el órgano jurisdiccional nacional haya resuelto que proceden de comportamientos delictivos en el marco de una organización delictiva y que dichos comportamientos puedan dar lugar, directa o indirectamente, a un beneficio económico sustancial.

2. A la hora de determinar si se deben decomisar los bienes a que se refiere el apartado 1, se tendrán en cuenta todas las circunstancias del caso, incluidos las pruebas disponibles y los hechos específicos, que pueden incluir los siguientes:

a) que el valor de los bienes sea muy desproporcionado con respecto a los ingresos lícitos de la persona afectada;

b) que los bienes no tengan una procedencia lícita verosímil;

---

[333] JIMÉNEZ TAPIA, Rafael S. y URBINA MENDOZA, Emilio J. (2023). *Ob. Cit.,* pp. 75-81.

c) que la persona afectada esté vinculada a personas vinculadas a su vez a una organización delictiva.

3. El apartado 1 no perjudicará los derechos de terceros de buena fe.

4. A los efectos del presente artículo, el concepto de "infracción penal" incluirá los delitos contemplados en el artículo 2, apartados 1 a 3, cuando dichas infracciones lleven aparejada una pena privativa de libertad de un máximo de al menos cuatro años.

5. Los Estados miembros podrán establecer que el decomiso de patrimonio no explicado con arreglo al presente artículo se lleve a cabo solo cuando los bienes que deban decomisarse hayan sido embargados previamente en el contexto de una investigación en relación con una infracción penal cometida en el marco de una organización delictiva.

Este artículo contempla elementos definitorios de nuestra extinción de dominio, tales como, beneficio económico sustancial y la concurrencia de parámetros para determinar, a través de elementos probatorios, que existen beneficios no justificables a la luz de los ingresos lícitos de las personas investigadas. Además, reconoce el valor de la buena fe, que como revisaremos más adelante, se transforman en un principio garantista en la extinción de dominio de nuestro continente latinoamericano.

3. *Los modelos angloamericanos*

Por último, dejamos los modelos prototípicos históricos que inauguraron los mecanismos de corrección patrimonial. Hacemos referencia a las instituciones originales del Derecho angloamericano, de las cuales, encontramos las raíces más genuinas de los decomisos. Bajo el mote *civil forfeiture* las acciones judiciales o administrativas dependerán, como apunta Guillermo JORGE, del monto involucrado, el tipo de propiedad y si alguien puede responder a la demanda de decomiso[334]. No solo es un medio sino también una sanción independiente con el fin de obtener a como dé lugar la propiedad, aunque, posee un rasgo característico -especialmente en Estados Unidos- como es la prevención[335].

En los Estados Unidos este tipo de procesos *in rem* se les conoce con las siglas universales NCB (*Non-Conviction Based*). En esta acción de decomiso, la fiscalía norteamericana orienta su estrategia alternativa y complementaria a la persecución penal. La acción va dirigida contra el activo en sí y no contra el titular aparente. Al estar direccionada contra el efecto patrimonial, puede ejecutarse, o bien en un contexto de proceso penal u otro de forma independiente de un juicio o investigación criminal.

Los NCB poseen un nivel probatorio menor al garantista del proceso penal. Como señalan los autores GREENBERG y otros[336], la misión originaria de las *actio in rem* fue común en el Derecho del almirantazgo, donde, podía demandarse directamente al "barco" y no al capitán, ni a la tripulación, ni mucho menos al armador si con dichos navíos se cometían "actos de piratería" o servían para el tráfico de esclavos. Si el gobierno incautaba un barco pirata o negrero, así como su carga, pero no consiguió capturar al dueño del barco, se interponía una acción de decomiso de activos sin condena (NCB) contra el buque e invitaba al pirata o esclavista a comparecer ante el tribunal para impugnar la acción. Este es quizá el antecedente más remoto de las NCB anglosajonas.

En pocas palabras, quien trasgrede el ordenamiento jurídico en la ficción anglosajona de las NCB no son las personas sino los bienes en sí mismo. Esto permitirá liquidar el dominio de quien

---

[334] JORGE, Guillermo. (2008). *Ob. Cit.,* p. 91.

[335] JORGE, Guillermo. (2008). *Ob. Cit.,* pp. 92-93.

[336] GREENBERG, Theodore; SAMUEL, Linda; WINGGATE Y GRAY, Larissa. (2009). *Recuperación de activos robados. Guía de buenas practicas para el decomiso de activos sin condena.* Bogotá, Banco Internacional de Reconstrucción y Fomento/Banco Mundial, pp. 14-15.

nominalmente lo detente. En la actualidad, tal como apunta LITTLE, las NCB se han convertido en un "(…) *poderoso mecanismo para lograr el cumplimiento de las leyes, quizá el que más ha alterado el pasaje legal de los Estados Unidos* (…)"[337].

En el Reino Unido, las acciones *in rem* se les bautiza como las *Unexplained Wealth Orders (UWOs) (recurso de privación de bienes no justificados)*[338], que consisten en órdenes sobre el patrimonio que no puede ni explicarse ni justificarse su origen. Permite a las autoridades administrativas solicitar ante un juez para que se dicte una orden de privación de bienes a una persona donde el patrimonio luce no sólo injustificado, sino, injustificable, debido a la no existencia de proporcionalidad entre los ingresos y éste[339]. Rompe así con el concepto tradicional de la carga de la prueba, ya que, es el titular aparente de los bienes quien debe demostrar que proceden de fuente lícita.

En cuanto al procedimiento, JORGE, indica que en el Reino Unido el decomiso sin condena está regulado como una *deuda del individuo con la Corte o con la agencia gubernamental para la recuperación de activos*[340]. En ningún caso -y es lo sobresaliente de la figura- no puede vincularse esta deuda con noción de culpabilidad del deudor. Su procedencia se sustenta en un sistema de presunciones que siempre apuntará hacia los indicios y no la plena prueba.

---

[337] LITTLE, Robert B. (1996). "United States vs. Ursery and the abrupt end to the extension of double jeopardy protections to civil forfeiture", en: *Texas Review of Law & Politics,* Vol. 2, n° 1, p. 149.

[338] BLANCO CORDERO, Isidoro. (2017). "El debate en España sobre la necesidad de castigar penalmente el enriquecimiento ilícito de empleados públicos", en: *Revista Electrónica de Ciencia Penal y Criminología,* n° 19-16, p. 30.

[339] BLANCO CORDERO, Isidoro. (2017). *Ob. Cit.,* p. 31.

[340] JORGE, Guillermo. (2008). *Ob. Cit.,* p. 95.

Sobre los detalles particulares del modelo angloamericano de decomiso, y, sobre todo, de la influencia de estos mecanismos introducidos en el resto de la Europa continental del *civil law*, por la jurisprudencia del TEDH, nos remitimos a los pormenores de nuestro tratado sobre extinción de dominio publicado en 2023[341].

III. LA EXTINCIÓN DE DOMINIO

Así como hicimos referencia al decomiso sin condena, también extendemos algunas características comunes con las "extinciones de dominio". Tal vez, antes de 2011, podríamos haber considerado a la ED como una figura más unitaria, visto que ha estado inserto en la legislación colombiana desde 1936. Sin embargo, una vez se redacta la LMEDO en 2011, el instituto ha venido asumiendo unas morfologías totalmente distantes a la que se acuñó en su mocedad neogranadina.

En esta parte del libro abordaremos los tres grandes modelos de extinción de dominio que hasta nuestros días otean el horizonte jurídico latinoamericano. Partimos, como recordatorio, que el término extinción de dominio es de exclusiva aplicación en las normativas de América Latina, es decir, que no encontraremos ese nominativo ni en Europa ni en ningún otro continente.

Por extinción de dominio, asumiendo la definición de Guillermo JORGE por su amplitud, debemos entender:

"(…) una acción de carácter real a través de la cual el Estado cuestiona la titularidad del bien sobre la base que es o ha sido adquirido con el producto del delito. Una vez que el Estado establece su caso -basado usualmente en la desproporción patrimonial del titular o en la conexión del bien con un delito

---

[341] JIMÉNEZ TAPIA, Rafael S. y URBINA MENDOZA, Emilio J. (2023). *Ob. Cit.,* pp. 69-71.

bajo investigación- quien crea que tenga mejor derecho sobre el bien debe probarlo. El procedimiento es totalmente independiente del proceso penal (…)"[342]

Este concepto se enmarca en nuestras tendencias legislativas subcontinentales. Si bien en otra oportunidad hemos desgranado el concepto pormenorizadamente[343], ahora nos interesa establecer -en grandes líneas- sus principales características para entonces poder identificar los modelos existentes.

Fundamentalmente la ED se caracteriza, en todas las legislaciones que lo han adoptado en América Latina, por:

- *Actio in rem civil*, es decir, una acción judicial real, patrimonial y autónoma, donde el catalizador -procesalmente hablando- no estriba en el comportamiento (activo u omisivo) de una persona, sino en la condición objetiva de un objeto, es decir, que nos circunscribimos en la territorialidad de las nuevas tendencias sobre los derechos reales[344]. Como lo ha recalcado la jurisprudencia peruana especializada en la materia, "(…) *litigan los patrimonios* (…)"[345] con el objeto de verificar si esos bienes

---

[342] JORGE, Guillermo. (2009). *Recuperación de activos de la corrupción en Argentina. Recomendaciones de política institucional y agenda legislativa.* Buenos Aires, Universidad de San Andrés-Asociación Civil por la Igualdad y la Justicia, p. 46.

[343] JIMÉNEZ TAPIA, Rafael S. y URBINA MENDOZA, Emilio J. (2021). *Ob. Cit.,* pp. 121-142.

[344] Véase TERNERA BARRIOS, Francisco y MANTILLA ESPINOSA, Fabricio. (2006). "El concepto de derechos reales", en: *Revista de Derecho Privado,* n° 36, pp. 117-139.

[345] Véase sentencia [5, p. 79] de fecha 26 de octubre de 2020 de la Sala de Apelaciones de La Libertad, caso *Clara Elena Vallejos Farfán,* exp. 010-2020. Para la cita de la jurisprudencia peruana sobre extinción de dominio, en adelante, trabajaremos con la compilación elaborada por la PROCURADURÍA GENERAL DEL ESTADO, conjuntamente con el BASEL INSTITUTE OF GOVERNANCE. (2021). *Compendio de Jurisprudencia de*

fueron obtenidos de forma lícita o no. Por tanto, el carácter real de la acción determina ciertas consecuencias que merecen aplicarse de forma proporcional. De allí las razones para acuñar los principios que estudiaremos en la próxima parte de este libro.

- *Cuestionamiento sobre el origen propietario,* debido a que dicho bien puede estar contaminado de ilicitud de origen o por destinación. El Estado, ante cualquier investigación penal, sabiendo que operan principios como la presunción de inocencia y otros, puede tornarse en una ventaja para el delincuente. Pero, al trasladarse el objeto de la investigación del comportamiento de una persona hacia las condiciones objetivas de un bien, la dinámica cambia ya que la propiedad siempre estará condicionada -como lo estudiamos al explicar el interés general- constitucionalmente a cumplir funciones determinadas y determinables. Si esto no ocurre, siempre será entonces legítimamente cuestionada la titularidad del bien, sobre los cuales, en la jurisdicción civil no opera ni la presunción de inocencia ni ninguna otra columna principista del Derecho y proceso penal[346].

Como indica SANTANDER ABRIL[347], un bien en contravía a los valores y principios ético-sociales previstos en la Constitución, en nada cumple el carácter garantista del texto constitucional. La propiedad, desde que se introducen conceptos como "interés general" o "función social", no sólo debe concentrarse con el cumplimiento de los atributos al servicio de la sociedad, sino

---

extinción de dominio. Lima. En las citas, entre corchetes, seguiremos el orden cronológico del compendio seguido de la página donde se recoge la máxima jurisprudencial o la argumentación.

[346] Sobre este punto vale destacar lo expresado en la jurisprudencia de la CORTE CONSTITUCIONAL DE COLOMBIA, en el fallo más conocido en todo el continente, la Sentencia C-740 de fecha 24 de agosto de 2003, donde, se planteó la inconstitucionalidad de la Ley 793 de 2002, ésta última, la que derogaría la primera ley de extinción colombiana, la Ley 333 de 1996. Tal como la citamos en la primera parte de este libro.

[347] SANTANDER ABRIL. Gilmar. (2018). *Ob. Cit.,* p. 116.

también, que los bienes son inseparables del destino mismo de los derechos fundamentales que en su integralidad se conciben en todo el articulado constitucional, tales como los valores constitucionales de la propiedad.

- *El origen ilícito del bien y no culpabilidad del titular. El concepto de "presunción de ilicitud".* Existe en esta característica una peculiaridad de la ED que muchas veces es cuestionada, relativa a la existencia del concepto "presunción de ilicitud" no como contrapartida del principio de presunción de licitud, sino como una de las formas para facilitar probatoriamente el posterior proceso *in rem*. Como indicamos, existen -y lo recalcamos- elementos objetivos para presumir que la compra o titularidad de ciertos bienes no pudieran ser demostrados bajo los parámetros constitucionales y legales de lo lícito. De esta forma, todo bien o derecho real sujeto a la Constitución, será permanentemente verificado para distinguir sus orígenes, pues, como indica la CORTE CONSTITUCIONAL DE COLOMBIA, un bien adquirido de forma "ilícita" *jamás puede consolidar un derecho de propiedad,* ya que:

> "(…) es una acción que está estrechamente relacionada con el régimen constitucional del derecho de propiedad, ya que a través de ella el constituyente estableció el efecto sobreviniente a la adquisición, sólo aparente, de ese derecho por títulos ilegítimos. Esto es así, al punto que consagra varias fuentes para la acción de extinción de dominio y todas ellas remiten a un título ilícito. Entre ellas está el enriquecimiento ilícito, prescripción que resulta muy relevante, pues bien, se sabe que el ámbito de lo ilícito es mucho más amplio que el ámbito de lo punible y en razón de ello, ya desde la Carta la acción de extinción de dominio se desliga de la comisión de conductas punibles y se consolida como una institución que desborda el marco del poder punitivo del Estado y que se relaciona estrechamente con el régimen del derecho de propiedad (…)"[348]

---

[348] CORTE CONSTITUCIONAL DE COLOMBIA, Sentencia C-740 de fecha 24 de agosto de 2003.

En el transcurso de la década que comienza en 2010, una vez puesta a disposición de América Latina la Ley Modelo de Extinción de Dominio de ONUDC, otras jurisdicciones constitucionales han marcado el compás, creando una referencia vinculada al tema probatorio del supuesto origen ilícito que gatilla la acción. La Sala Constitucional de la Corte Suprema de Justicia de Honduras, delimitó exactamente en qué consiste la presunción de "ilicitud". Veamos:

> "(…) el principio de licitud, que establece que los bienes sólo serán reconocidos como legales y lícitos "cuando el titular del dominio acredite que su derecho ha sido originado o adquirido a través de los medios o mecanismos compatibles con el ordenamiento jurídico", artículo éste que en relación con lo señalado en el artículo 7 de la citada ley no contraviene el Estado de Inocencia, porque cuando se habla en este último de Presunción de Ilicitud, esto está referido a las sospechas e indicios, sobre el origen de determinados bienes y que dan pie para iniciar la investigación respectiva, evidentemente la ley da margen al o los propietarios de los bienes bajo sospecha para que puedan acreditar la licitud de los mismos, situación que es compatible con lo apuntado por la Convención de las Naciones Unidas contra el Tráfico Ilícito de Estupefacientes y Sustancias Psicotrópicas (…)"[349]

De esta forma, la presunción de ilicitud se sustenta en la concatenación de indicios creíbles, que en la aplicación del balance de probabilidades se verifique que sea "más probable" que el bien provenga de origen ilícito que lícito. Esta presunción en América Latina posee gradaciones, pues, por ejemplo, en la Ley Orgánica de Extinción de Dominio venezolana, no puede el Ministerio Público basar su demanda de extinción ni en sospechas ni en

---

[349] Corte Suprema de Justicia de la República de Honduras, Sentencia de fecha 14 de noviembre de 2013 (Caso: *Christopher Reyes Gómez y Ana María Hernández Cambar vs. Decreto Legislativo n° 27-2010 contentivo de la Ley de Privación de Dominio de Bienes de Origen Ilícito*).

consideraciones subjetivas del Fiscal, sino en que se posean "elementos de convicción"[350] que facilite la demostración de la

---

[350] Artículo 37 de la Ley Orgánica de Extinción de Dominio de Venezuela. La SALA DE CASACIÓN PENAL DEL TRIBUNAL SUPREMO DE JUSTICIA DE VENEZUELA, en sentencia número 0041 de fecha 23 de febrero de 2022, redefinió en qué consisten esos elementos de convicción y cómo deben emplearse para un proceso penal. También, de la misma Sala, véase sentencia número 461 de fecha 17 de noviembre de 2023. En cuanto el criterio dominante y oficial del MINISTERIO PÚBLICO FISCAL VENEZOLANO, mediante directrices internas (denominadas en Venezuela *Doctrina* del Ministerio Público, Oficio n° DRD-13-14943 de fecha 06 de abril de 2001) "(…) *Los elementos de convicción a los que se refiere el ordinal 3 del artículo 326 del Código Procesal Penal, lo integran el resultado de diligencias practicadas en la fase preparatoria, conducentes a la determinación de los hechos punibles y a la identificación de los autores y partícipes, sirviendo de basamento para solicitar el enjuiciamiento de una persona (…)*". En *Doctrina* del Ministerio Público de fecha 21 de febrero de 2003 (Oficio n° DRD-4-006119) se define también: "(…) *Los elementos de convicción, están conformados por las evidencias obtenidas en la fase preparatoria del proceso ordinario o en el momento de la aprehensión en los casos de flagrancia, que permiten subsumir los hechos en el supuesto de la norma penal sustantiva, y por ende solicitar el enjuiciamiento del imputado (…)*". En *Memorándum* de la Dirección Procesal del Ministerio Público, de fecha 20 de abril de 2004 (*Memorándum n° DRD-14-196-2004*), se estableció una clara diferencia entre los elementos de convicción y los medios de prueba: "(…) *En relación a los elementos de convicción y los medios de prueba ofrecidos en sus escritos de acusación, (…) observa que incurre en el error de confundir los elementos de convicción con los medios de prueba ofrecidos. Los elementos de convicción están conformados por las evidencias obtenidas en la fase preparatoria del proceso ordinario o en el momento de la aprehensión en los casos de flagrancia, que permiten subsumir los hechos en el supuesto de la norma penal sustantiva, y por ende solicitar el enjuiciamiento del imputado, razón por la cual el legislador exige una debida fundamentación. Esa exigencia se concreta, en dar a conocer el aspecto resaltante de cada actuación, que, a juicio del Fiscal, constituye el motivo o circunstancia que la hace relevante a los efectos de la imputación que se realiza, mediante su transcripción en el escrito acusatorio. Por lo tanto, los elementos expuestos y citados deben*

ilicitud. En el Perú, la jurisprudencia ha hecho énfasis en que la presunción estudiada no está relacionada con la presunción de inocencia, pero, la existencia de una actividad probatoria previa por el Ministerio Público debe estar presente a los efectos de establecer el nexo de esos bienes con las actividades ilícitas[351].

- *Separación de las nociones de los "ilícito" de lo "punible".* La misma sentencia C-740 de Colombia nos coloca en la verdadera novedad de la acción, la cual radica, en el desprendimiento absoluto de la acción penal y su proceso. Al descubrirse la debilidad del comiso directo, es decir, la necesaria condenatoria de una sentencia penal definitivamente firme, se comprobó su incapacidad para perseguir patrimonialmente a los bienes. Esta deficiencia técnica, como indica SANTANDER ABRIL[352], vinculaba el proceso penal al comiso, viéndose impedido, bajo cualquier óptica, a la violación al infranqueable principio de presunción de inocencia. En la extinción de dominio, la "ilicitud" no requiere identidad con la "punibilidad", pues, en los derechos reales es aceptado que ciertos bienes y sus características, o, mejor dicho, ciertas maneras de aprovechamiento, los conviertan en ilícitos como ha ocurrido muchas veces en el Derecho urbanístico. Por ello que la propiedad siempre es abordada como un derecho que, para su configuración, es necesario previamente demostrar que se inserta dentro del concepto de orden público económico o bajo la

---

concatenarse entre sí, de manera que pueda apreciarse claramente su coherencia, estableciéndose de modo claro la relación entre éstos y los hechos previamente narrados, mediante la manifestación expresa de los razonamientos utilizados para establecer tal vinculación. Una inadecuada fundamentación podría generar dudas, tanto en la debida calificación del delito por el cual se acusa, así como en la responsabilidad del imputado (…)".

[351] Véase Sentencia [27, p. 438] de fecha 13 de marzo de 2020, Juzgado especializado de extinción de dominio de Lima, exp. 00051-2019-0-5401-JR-ED-01.

[352] SANTANDER ABRIL. Gilmar. (2018). *Ob. Cit.,* p. 114.

cláusula social prevista en todas las Constituciones. Así, pierde la propiedad ese sabor quiritario y civilista como un derecho absoluto (*dominum ex iure quiritum*) hasta el punto de transformarse en un concepto que tradicionalmente, hasta los civilistas, lo consideran "elástico" debido a la cada vez más estrecha interrelación entre el Derecho público sobre el Derecho de bienes[353].

- *La desproporción patrimonial.* El otro elemento configurador, que quizá comparta con el decomiso sin condena, es la comprobación en los indicios de la debida existencia de una desproporción patrimonial del titular aparente o en la conexión objetiva del bien bajo una conducta incuestionablemente ilícita (reprochable, punible o no) bajo investigación. Esto es sencillamente la comprobación de la legitimidad patrimonial del bien, que, debería resultar sin mayores cortapisas al responder la pregunta capital: *¿Cómo se obtuvo el bien?*

- *La imprescriptibilidad de la acción.* Es quizá uno de los elementos polémicos de la extinción de dominio, hasta el punto de que, algunos países como Ecuador y México se han pronunciado al nivel de las Cortes Constitucionales para proscribir la imprescriptibilidad de la acción, tachándola de "inconstitucional". No vamos a abordar en esta oportunidad los pormenores argumentales judiciales de ambos países para ir en contravía de la tendencia general continental. Ya lo hemos hecho en otra oportunidad, a lo cual remitimos al lector[354]. La imprescrip-

---

[353] Al respecto, véase MAZEAUD, Henry; León y Jean. (1960). *Lecciones de Derecho civil.* Buenos Aires, Ediciones EJEA, Parte I, Tomo I: Introducción al estudio del Derecho Privado. Derecho objetivo, Derechos subjetivos, p. 44. También, COMPORTI, Marco. (1984). "Ideologia e norma nel diritto di proprietá", en: *Rivista Diritto Civile,* anno XXX, Parte Prima, pp. 56 y ss.

[354] Véase URBINA MENDOZA, Emilio J. (2023). "Las variantes jurisprudenciales en América Latina y su propuesta alternativa y/o de oposición a la versión colombiana en contenidos sobre extinción de dominio.

tibilidad, según la teoría general de la prescripción[355], está vinculada estrechamente al concepto de derecho subjetivo en su faceta extintiva donde es necesario precisar la naturaleza jurídica de la institución o concepto sometida a la imprescriptibilidad. De allí la importancia, casi imprescindible, que se defina la respuesta al ¿qué es? en cuanto a la extinción de dominio. Si la calificamos como una consecuencia *sui generis* de naturaleza penal, entonces, regirá sobre ella las regulaciones y principios de la prescripción de la acción penal, donde, su contrapartida -la imprescriptibilidad- obligatoriamente estaría sujeta a las limitantes expresas tanto del texto constitucional como de los valores constitucionales presentes en cada Nación.

Si, por el contrario, encuadramos como una institución adjetivamente civil, entonces, operarán sobre ella diferentes formas de ver la excepción de imprescriptibilidad, pues, para el Derecho de las obligaciones tiene un tratamiento diferenciado con respecto al Derecho de bienes. Así, la imprescriptibilidad de la acción de extinción de dominio está vinculada al carácter de las sentencias, que al ser mero-declarativas, no crean derechos ni mucho menos "los extinguen", así nominativamente hagamos uso

---

Reflexiones críticas", en: *Revista Venezolana de Legislación y Jurisprudencia,* n° 21 (enero-junio 2023), pp. 193-214.

[355] Aunque pueda lucir cuestionable, el constitucionalismo occidental ha construido toda una estructura teórica en torno al concepto de prescripción, ésta, heredada desde los propios albores del Derecho romano y matizada por la dogmática jurídica moderna. Sin entrar a revisar sobre la prescripción como forma de extinguir un derecho subjetivo (prescripción en el derecho de las obligaciones) o de constituirlo (usucapión en el derecho de bienes), es necesario centrarnos en el carácter procesal siguiendo la característica de calificar a la extinción de dominio como una *actio in rem*. Para más detalles, véase PEÑA-HUERTAS, Roscio del P.; TERNERA-BARRIOS, Francisco y RUÍZ-GONZÁLEZ, Luis Enrique. (2019). "Baldíos, teorías de la propiedad y altas cortes de Colombia", en: *Revista Jurídicas,* n° 16 (1), pp. 28-41. DÍEZ-PICAZO, Luis. (2007). *La prescripción extintiva en el Código civil y en la jurisprudencia del Tribunal Supremo,* Navarra, Cizur Menor-Thomson Civitas.

del término "extinción de dominio"[356]. La sentencia de extinción de dominio establece que el derecho de propiedad, una vez verificada la ilicitud de origen de los bienes afectados, *"jamás se consolidó ni verificó"*, visto que su adquisición o empleo posterior fue contraria al régimen constitucional y legal de la propiedad[357].

CHIOVENDA indica que las acciones que son de mera declaración -como es la extinción de dominio-, lo que se solicita a la autoridad judicial es que, por decisión con cosa juzgada, se establezca la "certeza" ante la falta de esta[359], en este caso, para dilucidar si un bien es de origen o derivación "lícita" o "ilícita". Como bien lo ha definido la SALA CONSTITUCIONAL DEL TRIBUNAL SUPREMO DE JUSTICIA de Venezuela, con una sentencia:

"(…) de naturaleza mero-declarativa, se circunscribe a la obtención del reconocimiento por parte de un órgano de administración de justicia, de la existencia o inexistencia de un vínculo jurídico o derecho, pero sin que tal fallo sea condenatorio por esencia. Lográndose, en consecuencia, la protección a la posible lesión que pueda sufrir un derecho o vínculo jurídico en virtud del desconocimiento o duda de su existencia (…)"[360]

---

[356] Al respecto, véase SOLÓRZANO, Oscar.; CHENG, Dennis y GUIMARAY, Erick. (2022). *Retrospectividad e imprescriptibilidad en la extinción de dominio.* Basilea, International Centre for Asset Recovery-Basel Institute on Governance, pp. 1-14.

[357] El artículo 6, *in fine*, de la LOED venezolana, contempla esta oración, obligándose el juez a verificar la ilicitud o no de las formas de adquisición del bien sometido a proceso judicial de extinción.

[359] CHIOVENDA, Giuseppe. (1949). *Ensayos de Derecho Procesal Civil.* Buenos Aires, Bosch Editores, traducción de Santiago Sentís Melendo, Tomo I, p. 143.

[360] TRIBUNAL SUPREMO DE JUSTICIA DE VENEZUELA/SALA CONSTITUCIONAL. Sentencia número 904 de fecha 14 de mayo de 2007 (Caso: *Quinta Urbina*

Este tipo de acciones, entonces, nunca prescribe[361], y máxime, si está de por medio la verificación a una lesión del interés general al sistema patrimonial que asiste al derecho de propiedad, cuando ésta haya sido obtenida a través de medios que violenten los valores constitucionales de la propiedad, sobresaliendo, la conculcación al principio legitimador de que sólo se reconoce el derecho de propiedad cuando ha sido obtenida de forma "lícita" y el empleo de sus atributos (usar, gozar y disponer) han vigilado permanentemente el interés general.

- *La retroactividad y retrospectividad o atemporalidad de la acción.* Otro de los componentes más polémicos en la extinción de dominio, se relaciona a los efectos y validez de los actos en el tiempo, calificándose a la ED como "atemporal". Específicamente mencionamos la retroactividad y retrospectividad de la acción. Con respecto a la primera, debe entenderse como aplicación de una norma sobre situaciones ocurridas bajo el amparo de una ley anterior[362]. Siendo más específicos, habría que formularse la pregunta de la siguiente manera: ¿entran a ser regulados hechos calificados como "ilícitos" que se sucedan antes de la entrada en vigor de la Ley que contempla la extinción de dominio?

Como en principio, por disposición constitucional, está vedado debido al principio de seguridad jurídica; sin embargo, se permite transgredirlo siempre y cuando la nueva ley sea de naturaleza penal

---

Bienes Raíces, C.A. vs. Ministerio del Ambiente y Recursos Naturales Renovables).

[361] TRIBUNAL SUPREMO DE JUSTICIA DE VENEZUELA/SALA DE CASACIÓN CIVIL. Sentencia número RC000652 de fecha 07 de noviembre de 2003 (Caso: *Volney Fidias Robuste vs. Banco Consolidado (Corp. Banca, C.A.).*

[362] Al respecto, véase BELLO GORDILLO, Christián y POLAINO NAVARRETE, Miguel. (2020). M. *La ley penal en el tiempo: fundamento, alcances y límites.* Barcelona, J.M. Bosch Editor. DÍAZ AZNARATE, M. T. (2002). *Teoría general de la sucesión de normas en el tiempo: (una reflexión crítica sobre los principios ordenadores de la eficacia temporal de las leyes).* Valencia, Editorial Tirant Lo Blanch.

más beneficiosa al reo[363]. Ya sabemos que la extinción de dominio no es una ley penal, aunque pueda contemplar algunos conceptos propios para procesos penales, como es el uso de la tipicidad como conducta reprochable que transforma un hecho de adquisición patrimonial en "actividad ilícita".

Esto implica verificar, como ha sostenido la jurisprudencia del Perú, la denominada *teoría de los hechos cumplidos*[364]. Bajo este amparo teórico se sostiene que todo hecho o acto jurídico (formal y material), así como sus efectos, deben someterse a la ley que regía al tiempo en que el hecho se materializó[365]. Generalmente esos defectos conllevan a la tesis de los derechos adquiridos, que es la frontera final para evitar la retroactividad.

En el caso de la extinción de dominio no es más que el supuesto derecho de propiedad, que, para muchos, este se entiende como irrevocablemente conferido al momento de adquirirse, así la nueva ley no los considere como tal o en su defecto, califique nuevas hipótesis sobre lo que debe considerarse como "lícita o ilícitamente adquirida". Esta defensa siempre ha sido opuesta en juicios, e inclusive, en la doctrina luce hasta plausible para aquellos que siempre han estado en contra de la extinción de dominio. Sin embargo, debemos partir de lo expuesto en las páginas precedentes, sobre la inexistencia del derecho de propiedad una vez verificada la ilicitud en su origen (valores constitucionales de la propiedad). Como bien ha definido la jurisprudencia colombiana, no es posible aplicar la *excepción de retroactividad,* típica defensa dilatoria, ya que, esos supuestos derechos de propiedad siempre fueron

---

363   Artículo 24 de la Constitución de 1999 de la República Bolivariana de Venezuela.

364   Sentencia [02, p. 30] de fecha 27 de octubre de 2020, Sala de Apelaciones de Arequipa, exp. 0004-2020-43-0401-SP-ED-01.

365   Para más detalles, véase CAJARVILLE PELUFO, Juan. (2014). "Retroactividad de las normas jurídicas. Reflexiones provisorias", en: *Revista de Derecho Público* (Uruguay), n° 46, pp. 7-45.

aparentes[366], con títulos de la misma característica, siendo así imposible configurar un derecho adquirido de propiedad a quien se le cuestiona su origen.

En cuanto al otro elemento, la *retrospectividad*, señala la jurisprudencia peruana en qué consiste:

> "(…) de esta regulación se desprende lo que en la doctrina se denomina "el principio de retrospectividad" que tiene como finalidad regular y develar derechos que no nacieron a la vida jurídica, no existiendo objeto sobre el cual pueda haber recaído la protección del sistema jurídico o si la tuvo la perdió, puesto que no son bienes obtenidos con justo título o no están destinados a fines compatibles con el ordenamiento jurídico (…)"[367]

De esta sentencia nos interesa dos notas para entender en qué consiste la retrospectividad. La primera, que un bien cuyo origen es ilícito jamás generará derecho alguno, ni siquiera intereses por los que procesalmente pueda obtenerse legitimación a nivel procesal. Segundo, la "ilicitud" se asocia con el concepto omnicomprensivo de estar fuera de aquello que legalmente está permitido dentro de un Estado social de Derecho.

Como hemos explicado al hacer la calificación de la acción de extinción de dominio como de naturaleza civil "mero declarativo", dentro de la teoría chiovendana, partimos que el proceso ni elimina la propiedad al titular aparente ni mucho menos constituye la misma al Estado. Pasa a manos del Estado no para que éste luzca como un flamante propietario, cual estatizador solapado, sino que en cumplimiento de sus funciones como garante de lo público y actor fundamental en la aplicación de las potestades de corrección patrimonial constitucional, es el encargado de disponer de dichos

---

[366] CORTE CONSTITUCIONAL DE COLOMBIA, Sentencia C-740 de fecha 24 de agosto de 2003.

[367] Sentencia [02, p. 30] de fecha 27 de octubre de 2020, Sala de Apelaciones de Arequipa exp, 0004-2020-43-0401-SP-ED-01.

bienes para reinsertarlos en el sistema económico una vez "limpios" de todo vicio de ilicitud. De esta manera, se realinean con los valores constitucionales de la propiedad.

Todas estas características confluyen en mayor o menor medida en las diferentes "extinciones de dominio" que pueden encontrarse en los 11 países latinoamericanos, que para 2024, han incorporado en su legislación a este instituto de corrección patrimonial. Dependiendo de su interacción, podremos encontrar la identidad de tres modelos o tesis presentes.

Las primeras hemos denominado la *tesis dominante*, que lo representa Colombia y los países con influencia directa del concepto neogranadino. Las segundas tesis son las *contrarias al esquema colombiano*, es decir, aquellos países que han decidido negar elementos característicos de la extinción de dominio o mitigarlos, como es el caso de Ecuador y México, y en la misma vía, parece dirigirse el Perú[368]. El tercer grupo lo conforman los países que han asumido el modelo colombiano en esencia, pero han adicionado características que potencian el esquema dominante de Colombia, hasta el punto de formular propuestas que no confrontan con el modelo colombiano, pero sí lo desafían para transformarse en el futuro referente. Son las llamadas naciones "*desafiantes*".

---

[368] Para el momento en que cerramos la edición de este libro, la Defensoría del Pueblo del Perú ha introducido una demanda de inconstitucionalidad del *Decreto Legislativo 1373 de 2019* ante el TRIBUNAL CONSTITUCIONAL DEL PERÚ, que contiene la regulación de la extinción de dominio en la nación altiplánica. La solicitud prácticamente va en la misma dirección a lo suscitado en el Ecuador en 2021, hasta el punto que, parte de los argumentos esgrimidos por la Defensoría son la mención expresa al recurso de inconstitucionalidad que eliminara en Ecuador la retroactividad e imprescriptibilidad de la acción.

1. *El modelo prototípico colombiano*

Como indicamos, articular la extinción de dominio como versión original latinoamericana es hacer referencia en esencia del Derecho colombiano al que se le debe este nominativo, y por el cual, no hablemos en nuestro continente de leyes de decomiso sin condena o civil. Las principales características de la extinción de dominio (*actio in rem*, cuestionamiento del origen propietario, ilicitud del bien y no culpabilidad del titular, la desproporción patrimonial, la imprescriptibilidad procesal, la buena fe calificada, la retroactividad y retrospectividad; así como, el estándar probatorio basado en el balance de probabilidades y carga dinámica de la prueba) fueron en su momento originadas desde la legislación y jurisprudencia colombiana[369].

El origen de la extinción de dominio proviene de la legislación colombiana agraria de 1936 como apunta SANTANDER ABRIL[370]. En este contexto se extinguía el "dominio" sobre el fundo si el propietario contravenía sus funciones constitucionales, empleando el inmueble para actividades no cónsonas con el régimen de suelo productivo. Este mecanismo será adaptado como instrumento punitivo cuando el Gobierno Colombiano del presidente César GAVIRIA TRUJILLO, dicta el Decreto 2790 de 1990, en el cual se creaba el denominado *Estatuto para la defensa de la Justicia para el orden público*.

Este Decreto tipificó por primera vez la extinción de dominio en el ámbito que se le conoce en nuestros días, sobre aquellos bienes incautados u ocupados en lo que se denominó la "jurisdicción de orden público"[371]. Sin embargo, esta tipología primigenia de extinción de dominio solo operaba:

---

[369] JIMÉNEZ TAPIA, Rafael S. y URBINA MENDOZA, Emilio J. (2021). *Ob. Cit.*, p. 144-145.

[370] SANTANDER ABRIL, Gilmar. (2018). *Ob. Cit.*, p. 114.

[371] SANTANDER ABRIL, Gilmar. (2018) *Ob. Cit.*, p. 71.

"(…) En realidad, se establecía una extinción de dominio para los casos de abandono de bienes o contumacia de los titulares de los derechos sobre bienes afectados, pues esta primera forma de extinción de dominio no se sustentaba en un presupuesto sustancial o causal, pues partía de una presunción tácita de que los bienes sobre los cuales recaía, habían sido incautados u ocupados por ser producto, medio o instrumento de algún delito de competencia de la jurisdicción de orden público, y atribuía la consecuencia jurídica de la extinción de dominio por el transcurso del tiempo y por la inactividad del interesado (…)"[372]

Nótese que más que una figura autónoma, su incorporación en estos primeros estadios del ordenamiento de extinción de dominio, lo ubicaba *como una consecuencia ante inactividad de la parte afectada*, es decir, operaba más cercano al concepto de prescripción extintiva a favor del Estado que como lo conocemos hoy en día como comprobación de la "licitud" de origen del bien. Tras varias décadas de evolución, es innegable que la extinción de dominio sirvió para mejorar la gobernabilidad en Colombia[373]. Es importante destacar, que, a pesar de haberse introducido como un mecanismo de legislación propia de estado de excepción, nunca se les formularía reparos por inconstitucionalidad antes de su consagración formal en la nueva Constitución colombiana estrenada en 1991.

La Justicia Constitucional Colombiana, en específico, su Corte Constitucional ha moldeado a lo largo de 33 años la extinción de dominio en la nación neogranadina. Por eso partimos por diferenciar a Colombia del resto de naciones, que más allá de haber sido quien introduce en su legislación (agraria) la extinción de

---

[372] *Ibídem.*

[373] Al respecto, véase MARTÍNEZ SÁNCHEZ, Wilson A. (2016). *La extinción de dominio en el posconflicto colombiano. Lecciones aprendidas de Justicia y Paz.* Bogotá, Ministerio de Justicia y del Derecho-Oficina de las Naciones Unidas contra la Droga y el Delito.

dominio (1936), fue la primera que lo elevó a rango constitucional en 1991, quizá, para evitar cualquier duda en cuanto a sus componentes (*vgr*. retrospectividad e imprescriptibilidad) que siempre han sido cuestionados por el constitucionalismo tradicional latinoamericano.

La jurisprudencia de la CORTE CONSTITUCIONAL DE COLOMBIA en extinción de dominio debe estar por el orden del doble millar de fallos, muchos de ellos, piezas de análisis y ejemplo sobre cómo una correcta Justicia constitucional adopta y moldea una institución donde están en juego no sólo el derecho de propiedad, sino también, el sistema de protección patrimonial, columna vertebral del desarrollo socioeconómico de una nación.

En primer lugar, sería la CORTE CONSTITUCIONAL DE COLOMBIA quien establecerá unos parámetros provisionales, sobre todo de carácter procesal, entre 1991 y 1996, antes de la aprobación de la primera ley sobre extinción de dominio (Ley 333 de 1996)[374]. Influirá la Corte en la aplicación y recta interpretación de este instrumento legal, así como, con la polémica Ley 793 de 2002[375] y

---

[374] Ley 333 de 1996, de diecinueve de diciembre, mediante el cual se establece las normas de extinción de dominio sobre los bienes adquiridos de forma ilícita. La Corte Constitucional sirvió para armonizar reglas que parecían enfrentarse, en específico, las provisionales contempladas en el Código de Procedimiento Penal de 1991 (Decreto 2700) y las de la propia Ley 333.

[375] Sobre esta ley existe la más paradigmática decisión de la Justicia Constitucional Colombiana, como lo apuntamos, en extinción de dominio, y es la sentencia C-740 de la CORTE CONSTITUCIONAL DE COLOMBIA de fecha 28 de agosto de 2003 (Caso: *Pedro Pablo Camargo vs. Ley 793 de 2002*). La hemos transcrito -in toto- en los anexos del presente libro para la fácil consulta del lector.

sus modificaciones puntuales, hasta allanar el camino del actual Código de Extinción de Dominio de 2014[376], modificado en 2017[377].

En segundo lugar, la jurisprudencia constitucional establecerá las pautas y zanjaría los puntos polémicos relativos a las tensiones con el derecho de propiedad y su diferenciación en cuanto al origen y atributos; valores y componentes. De igual forma, determinó la justicia constitucional, los fundamentos sobre la separación de la dimensión sustantiva de la adjetiva de la extinción de dominio.

Son múltiples las decisiones de la CORTE CONSTITUCIONAL DE COLOMBIA que ha introducido variantes y rasgos característicos de la extinción de dominio. Sin embargo, la más emblemática es la sentencia C-740 de fecha 28 de agosto de 2003 (Caso: *Pedro Pablo Camargo Vs. Ley 793 de 2002*), sobre la cual, se ha erigido los precedentes del resto de sentencias del máximo intérprete judicial de la Constitución en la nación neogranadina.

En relación con el concepto de *actio in rem*, médula de la esfera procesal de la ED, tenemos:

"(…) es una acción que está estrechamente relacionada con el régimen constitucional del derecho de propiedad, ya que a través de ella el constituyente estableció el efecto sobreviniente a la adquisición, solo aparente, de ese derecho por títulos ilegítimos. Esto es así, al punto que consagra varias fuentes para la acción de extinción de dominio y todas ellas remiten a un título ilícito. Entre ellas está el enriquecimiento ilícito, prescripción que resulta muy relevante, pues bien, se sabe que el ámbito de lo ilícito es mucho más amplio que el ámbito de lo punible y en razón de ello, ya desde la Carta la acción de extinción de dominio se desliga de la comisión de conductas

---

[376] Ley 1708 de 2014 mediante el cual se crea el Código de Extinción de Dominio.

[377] Ley 1849 de 17 de julio de 2017, mediante el cual se reforma el Código de Extinción de Dominio.

punibles y se consolida como una institución que desborda el marco del poder punitivo del Estado y que se relaciona estrechamente con el régimen del derecho de propiedad (…)"[378] (subrayado original del fallo)

Esta sentencia también decidirá aspectos sobre las razones por las cuales se separa la noción de "ilicitud" de "punibilidad", hasta el punto de fundamentar que:

"(…) el ordenamiento jurídico colombiano sólo protege el dominio que es *fruto del trabajo honesto y por ello el Estado,* y la comunidad entera, alientan la expectativa de que se extinga el dominio adquirido mediante títulos ilegítimos, pues a través de tal extinción se tutelan intereses superiores del Estado como el patrimonio público, el Tesoro público y la moral social (…)"[379] (cursivas nuestras).

Y prosigue la Corte en dicho fallo C-740, sobre el tratamiento de la retroactividad de la acción:

"(…) Tratándose de una acción constitucional orientada a excluir el dominio ilegítimamente adquirido de la protección que suministra el ordenamiento jurídico, no pueden configurarse límites temporales, pues el solo transcurso del tiempo no tiene por qué *legitimar un título viciado en su origen y no generador de derecho alguno.* Mucho más si aún bajo el régimen constitucional anterior no fue lícita la adquisición del dominio de los bienes.

El supuesto según el cual sólo se pueden adquirir y mantener derechos procediendo de acuerdo con el ordenamiento jurídico y no contra él, impone que el dominio ilícitamente adquirido no pueda convalidarse en ningún tiempo, pues, de lo contrario,

---

[378] CORTE CONSTITUCIONAL DE LA REPÚBLICA DE COLOMBIA. Sentencia C-740 de fecha 28 de agosto de 2003 (Caso: *Pedro Pablo Camargo Vs. Ley 793 de 2002*).

[379] *Ibídem.*

de fijarse plazos para el ejercicio de la extinción de dominio, para desvirtuar ese supuesto bastaría con mantener ocultos los bienes ilícitamente adquiridos por el tiempo necesario para la improcedencia de la acción, *con lo que se legitimaría un título viciado en su momento originario*. De allí que el Estado se halle habilitado para perseguir el dominio ilícitamente adquirido sin consideración a la época de la ocurrencia de la causal que lo originó, pues ello equivaldría a establecer un saneamiento no previsto por el constituyente (…)" (cursivas nuestras)

Son cientos de sentencias de la jurisdicción especializada de extinción de dominio, que por el contexto de este trabajo no vamos a ventilar sobre la jurisprudencia colombiana, sino, será en otro libro que estamos preparando sobre las grandes decisiones latinoamericanas sobre extinción de dominio. Sin embargo, sí debemos adelantar una situación atípica en el modelo colombiano. Hacemos referencia a la integración de esa jurisdicción especializada dentro de la esfera procesal penal. Es decir, en Colombia, los tribunales especializados son tribunales penales, siendo una fuente de polémicas por la incompatibilidad de los principios procesales civiles con los penales. Esto siempre trae equívocos al estudiarse la primera de las justicias patrimoniales de América Latina, pues, siempre resultará un trabajo adicional para el juez penal el conocimiento del proceso civil y sus peculiares características.

2. *El modelo de ONUDC 2011*

En el mes de abril de 2011, la Oficina de las Naciones Unidas contra la Droga y el Delito, publica la *Ley Modelo sobre Extinción de Dominio* (LMEDO). Como producto de conocimiento, este texto se desarrolló en el marco del *Programa de Asistencia Legal para América Latina y el Caribe*. Como indica su propia exposición de motivos, la LMEDO se construyó como una nueva herramienta práctica que facilita la lucha contra la droga, el crimen organizado, la corrupción y el terrorismo, es decir, se enfocó hacia el verdadero espíritu de las acciones patrimoniales del decomiso sin condena: *combatir la delincuencia económica 2.0.*

La LMEDO recogió prácticamente la experiencia colombiana, desprendiéndola de aquellos elementos propios del sistema jurídico neogranadino para hacerlo más compatible con los Estados que abrazaran el proyecto. Como bien ha indicado la exposición de motivos, a lo largo de una década se ha ido actualizando "periódicamente", más que nada por la jurisprudencia constitucional en los países donde ha sido recibido. En septiembre de 2021, nos correspondió trabajar en el equipo de las jornadas conmemorativas a la primera década de LMEDO, presentando un documento que intitulamos *"La influencia de la justicia constitucional en la extinción de dominio"*[380].

Su estructura contiene nueve (09) capítulos, cada uno de ellos trasladados de la experiencia colombiana dominante como en doctrina se le conoce[381]. El articulado recoge aspectos fundamentales de la extinción de dominio como es la definición de "actividad ilícita" que la identifica como *"toda actividad tipificada como delictiva"* y *"cualquier actividad que el legislador considere susceptible de aplicación de esta ley"*[382]. El número abierto responde también a la inspiración del único aparte del artículo 34 de la Constitución colombiana de 1991 que califica que todo aquello que implique *"(…) grave deterioro de la moral social (…)"*, legitima las acciones de extinción de dominio.

---

[380]   https://www.unodc.org/peruandecuador/es/noticias/2021/10-aos-de-la-ley -modelo.html También, véase https://www.unodc.org/colombia/es/unodc-conmemora-los-10-anos-de-la-ley-modelo-de-la-extincion-de-dominio. html#:~:text=UNODC%20conmemora%20los%20diez%20años,24%20d e%20septiembre%20de%202021.

[381]   Véase SOLÓRZANO, Oscar; CHENG, Dennis y GUIMARAY, Erick. (2021). *Retrospectividad e imprescriptibilidad en la Extinción de dominio.* Basilea, Basel Institute on Governance-International Centre for Asset Recovery.

[382]   Artículo 1, literal a. de la LMEDO.

En este punto, y quizá como uno de los elementos positivos, Venezuela en su LOED, se separó de la tesis abierta para abrazar el modelo de extinción de dominio más restrictivo de toda América Latina[383], pues, solo puede proceder cuando los bienes sean adquiridos o destinados ilícitamente en casos de corrupción, delincuencia organizada, financiamiento del terrorismo, legitimación de capitales y tráfico ilícito de sustancias estupefacientes y psicotrópicas.

La LMEDO recoge los aspectos más polémicos de la extinción de dominio, como son la retroactividad, retrospectividad e imprescriptibilidad de la acción. Estos elementos, además de ser difíciles de asimilar en buena parte de los sistemas del *civil law*, son el mérito que facilita la efectividad y razón de existir de la extinción de dominio. De nada sirve contemplar un mecanismo constitucional de corrección patrimonial si éste no puede hacer su trabajo en cualquier tiempo, inclusive, antes de su entrada en vigor. Debemos recordar que la interposición de la denominada *excepción de retroactividad*, sólo opera para leyes punitivas que contemplan penas o sanciones.

Al respecto debemos recordar que la extinción de dominio ni es una pena ni mucho menos una sanción, así, voces autorizadas la hayan calificado como confiscación sancionatoria. La acción de extinción de dominio va dirigida hacia los bienes no hacia las personas, ni siquiera, contra los titulares aparentes.

Uno de los aspectos que fueron resaltados en las jornadas conmemorativas a la primera década de la LMEDO, fue una propuesta de conversión de "Ley Modelo" hacia "Protocolo de seguimiento de extinción de dominio". Para el año 2011 cuando se aprobó el instrumento latinoamericano, apenas Colombia, Guate-

---

[383] Al respecto del modelo venezolano, véase URBINA MENDOZA, Emilio J. (2023). "El modelo civil propio de la extinción de dominio en Venezuela. Desafíos y complementos", en: *Revista Venezolana de Legislación y Jurisprudencia,* n° 22 (julio-diciembre), pp. 193-214.

mala, Honduras y México poseían legislación de extinción de dominio. Para septiembre de 2021, estaban excluidos de la extinción de dominio Nicaragua, Costa Rica, Cuba, Haití, Panamá y Venezuela. Los casos de Brasil, Paraguay y Uruguay se excluyen por cuanto han decidido acogerse al régimen de los Acuerdos de Lenidad y otras formas de corrección patrimonial, aunque Brasil se encuentra haciendo la revisión, por vía de enmienda constitucional, para introducir la extinción de dominio tan igual como Colombia y México que la reconocen con rango constitucional expreso. Para 2024, sólo Nicaragua, Costa Rica, Cuba, Haití y Panamá no contemplan legislación de extinción de dominio.

Ante la cada vez más reducida lista de países sin el instituto, proseguir con una ley modelo sería más bien contraproducente, pues, implicaría mantener estancada la concepción de extinción de dominio en la fotografía de 2011 cuando se aprobó la LMEDO. Esta dinamicidad se palpa en un aspecto crucial para el tema bajo análisis, y no es más que la ausencia en la LMEDO de la base por excelencia de la probática en extinción de dominio: *el balance de probabilidades* y la *carga dinámica de la prueba*[384]. Sólo hace referencia reglas de valoración de la prueba a través de la "sana crítica"[385], ésta última, sin más valor para un proceso calificado de naturaleza civil patrimonial.

Aunque estamos contestes que la regulación probatoria corresponde más que a una ley modelo supranacional a la reserva legal de cada Estado, la jurisprudencia comparada latinoamericana a lo largo de los últimos 15 años ha comprobado la necesaria incorporación en la extinción de dominio pues son una suerte de mecanismos de "(…) *equilibrio procesal, que impide, por un lado,*

---

[384]   JIMÉNEZ TAPIA, Rafael S. y URBINA MENDOZA, Emilio J. (2021). *Ob. Cit.,* pp. 139-144.

[385]   Artículo 34 de la LMEDO.

*implementar un juicio sin las garantías al debido proceso, y por el
otro, una efectividad probatoria necesaria ante la ausencia de una
sentencia penal condenatoria (…)*"[386].

Otro de los aspectos del modelo de extinción de dominio de
ONUDC, es el programa de asistencia para aquellos países que
deciden acogerse tanto para la formación como para la aplicación
de la legislación sobre el instituto[387].

En este orden de ideas, relativa a ONUDC, en mayo de 2021 la
ASAMBLEA GENERAL DE LAS NACIONES UNIDAS exhortó a todos
los Estados que integran su seno, para la aceptación e incorporación
de las diferentes figuras de persecución patrimonial contra el
enriquecimiento ilícito, tal como se puede leer en la Resolución de
28 de mayo de 2021[388]:

"(…) 40. We will adequately address requests based on non-
criminal proceedings, *including civil, administrative non-
conviction-based proceedings*, as well as those related to
information concerning unexplained assets held by public
officials, where appropriate and consistent with domestic legal
systems and applicable international obligations, with a view
to, inter alia, strengthening global efforts to prevent corruption,
sanctioning acts of corruption and corruption-related offences
and recovering and returning proceeds of these offences in
accordance with the Convention.

---

[386]　AGUADO CORREA, Teresa. (2014). "Comiso: crónica de una reforma
anunciada. Análisis de la propuesta de Directiva sobre embargo y
decomiso de 2012 y del Proyecto de reforma del Código Penal de 2013",
en: *In Dret: Revista para el análisis del Derecho*, n° 1, p. 41.

[387]　Véase https://www.unodc.org/unodc/es/frontpage/2017/November/la-unodc
-capacita-sobre-prdida-de-dominio-de-bienes-vinculados-al-narcotrafico-
en-el-marco-de-las-convenciones-de-naciones-unidas.html

[388]　ASAMBLEA GENERAL DE LAS NACIONES UNIDAS. *Resolución* A/S-32/L.1,
*Draft resolution submitted by the President of the General Assembly. Our
common commitment to effectively addressing challenges and implementing
measures to prevent and combat corruption and strengthen international
cooperation.* Nueva York, 21 de mayo de 2021, párrafos 40 y 47.

47. We commit to using the available tools for asset recovery and asset return, in accordance with domestic law, such as conviction-based and *non-conviction-based confiscation*, as well as direct recovery mechanisms as outlined in chapter V of the Convention, and to sharing knowledge on and continuing to discuss and develop innovative modalities to clarify and improve mutual legal assistance processes in order to more efficiently advance asset recovery proceedings and render them more successful. We recognize that the best and most adequate use of each legal remedy must be determined by the competent authorities on a case-by-case basis and is dependent on domestic law requirements. (…)" (cursivas nuestras)

Este compromiso de todos los Estados pronto incidirá en la concreción global, en un marco no mayor de cinco años (2026) para que todas las Naciones del orbe cuenten con legislación sobre decomiso sin condena o extinción de dominio. De esta manera, podemos concluir en este punto, que estamos en presencia de una institución de carácter global que más allá de concebirse como un único instituto, estamos en presencia de diferentes modelos, cada uno, acondicionado a las exigencias de la Constitución y legislación interna de los Estados.

3. *Los modelos "desafiantes" civiles*

La presencia de "modelos" sobre extinción de dominio ha permeado en América Latina. Si bien la versión dominante colombiana sigue influyendo en la construcción del instituto en nuestros países, ya se puede palpar voces "desafiantes" a la horma neogranadina. Inclusive, en 2021 aparecieron las primeras versiones negacionistas de algunos atributos característicos de la extinción de dominio, como es el caso de Ecuador y México, quienes no han eliminado la figura, pero, la han debilitado restringiendo algunos de sus componentes esenciales como veremos.

También ocurrió en Venezuela con la sentencia número 315 de fecha 28 de abril de 2023 dictada por la SALA CONSTITUCIONAL DEL TRIBUNAL SUPREMO DE JUSTICIA.

Venezuela al día siguiente de la sanción de la LOED, se apartó del núcleo duro y la naturaleza jurídica de la extinción de dominio, otorgándole unos elementos que en nada se asocian con ninguno de los modelos estudiados, ni siquiera, con el modelo más restrictivo penal contenido en las Directivas 2014/42/UE y 2024/1260 que analizamos cuando abordamos el decomiso sin condena en Europa; o bien, su par prototípico colombiano.

Al argumentar la Sala sólo se dedica a comentar casi exegéticamente los artículos fundamentales de la ley, repitiendo un razonamiento que no es cónsono con el control sobre la organicidad del texto, específicamente:

"(…) Efectivamente, en el caso de la Ley Orgánica de Extinción de Dominio, el legislador ha querido desarrollar el derecho constitucional a la protección patrimonial y de otros intereses del Estado, habida cuenta de que éste constituye un derecho irrenunciable con clara incidencia en el resto de los derechos fundamentales, debido a que tiene la obligación indeclinable de tomar todas las medidas necesarias y apropiadas, frente a situaciones que constituyan amenaza, vulnerabilidad o riesgo para la integridad patrimonial de la República y sus propiedades, instituyendo un elemento de suprema importancia para el desenvolvimiento y la correcta administración de todos los bienes que quedarán bajo la administración del órgano especializado en virtud de la adopción vía cautelar, de acuerdo con los principios de eficiencia y transparencia de la función pública.

En razón de ello, esta Ley no puede menos que situarse en el orden de la jerarquía orgánica de las leyes de la República, según se subsume en la categorización que instruye la Constitución de la República Bolivariana de Venezuela en su artículo 203, conforme al análisis expuesto *supra*.

En ese orden de ideas, luego de analizar los fundamentos anotados, y sin que ello constituya pronunciamiento adelantado sobre la constitucionalidad del contenido del texto normativo aquí sancionado por la Asamblea Nacional, esta Sala se pronuncia a los efectos previstos en el artículo 203 constitucional, y al respecto considera que es constitucional el carácter orgánico otorgado a la Ley Orgánica de Extinción de Dominio, pues ésta se adecúa a las características jurídicas que tienen las leyes orgánicas, en cuanto a su forma y contenido, teniendo en cuenta que con la misma se pretende regular uno de los supuestos previstos en las citadas normas constitucionales que hacen posible convenir en su carácter orgánico, ello por cuanto:

Conforme al criterio fijado por esta Sala en su sentencia n° 537 del 12 de junio de 2000, caso *"Ley Orgánica de Telecomunicaciones"*, la Ley Orgánica de Extinción de Dominio ostenta el carácter técnico-formal que la erige en una *ley que regula la ética, la lucha anticorrupción, la legalidad, la justicia, la buena fe, y el sistema sancionatorio* que debe aplicarse a los titulares aparentes de los bienes y afectos patrimoniales originados por actividades ilícitas o destinadas a éstas, regulación ésta que al estar enmarcada en los preceptos constitucionales contenidos en los artículos 1, 2, 3, 49, 114 y 116 de la Constitución de la República Bolivariana de Venezuela, subsumibles, en su orden, en la segunda, tercera y cuarta categoría prevista en el artículo 203 constitucional (…)" (cursivas nuestras)

Sorprende que el examen previo de constitucionalidad sobre el carácter orgánico de una ley del calibre de la extinción de dominio haya sido abordado superficialmente, confundiendo categorías como por ejemplo que es una ley que regula la "ética". Esto quiere decir que, según la Sala, que la ley regulará la decisión humana según las opciones tras un proceso de discernimiento. En pocas palabras, una asociación conceptual que no posee el más básico asidero, ni filosófico ni epistemológico.

En segundo lugar, además de no decir nada constitucionalmente relevante, puede encontrarse la típica falacia de *ignoratio elenchi* (conclusión inatinente por ignorancia del asunto). En este tipo de razonamientos el problema está en que se introducen elementos que no es relevante para el tratamiento del eje argumental central, en este caso, de una ley que desarrolla un instrumento de persecución patrimonial contra aquellos bienes adquiridos "ilícitamente". ¿No hubiese sido más fácil que la Sala en la sentencia desarrollara lo que significa en sí la extinción de dominio como nuevo instrumento en una estrategia del Estado venezolano para luchar contra la corrupción?

Por otra parte, el fallo, desconociendo inclusive el articulado de la ley bajo análisis sobre su organicidad, incluye esta desviación:

"(…) Por lo que se puede afirmar que el instrumento normativo aquí analizado además *viene a desarrollar la severidad de las penas que debe imponerse por la comisión de ilícitos económicos* de conformidad con lo dispuesto en el artículo 114 de la Constitución de la República Bolivariana de Venezuela (…)" (cursivas nuestras)

Hemos indicado, así como en toda la doctrina y jurisprudencia comparada analizada en las líneas precedentes, que la extinción de dominio es una acción de carácter "civil", patrimonial para ser más omnicomprensivo. Este párrafo de la sentencia anula en sí la naturaleza del instituto, desnaturalizándola, pues, la extinción de dominio *no es ni una pena ni mucho menos se ha construido para hacer "más severo" los delitos*. Sencillamente la punibilidad no tiene ninguna relación con la ilicitud en la extinción de dominio. Por tanto, estas tres líneas refuerzan nuestra crítica al elevar a niveles jamás vistos la falacia *ignoratio elenchi*.

Lo curioso del asunto, y acá ratifica lo que apuntamos sobre la clásica *ignoratio elenchi*, es que la única justificación que pudiera alegarse para otorgarle el carácter orgánica a la ley proviene de un descuido por el propio legislador. Nos explicamos. Ni el proyecto de ley orgánica discutido, ni mucho menos la ley sancionada y hoy promulgada por el presidente de la República, no reparó en contemplar un artículo que dilucidará un problema procesal que traerá consigo consecuencias imprevistas. Hacemos referencia a la coordinación que debe existir entre los diferentes procedimientos de decomisos presentes en la legislación venezolana que pudiera traer una cuestión previa relacionada a la prejudicialidad. Sólo el artículo 16 de la Ley Orgánica de Extinción de Dominio nos alude a esta hipótesis, pero de forma muy imprecisa.

Así, está ley es orgánica siguiendo la previsión del artículo 203 de la Constitución venezolana de 1999, para que ésta sirva de marco normativo del *subsistema de acciones de naturaleza patrimonial* y coordine las otras categorías de comisos presentes en el Código Penal, la Ley Orgánica de Drogas, la Ley Orgánica contra la Delincuencia Organizada y Financiamiento al Terrorismo, la Ley contra la Corrupción y finalmente, el *comiso autónomo o decomiso sin condena* previsto en la Ley Aprobatoria de la Convención de las Naciones Unidas contra la Corrupción[389].

Por otra parte, al contemplarse la creación de tribunales especializados en extinción de dominio, así como fiscalías especializadas en la materia, en un lapso de 60 días contados desde la publicación en Gaceta Oficial de la LOED, es atinente armonizar esta última con las previsiones de las leyes orgánicas que regulan tanto al Ministerio Público como al propio Poder Judicial.

Sobre las otras posturas negacionistas de elementos sobre la extinción de dominio tenemos el caso de Ecuador y México. Vamos a analizar las decisiones una por una, dada las peculiaridades presentes en cada fallo.

La CORTE CONSTITUCIONAL DEL ECUADOR, mediante un dictamen de fecha 17 de marzo de 2021 (Nº 1-21-OP/21), con ponencia de la magistrada Daniela SALAZAR MARÍN, declaró

---

[389] Publicada en Gaceta Oficial de la República Bolivariana de Venezuela, número 38.192, de fecha 23 de mayo de 2005.

inconstitucional el carácter imprescriptible de la acción de extinción de dominio. En ese momento, la hoy vigente Ley Orgánica de Extinción de Dominio del Ecuador era un proyecto que se sometía a controles previos de constitucionalidad. Al respecto, se pronunció sobre la imprescriptibilidad de la acción declarándola "inconstitucional", en razonamiento extenso que pasamos a transcribir *in toto*:

"(…) 47. En línea con lo expresado en los párrafos precedentes, la Corte considera que la razón provista por el presidente de la República para objetar el carácter imprescriptible de la acción no es suficiente para viciar de inconstitucionalidad a estas normas. Esto es así puesto que, si bien los artículos 46, 80, 233, 290 y 396 de la Constitución establecen supuestos de imprescriptibilidad de acciones reconocidos constitucionalmente, ello no implica que exista una prohibición absoluta de establecer *otros supuestos de imprescriptibilidad, siempre que se lo haga en respeto del principio de reserva de ley y que el legislador determine si existe una obligación derivada de otra fuente supra legal u otras razones que justifiquen su inclusión a la luz de la Constitución.*

48. Respecto a lo primero, la Asamblea ha manifestado que el Proyecto de Ley responde al cumplimiento de obligaciones internacionales del Ecuador como suscriptor de la "Convención de las Naciones Unidas contra la Corrupción", la "Convención Interamericana contra la Corrupción", la "Convención de las Naciones Unidas contra el Tráfico Ilícito de Estupefacientes y Sustancias Psicotrópicas", y la "Convención de las Naciones Unidas contra la Delincuencia Organizada Transnacional". Todos estos instrumentos contienen disposiciones relativas a *la obligación del Estado de fijar plazos de prescripción prolongados para el juzgamiento de los delitos comprendidos en cada una de estas convenciones.* Sin embargo, la obligación internacional se limita a las acciones para perseguir los delitos contenidos en dichos instrumentos y *se refiere a la necesidad*

de establecer plazos prolongados, mas no a establecer la imprescriptibilidad. En consecuencia, la Corte no identifica que exista una obligación internacional de dotar de imprescriptibilidad a la acción de extinción de dominio.

49. Resta entonces por analizar si existen razones derivadas de principios o valores constitucionales que justifiquen la inclusión de la imprescriptibilidad de la acción de extinción de dominio y que provean un beneficio que sea proporcional a la afectación generada al derecho a la seguridad jurídica.

50. Para ello, conviene primero analizar las razones provistas por la Asamblea para defender la constitucionalidad de la inclusión de esta figura al Proyecto de Ley. Al respecto, la Asamblea manifiesta que la *imprescriptibilidad se estableció como una consecuencia del principio de nulidad de origen,* bajo la consideración de que el paso del tiempo no hace lícito el origen de los recursos ilícitos con los que se adquirió un bien, y de que en el caso contrario se estaría legalizando el lavado de activos por el paso del tiempo. A partir de lo anterior, la Asamblea sostiene que el Estado, en ejercicio de su soberanía, tiene la atribución de declarar inexistente el derecho de dominio en cualquier tiempo.

51. La Corte observa que, en el razonamiento de la Asamblea, se encuentra implícita la idea de que *la prescripción cumple una función de "saneamiento" de vicios.* A juicio de esta Corte la razón ofrecida por la Asamblea parte de una confusión conceptual respecto a la naturaleza y objeto de la institución de la prescripción. La prescripción no tiene como objeto validar actuaciones anteriores o sanear algún vicio del bien, sino *proveer un mínimo de certeza en las relaciones jurídicas.* Así, por ejemplo, el que la acción por vicios redhibitorios de bienes muebles prescriba en 6 meses, no implica que transcurrido ese tiempo se haya saneado el vicio del bien, sino únicamente que ya no se puede intentar la acción para reclamar en vía judicial.

52. Lo anterior resulta *aún más claro si se considera la prescripción de las acciones y penas de los delitos*. Si se asume como cierta la tesis planteada por la Asamblea, esta también implicaría que, una vez cumplido el plazo de prescripción de la acción o de la pena de un delito, el efecto sería que esta conducta deje de ser ilícita por el paso del tiempo y pase a ser aceptada por el ordenamiento jurídico, cuando este no es el caso.

53. A la luz de lo anterior, la Corte considera que las razones provistas por la Asamblea no justifican la imprescriptibilidad de la acción de extinción de dominio. Por lo demás, el argumento del legislativo relativo a la soberanía del Estado es insuficiente para declarar inexistente el derecho de dominio en cualquier momento, *pues implicaría desconocer los límites impuestos a la conducta del Estado por el derecho constitucional a la propiedad.*

54. Como se señaló en este Dictamen, la lucha contra la corrupción puede justificar la creación de nuevos mecanismos que respondan a la complejidad de este y otros fenómenos delictivos y, ello puede llegar a encontrar justificación en la función social del derecho a la propiedad. Sin embargo, la Corte considera que la imprescriptibilidad de una acción susceptible de afectar a todo bien que el Estado considere obtenido mediante un acto contrario al ordenamiento jurídico, *impone una carga excesiva y desproporcionada a todas las personas, en la medida en que implicaría que las justificaciones respecto a la licitud de todo bien y de los fondos utilizados para adquirirlo deban ser preservadas por todas las personas a perpetuidad e incluso por sus herederos, a riesgo de que, en un tiempo futuro, infinito e indeterminado, el Estado les imponga la obligación de demostrar la licitud del bien so pena de ver extinguido su derecho de dominio sobre el mismo.*

55. Esta situación se agrava aun más si consideramos que la extinción de dominio, al referirse a bienes con independencia de quién sea su propietario, tiene la potencialidad de afectar a

terceros que hayan adquirido *bienes de buena fe, los cuales igualmente pasarían a estar obligados a preservar a perpetuidad las pruebas respecto a la adquisición de todo bien* y frente a quienes el Proyecto de Ley no establece mecanismos adecuados para que puedan hacer valer sus derechos en el proceso de extinción de dominio.

56. Por todo lo expuesto, la Corte concluye que el *carácter imprescriptible de la acción de extinción de dominio es inconstitucional por ser incompatible con el derecho a la seguridad jurídica*, reconocido en el artículo 82 de la Constitución. Consecuentemente, procede la objeción presidencial respecto al carácter imprescriptible de la acción fijado en el artículo 4 del Proyecto de Ley y, por conexidad, la inconstitucionalidad del artículo 14 literal d) del Proyecto de Ley.

57. De acuerdo con el artículo 139 de la Constitución, en concordancia con el artículo 132 de la LOGJCC, cuando la Corte declara la inconstitucionalidad parcial de un Proyecto de Ley, la Asamblea Nacional debe realizar las enmiendas necesarias para adecuarlo a los términos previstos en el dictamen, para que luego pase a sanción del presidente de la República. Al respecto, es pertinente señalar que determinar el tiempo de prescripción de una acción es un aspecto de configuración legislativa, que, siempre que establezca un tiempo razonable para el ejercicio de la acción, no riñe con ningún precepto constitucional. En consecuencia, el legislador cuenta con un amplio margen para establecer el término de prescripción que considere oportuno. (…)" (cursivas nuestras)

Sin entrar a discutir sobre los métodos de interpretación constitucional empleados por la Corte Ecuatoriana, así como, no guardamos ningún rencor sobre su abordaje y tratamiento de la imprescriptibilidad de la acción de extinción de dominio; hemos encontrados algunas falencias propias de los razonamientos de la Corte y que valdría la pena exponer para el debate hacia el futuro de la institución bajo análisis, a los fines de precisar las razones por la cual se ha apartado de la tesis dominante colombiana.

En primer lugar, la sentencia arguye empleando *la falacia del accidente inverso*, cuando afirma que los tratados y convenciones internacionales no contemplan la imprescriptibilidad para el tratamiento de las acciones de penas y delitos (sic). Pues bien, la *extinción de dominio ni es una pena ni mucho menos un delito*, como tantas veces hemos explicado a lo largo del presente estudio, por lo que lógicamente la Corte estaría realizando una generalización apresurada sin percatarse sobre la categoría diferenciada y consolidada a lo largo de 3 décadas de la *extinción de dominio*.

En segundo lugar, se aborda a la prescripción *sólo desde una de las aristas que la componen*, como es la de garantizar certeza a los miembros de una comunidad jurídica sobre hasta cuándo puede un titular de un derecho subjetivo ejercerlo. En este punto la Corte omite otras funciones propias de la prescripción como es la garantía de transformar una obligación cierta en natural. Debemos recordar que la prescripción en sí lo que transforma dentro de cualquier obligación y/o contrato es la pérdida de la facultad para enervar un derecho objetivo, en este caso, el derecho de propiedad que al aplicarse sería una forma evidente de "saneamiento" de la misma al titular aparente. Curiosamente fundamenta con un ejemplo inoportuno -e incompatible con la extinción de dominio- como es la *acción redhibitoria*, ésta última, para garantizar al comprador el resarcimiento por vicios ocultos presente en objeto de un contrato de venta.

En tercer lugar, y quizá hasta imperdonable en una Corte Constitucional, sea el empleo de dos falacias *ad hominem circunstancial*. La primera al tratar de reforzar el razonamiento anterior sobre la función de certeza de la prescripción señala el sentenciador que la misma debe entenderse dentro del contexto de la acción penal, cuando hemos estudiado a lo largo del presente trabajo que la extinción de dominio se ha emancipado de la acción penal desde hace décadas. La segunda falacia es que asocia a la imprescriptibilidad como una suerte de instrumento de violación a las limitaciones del Estado con respecto al derecho de propiedad.

193

En cuarto lugar, extiende el aforismo romano *mors omnia solvit* presente como principio de la extinción de las obligaciones, hasta extremos insospechados, inaceptables e ilegales para la moderna legislación civil. La Corte indica que otorgarle imprescriptibilidad a la extinción de dominio, implicaría justificar *ad infinitum* el origen del bien, inclusive, a sus sucesores cuando acarreara la muerte del titular aparente[390]. Pues bien, para la propia teoría de las obligaciones, es imposible que exista una confusión patrimonial por simple herencia -testada o intestada según sea el caso- generando un blanqueamiento patrimonial como si la muerte fuera un elemento legitimador de bienes de origen ilícito.

---

[390] En este sentido, la SALA DE LO CONSTITUCIONAL DE LA CORTE SUPREMA DE JUSTICIA DE HONDURAS, de fecha 14 de noviembre de 2013, en su proceso interpretativo constitucional, obtiene una *versión diametralmente opuesta* al máximo intérprete de la Constitución del Ecuador, pero, también diferenciada de la versión colombiana. Establece en dicha sentencia de 2013, lo siguiente: "(...) El Estado no puede avalar o legitimar la adquisición de la propiedad que no tenga como fuente un título válido y honesto; es decir, que la propiedad se obtiene en cierto modo mediante la observancia de los principios éticos, en consecuencia, la protección estatal, no cobija a la riqueza que proviene de la actividad delictuosa de las personas; es decir, no puede premiarse con el amparo de la autoridad estatal la adquisición de bienes por la vía del delito, importante también resulta anotar, que como sobre los bienes adquiridos directa o indirectamente de una actividad ilícita no puede consolidarse derecho alguno, *es evidente entonces que tampoco podrá transmitirse la propiedad de los mismos por quien figure como su titular, consecuentemente en el caso del heredero o legatario de un bien adquirido directa o indirecta-mente de una actividad ilícita, también sufrirá las consecuencias del fallo de extinción de dominio, sin que pueda reclamar derecho de herencia alguno, dado que en razón de la ilícita procedencia del bien, el causante no les ha transmitido ningún derecho.* (...)" (cursivas nuestras). En efecto, si el titular aparente nunca fue amparado por el derecho de propiedad en razón de la ilicitud de origen, mal podría transferir derechos a sus sucesores o legatarios, pues, no puede otorgarse aquello del cual no se tiene derecho.

Sencillamente, el causahabiente nunca tuvo derechos sobre dichos bienes, y por tanto, mal podía transmitirlos por vía sucesoria algo que jamás conformó su patrimonio. Más bien preocupa que toda la posible actividad probatoria en materia de legítima adquisición, la Corte la haya terminado de extender el odioso mote de "*probatio diabolica*", presente en la investigación sobre adquisiciones inmobiliarias. En el mismo orden de ideas asocia al tercer adquiriente de buena fe equiparándolo con el mismo efecto de sus sucesores, lo que más bien genera un razonamiento complejo que busca inducir a un error. Todos sabemos que el tratamiento del tercero adquiriente de buena fe tiene su propia regulación en la institución tanto del comiso autónomo como de la extinción de dominio.

Finalmente cierra la motiva con una tautología incomprensible como es la declaratoria de *incompatibilidad de la imprescriptibilidad con el derecho a la seguridad jurídica*, sin esgrimir cuál fue su proceso de ponderación, puesto que, la imprescriptibilidad también es una garantía al derecho a una administración pública transparente. Por tanto, la Corte estaba al frente de una situación clarísima de enfrentamiento entre derechos y garantías fundamentales, que como indica RODRÍGUEZ DE SANTIAGO[391], se resuelve a través de un delicado mecanismo de ponderación entre esos derechos. En ningún párrafo de la decisión puede revisarse la apelación del juez constitucional ni al principio de proporcionalidad ni mucho menos al obligatorio *test* de ponderación[392] ante el falso dilema planteado.

---

[391] Al respecto, véase RODRÍGUEZ DE SANTIAGO, José M. (2000). *La ponderación de bienes e intereses en el derecho administrativo*, Madrid, Marcial Pons.

[392] Es consolidada en la jurisdicción constitucional de occidente, cuando exista un dilema entre derechos, la aplicación de la Ley de la Ponderación que es sucedánea del principio de proporcionalidad. En este sentido, ALEXY Robert. (1993). *Teoría de los derechos fundamentales*, Madrid,

Para evitar que se extienda este tipo de criterios y razonamientos falaces como el indicado por la CORTE CONSTITUCIONAL DEL ECUADOR, para el resto del continente, proponemos centrarnos en la misma esfera de aplicación de la prescripción dentro del Derecho patrimonial para así otorgarle contenido a lo que significa la "imprescriptibilidad" dentro de la extinción de dominio. Uno de los ejemplos gráficos de la adaptación de reglas sobre prescripción, que se asemeja dentro del derecho patrimonial en la esfera contractual, es la *acción de simulación*, ésta última, de señera raigambre en el Derecho civil occidental[393].

En la simulación existe un negocio jurídico aparente y otro que se ha ocultado, el cual, resulta ser el verdadero. Lo característico es la concurrencia de dos actos jurídicos, uno de los cuales es oculto como en efecto ocurre con los Acuerdos corruptos y el otro

---

Centro de Estudios Políticos y Constitucionales, p. 161, plantea: "(...) *cuanto mayor es el grado de no satisfacción o de afectación de un principio, tanto mayor tiene que ser la importancia de la satisfacción del otro* (...)". En el caso de marras, la Corte no indicó en ningún aspecto cual era esos grados de satisfacción -ni podía hacerlo porque era impertinente ya que la extinción de dominio no es un derecho fundamental- de uno u otro derecho en pugna.

[393] Sobre la simulación, véase SÁNCHEZ BUENO, María T. (1996). "Acción de simulación y acción pauliana o revocatoria", en: DÍEZ-PICAZO GIMÉNEZ, Ignacio y MARTÍNEZ-SIMANCAS SÁNCHEZ, José. (Coord.) *Estudios sobre derecho procesal,* Madrid, Banco Central Hispanoamericano-SOPEC, Vol. 4, pp. 4865-4914. MAZEAUD, Henry, León y Jean. (1960). *Lecciones de Derecho civil,* Buenos Aires, Ediciones EJEA, Parte II, Tomo III, p. 102. También, véase RIPERT, Georges. y BOULANGER, Jean. (1964). *La simulación. Tratado de Derecho Civil,* Buenos Aires, Editorial La Ley, p. 358. Para estos últimos autores el "(...) *hecho de crear una falsa apariencia en la conclusión de un contrato. Puede revestir de dos formas diferentes. Tan pronto consiste en suprimir o en modificar, por medio de un documento destinado a permanecer secreto y que se denomina contra-documento, los efectos de un documento aparente que no traduce la voluntad real de las partes; supone entonces necesariamente el concurso de las personas que establecen el documento aparente* (...)".

que aparece en público que no es el real. El cómputo de la prescripción corre generalmente desde que *se tiene noticias o pruebas del contradocumento o negocio secreto*; *nunca desde la fecha en que aparece celebrado el contrato aparente*. Ahora bien, pudiéramos también hablar que la extinción de dominio, al considerarse imprescriptible como acción, pudiera, salvo disposición legislativa expresa, correr un lapso de prescripción al momento en que el Ministerio Público Fiscal tiene conocimiento del Acuerdo corrupto o desde que ha tenido acceso a los indicios incuestionables de ilicitud en el origen de los bienes.

El legislador puede perfectamente en su proceso de ponderación de bienes, derechos e intereses, calificar una imprescriptibilidad de esta acción siempre y cuando, por la complejidad de los actos corruptos, impidan realmente saber a ciencia cierta cuál es el contenido de aquellos que terminarían por viciar el origen de los bienes. Si, por el contrario, quien tiene la acción para solicitar la extinción de dominio, posee pleno conocimiento y no lo hace, mal puede tolerar la sociedad la inacción como regla. A esto la prescripción conllevaría a contarse desde esa información fiable en manos del Estado y de no accionar, se le castigaría al Ministerio Público Fiscal con una prescripción como penalidad ante la negligencia.

Este es el mecanismo que funciona en materia de derecho patrimonial donde la prescripción es una sanción. Sobre los lapsos, somos de la tesis que, al considerarse derechos reales, opere la regla genérica en casi todo el sistema tributario del Código de Napoleón o del Proyecto Franco-Italiano de las obligaciones y contratos, que es 20 años por lo regular.

Sobre el caso mexicano, la SUPREMA CORTE DE JUSTICIA DE LA NACIÓN DE LOS ESTADOS UNIDOS MEXICANOS, en sentencia de fecha 09 de diciembre de 2021[394], se pronunció anulando algunos

---

[394] Expediente 100/2019 introducido por la Comisión Nacional de Derechos Humanos de los Estados Unidos Mexicanos. Ponencia de la Ministra de la

dispositivos de la *Ley Federal mexicana sobre extinción de dominio*, pero, sin emplear figuras argumentativas vinculadas a la falacia, como sí lo hizo Ecuador, y que explicáramos en las líneas precedentes.

A diferencia de su par ecuatoriano, la SUPREMA CORTE MEXICANA no entró a dilucidar con falacias (presentes en el fallo ecuatoriano como estudiamos en las líneas precedentes, sobre todo, la *falacia del accidente inverso* y la *ad homines circunstancial*) sino que centró su atención en la denominada "voluntad del constituyente" y la extensión sobre cuáles bienes pudieran calificarse como "lícitos" de los "ilícitos".

Advirtió la SUPREMA CORTE MEXICANA que la única vía para que el legislador ordinario pudiera establecer que una disposición normativa infraconstitucional sea imprescriptible y retrospectiva, *es si el propio constituyente, de forma expresa, así lo permite o lo prescribe*. Repasemos unos párrafos de la decisión:

"(…) Por tanto, el proceso legislativo que culminó en la reforma y adición del artículo 22 constitucional vigente, **confirma** que **no fue voluntad del órgano reformador de la Norma Fundamental**, es decir, ni en la Cámara de Senadores ni en la Cámara de Diputados, **el que la Constitución permitiera que la acción de extinción de dominio fuera imprescriptible.**

Y, bajo esa perspectiva, la legislación secundaria o reglamentaria (Ley Nacional de Extinción de Dominio) no puede contener una norma que contravenga el texto de la Constitución y la voluntad misma del Poder Reformador de la Norma Suprema.

Suprema Corte de los Estados Unidos Mexicanos, Norma Lucía Piña Hernández. La decisión posee los votos concurrentes de la señora Ministra Yasmín Esquivel Mossa y de los señores Ministros Juan Luis González Alcántara Carrancá y Presidente Arturo Zaldívar Lelo de Larrea, y Particulares de los señores Ministros Luis María Aguilar Morales y Presidente Arturo Zaldívar Lelo de Larrea.

Se reitera, porque en el caso, el tema de la imprescriptibilidad de la acción de extinción de dominio no es un aspecto que se pueda estimar que quedó a la libertad de configuración del legislador ordinario como parte de sus facultades para reglamentar la acción, bajo la consideración de que de ello no se hubiere ocupado la norma constitucional; puesto que, ese tema fue un aspecto expresamente discutido para efectos de la reforma constitucional al artículo 22, y expresamente fue rechazado.

Al margen de lo anterior, esto es, aun cuando no se atendiera a una interpretación teleológica (subjetiva) de la norma constitucional; lo cierto es que este Tribunal Pleno advierte que **la medida establecida** en el artículo **11**, primer párrafo, de la Ley Nacional **no es proporcional** desde la perspectiva de los fines que se persiguen con los costos que necesariamente se producirán desde la perspectiva de los derechos afectados.

En el apartado anterior, a partir del contenido del artículo 22 constitucional, quedó explicado que **la acción de extinción de dominio** es una **acción** que, desde su incorporación al sistema jurídico mexicano, se ha encontrado establecida directamente en la Constitución. Inclusive el artículo 22 de la Norma Fundamental prevé los **elementos de la acción** y señala los casos en que procede la declaratoria de extinción de dominio; por tanto, **se puede afirmar que esta acción no sólo está establecida en la Constitución, sino que sus elementos tienen una configuración constitucional.**

También se ha dicho ya, que la norma constitucional en cita permite advertir que la acción de extinción de dominio debe ser entendida como una **facultad o poder del Estado** para solicitar a un juez que se apliquen en su favor bienes cuyo dominio se declare extinto en sentencia.

(…)

199

Todo esto permite resaltar que la **acción de extinción de dominio implica** una **facultad** constitucional para que el **Estado** (a través del Ministerio Público federal o local) aplique a su favor bienes cuyo dominio se declare extinto en sentencia judicial. Esto es, la acción de extinción de dominio equivale a una **facultad del Estado para solicitar la declaración de inexistencia del derecho de propiedad; tan es así, que la propia norma constitucional exige que** la acción se **ejerza** *sobre bienes de carácter patrimonial.*

(…)

De los anteriores preceptos constitucionales y convencionales se desprende el reconocimiento del **derecho a la propiedad privada** así como el derecho a la legalidad y a la seguridad jurídica cuando el gobernado deba resentir **un acto de molestia o de privación en sus propiedades.**

Es decir, los preceptos recién trascritos permiten constatar que, si bien el derecho a la propiedad no es absoluto, la facultad del Estado para ejercer actos (de molestia o privativos) **sobre la propiedad de las personas tampoco puede ser absoluta o carente de límites.**

En congruencia con esto último, si la acción de extinción de dominio que **ejerce el Estado** está estrechamente relacionada con el **régimen constitucional y convencional del derecho de propiedad,** entonces resulta imperioso analizar si es **proporcional o no** una medida legislativa que establece la **imprescriptibilidad** de la acción, es decir, que indica que **no debe estar sujeta a límites temporales** la **facultad** del Estado para **solicitar la declaración de inexistencia del derecho de propiedad**.

En efecto, se debe **analizar si la falta de límites temporales al Estado en el ejercicio de la acción implica un justo equilibrio entre el interés público que se persigue con la acción de extinción de dominio** y **los derechos de propiedad y de seguridad jurídica que tutela la Constitución.**

Lo anterior, pues en todo régimen democrático, resulta indispensable que cualquier intervención de la autoridad estatal en los derechos de los ciudadanos no sea arbitraria.

Así es, no basta que una afectación a los derechos de los gobernados se base formalmente en el texto legal, sino que la actuación del poder público debe estar justificada por ser adecuada y necesaria para alcanzar la finalidad constitucionalmente protegida y que la lesión al derecho fundamental resulte **proporcional** a la satisfacción de la finalidad perseguida por el acto de autoridad.

Por tanto, el ejercicio de la facultad constitucional del Estado para demandar la extinción de dominio no sólo debe estar sujeta al cumplimiento formal del texto legal, sino también al escrutinio del **ejercicio razonable** en los espacios de discreción que la propia Constitución reconoce o deja al legislador secundario.

En mérito de lo anterior, se impone realizar un **examen de proporcionalidad** conforme a la metodología descrita en el apartado segundo de este considerando.

Y, al respecto, este Alto Tribunal concluye que la medida contenida en la primera parte del primer párrafo del artículo 11 de la ley, a través de la cual el legislador ordinario estableció que *"La acción de extinción de dominio es **imprescriptible** en el caso de los Bienes que sean de origen ilícito"*, **no supera** un **test de proporcionalidad en sentido amplio.**

Ello, en atención a que la norma impugnada cumple con las dos primeras gradas de un examen de proporcionalidad, pero **no** la última (necesidad de la medida).

La medida en cuestión supera el requisito relativo a que la restricción (**intemporalidad** o **imprescriptibilidad**) persiga un **fin** constitucionalmente válido, porque busca materializar el fin de la acción de extinción de dominio.

Así es, como ya se mencionó antes, de la iniciativa de reforma al artículo 22 constitucional presentada el 29 de marzo de 2007, destaca que la acción de extinción de dominio prevista en la Norma Fundamental se estableció desde sus orígenes con el objeto primordial de **mejorar la eficacia en el combate a la delincuencia, mermando sus recursos materiales;**(30) por lo tanto, resulta indiscutible que **la acción de extinción de dominio y su eficacia tienen una evidente finalidad de interés público.**

Asimismo, la medida es **idónea**, porque para lograr ese fin -de interés público- establece la **imprescriptibilidad** de la acción de extinción de dominio cuando se pretenda ejercer sobre bienes *"de origen ilícito"*, lo que deriva en que la facultad del Estado para ejercerla no se encuentre sujeta a un límite temporal. Con esto **(la intemporalidad)** claramente se garantiza un **alto grado de eficacia en el ejercicio** de una **acción civil** que tiene por objeto **el combate a la delincuencia a través de la disminución de sus recursos materiales.**

No obstante, la medida legislativa (**intemporalidad o imprescriptibilidad de la acción**) no supera el tercer nivel de análisis, consistente en que la medida sea **necesaria** para lograr ese fin, pues **existen otras alternativas menos lesivas de los derechos de propiedad y de seguridad jurídica** y que, a la vez, **garantizan el fin perseguido: alto grado de eficacia en el ejercicio** de una **acción civil** que tiene por **objeto el combate a la delincuencia a través de la disminución de sus recursos materiales.**

Se afirma esto, debido a que esta Suprema Corte advierte que la norma que deriva del primer párrafo del artículo 11 de la Ley, relativa a la **imprescriptibilidad genérica de la acción** de extinción de dominio cuando se pretenda ejercer sobre bienes *"de origen ilícito",* se trata de una **medida** que **no toma en cuenta ni la naturaleza ni la gravedad de los hechos ilícitos penales con los que pueden estar relacionados los**

202

bienes **"de origen ilícito" sobre los que ha de recaer la acción de extinción de dominio**; lo cual torna **excesiva** tal medida.

Si bien es cierto la acción de extinción de dominio **desde su incorporación a nuestro sistema jurídico** ha sido de naturaleza **civil** y **autónoma del proceso penal**; y con la reforma al artículo 22 constitucional publicada en el Diario Oficial de la Federación el catorce de marzo de dos mil diecinueve, **se ha desvinculado aún más del proceso penal**; también lo es que **sigue subsistiendo un vínculo indisoluble de la acción de extinción de dominio con esa materia** (la penal) **que no puede soslayarse de ningún modo**. Y no puede eludirse, pues invariablemente la extinción de dominio **debe ejercerse sobre bienes relacionados con la investigación de los hechos ilícitos penales que taxativamente señala la propia Norma Fundamental.**

Dicho de otro modo, **la acción de extinción de dominio simplementc no sería procedente si no existiera al menos una investigación en materia penal respecto a los hechos ilícitos que se precisan en la Constitución.** Esta premisa es absoluta y se extrae de la propia norma constitucional (artículo 22).

Ahora bien, la **"prescripción"** se trata de una figura que la encontramos tanto en el ámbito **civil** como en el **penal** y, aunque, por razones obvias operan de diferente forma en una y otra materia, lo cierto es que en nuestro sistema jurídico hay un punto en el que la prescripción civil y la prescripción en materia penal **convergen**, a saber: en la prescripción positiva (usucapión) que puede operar cuando la posesión de bienes (a título de dueño) es adquirida por medio de un delito.

(…)

En esa lógica, la medida contenida en la primera parte del primer párrafo del artículo 11 de la ley, a través de la cual el legislador secundario estableció que *"La acción de extinción* *de dominio es **imprescriptible** en el caso de los Bienes que sean de origen ilícito"*, **no supera** un **examen de proporcionalidad en sentido amplio.**

La interpretación teleológica subjetiva del artículo 22 constitucional revela que la imprescriptibilidad de la acción de extinción de dominio no es un aspecto que se pueda estimar que quedó a la libertad de configuración del legislador ordinario como parte de sus facultades para reglamentar la acción, bajo la consideración de que de ello no se hubiere ocupado la norma constitucional; puesto que, **ese tema fue un aspecto expresamente discutido para efectos de la reforma constitucional al artículo 22, y expresamente fue rechazado por el Poder Reformador de la Constitución.** (…)" (negrillas originales de la Sentencia).

En pocas palabras, México asume la posición histórica de su par, la SUPREMA CORTE DE LOS ESTADOS UNIDOS DE AMÉRICA en relación con el *textualismo* (no interpretativismo) al momento de revisar las acciones de control de la constitucionalidad de las leyes y demás actos infraconstitucionales[395].

Sobre el caso de marras asume una técnica muy desconocida en la tradición del Derecho continental latinoamericana, pues, si bien es cierto en los procesos de interpretación constitucional se

---

[395] La publicación de la sentencia definitiva, por cierto, apareció meses después del anuncio de la dispositiva (21 de junio de 2021), se realizó en el Diario Oficial de la Federación de fecha 06 de enero de 2022. Se puede leer en la decisión que el juez constitucional para precisar aspectos sobre el textualismo hizo un repaso histórico de las discusiones de reforma de la Constitución mexicana en el año 2019, relativa al artículo 22 donde se incorporó la acción de extinción de dominio. Este es el típico examen realizado en el método textualista de la Corte Suprema de los Estados Unidos. Para más detalles, véase ESCOVAR LEÓN, Ramón. (2005). *El precedente y la interpretación constitucional.* Caracas, Editorial Sherwood, pp. 79-86.

busca la denominada *intención del constituyente*[396], ésta pocas veces termina influyendo en forma decisiva para responder ante los silencios del texto constitucional. En la discusión de la sentencia bajo análisis, ese silencio se refiere a las razones por las cuales el reformador de la Constitución, en 2019, no quiso incorporar el término "imprescriptibilidad". Para ello, la Suprema Corte apela a los diferentes proyectos discutidos por el Congreso, resaltando que, éste había desechado en su proceso histórico de formación la falta de limitación al ejercicio de la acción de extinción de dominio.

---

[396] Sobre este particular, véase RICHARDS, David A. (1988). "La intención de los constituyentes y la interpretación constitucional", en: *Revista del Centro de Estudios Constitucionales,* n° 1, pp. 141-172. Explica este autor, con relación a esta intención lo siguiente: "(…) *El recurso a los antecedentes históricos, defendido por Raoul Berger, el Attorney General Meese y Robert Bork, combina la historia del Derecho y la interpretación constitucional de la forma siguiente: la historia del Derecho muestra que aquellos que elaboraron y aprobaron el lenguaje de algún texto constitucional, claramente contemplaban que el lenguaje se aplicaría a x y no se aplicaría a y. Por consiguiente, el no aplicar el lenguaje a x o aplicarlo a y es una interpretación equivocada y abusiva del texto constitucional. La formulación más fuerte (la de Berger) consiste en que podemos aplicar correctamente la prohibición de castigos crueles e inusuales de la octava enmienda a la tortura pero no a la pena de muerte; podemos aplicar el principio de igualdad de la decimocuarta enmienda a la discriminación racial por los Estados en el acceso de las personas al derecho civil y penal pero no a la segregación racial, a los matrimonios interraciales o a una palmaria discriminación por razón de sexo. La premisa que explica esta posición es la intención de los padres constituyentes: el significado del texto constitucional se basa en la intención de los padres constituyentes, sobre la base del modelo de los antecedentes históricos, que denotan un significado concreto* (…)" p. 144. También, véase VELA ÁVALOS, Marco Antonio. (2021). "El debate sobre la especificidad de la interpretación de la Constitución en el contexto latinoamericano. Una discusión desde cuatro trincheras", en: *Revista de Derecho Público: Teoría y Método,* vol. 1, pp. 53-84. LINFANTE VIDAL, Isabel. (2008-2009). "La interpretación jurídica y el paradigma constitucionalista", en: *Anuario de Filosofía del Derecho,* n° 25, pp. 257-278.

Es importante recalcar, que además de estas sentencias que establecen prácticamente un desafío al prototipo colombiano, otros países han configurado maneras especiales de extinción de dominio, aportando muchas veces elementos que no fueron contemplados en las ideas originales. Sin embargo, debemos reconocer el esfuerzo de las Naciones Unidas como órgano que ha buscado armonizar al instituto, pues, e innegable que tanto la UNCAC 2003 como la LMEDO 2011, son textos normativos que sirven como referentes, o inclusive, límites ante la tentación de los Estados por transformar a la extinción de dominio o el decomiso sin condena en una suerte de "fórmula mágica" o "panacea" con la cual se resuelve lo que jurídicamente pudiera considerarse un maxi nudo gordiano. Para ello somos contestes con lo denunciado por el profesor SANTANDER ABRIL, sobre el desbordamiento de la figura, ya que se:

> "(…) transforma en un instituto multipropósito del cual se abusa para incautar bienes que pueden cumplir diferentes funciones dentro de un proceso penal, convirtiéndolo en un instrumento multifuncional de efectos omnicomprensivos lo cual constituye una mala práctica que produce inseguridad jurídica (…)"[397] (cursivas nuestras)

A pesar de estos abusos, América Latina ha abrazado con rutilantes éxitos a la extinción de dominio. Esta readaptación de lo que alguna vez fue producto exclusivo de la CORTE CONSTITUCIONAL DE COLOMBIA, tantas veces citada en esta obra, más específicamente de la ejemplar sentencia C-740 del 28 de agosto de 2003, ha generado un sistema propio de extinción de dominio. Ejemplos claros los encontramos en Honduras, El Salvador y Guatemala, con la existencia de sentencias ejemplificantes de sus Cortes

---

[397] SANTANDER ABRIL, Gilmar. (2017). "La emancipación del comiso del proceso penal: su evolución hacia la extinción de dominio y otras formas de comiso ampliado", en: AAVV. *Combate del Lavado de Activos desde el Sistema Judicial.* Washington D.C., Ediciones de la Organización de Estados Americanos, p. 431.

Constitucionales realizando aportes originales, como, por ejemplo, la denominada *"presunción de ilicitud"*[398] que analizamos en las líneas precedentes. En esta oportunidad no haremos un estudio pormenorizado de estas cruciales adiciones centroamericanas al instituto, dado que, rebasaríamos el objeto trazado para lo cual se hemos escrito este libro sobre principios garantísticos.

El caso del Perú y la extinción de dominio introducida en 2019, con sus originales sentencias dictadas entre 2020 y 2024, ha saltado más allá de lo predecible. Dispositivos judiciales emblemáticos de esta jurisdicción pueden en este momento calificarse como la más activa de América Latina en cuanto al concepto y proceso. La puesta en práctica de la ED respondió, tal como apunta GARCÍA CAVERO, como una estrategia de altísima eficacia y eficiencia, ante los "exiguos resultados"[399] en materia de recuperación de activos producto del delito, contemplados en los precursores decretos legislativos 992 y 1104. La aplicación del Decreto Legislativo 1373 es quizá uno de los ejemplos más palmarios de la fuerza del instituto.

La jurisdicción peruana en este momento es una de las más protagónicas. Posee un subsistema orgánico de tribunales a lo largo de su geografía, donde inclusive, puede consultarse las sentencias vía *web-site* especializado[400]. Esta especialización, sumada a la

---

[398] SALA DE LO CONSTITUCIONAL DE LA CORTE SUPREMA DE JUSTICIA DE HONDURAS, sentencia de fecha 14 de noviembre de 2013 (caso *Christopher Reyes Gómez y Ana María Hernández Cambar Vs. Decreto Legislativo n° 27-2010 contentivo de la Ley de Privación de Dominio de Bienes de Origen Ilícito*).

[399] GARCÍA CAVERO, Percy. (2018). "El decomiso de bienes relacionados con el delito en la legislación penal peruana", en: *Derecho PUCP,* n° 81, pp. 126-127.

[400] PODER JUDICIAL DEL PERÚ. *Subsistema nacional de extinción de dominio*: https://extinciondedominio.org/web/ También, véase la compilación sistematizada PROCURADURÍA GENERAL DEL ESTADO DE LA REPÚBLICA

formación permanente de jueces y fiscales, han colocado en la nación inca una lupa por sus innumerables éxitos tras varias décadas de fracaso de la jurisdicción penal para esclarecer casos de corrupción sistemáticamente organizada[401], o el más relevante, sobre la financista de la organización terrorista "Sendero Luminoso"[402]. En situación reciente, gracias al trabajo del

---

DEL PERÚ. (2021) *Compendio de Jurisprudencia de extinción de dominio,* Lima, PGE-Basel Institute on Governance.

[401] Caso *Ibárcena,* fue una investigación patrimonial llevada a cabo contra el entramado de corrupción vinculado a Wladimiro Montesinos (Gobierno de Alberto Fujimori), sobre grandes cantidades de dinero producto de comisiones, depositada en cuentas bancarias del Gran Ducado de Luxemburgo. Para más detalles véase SOLÓRZANO, Oscar. (2019). "Un caso histórico de recuperación de activos pone a prueba la legislación peruana de extinción de dominio", en: *Basel Institute on Governance,* Basilea, 1 de agosto de 2019, véase: https://baselgovernance.org/blog/un-caso-historico-de-recuperacion-de-activos-pone-prueba-la-legislacion-peruana-de-extincion

[402] En efecto, gracias a la extinción de dominio, se logró uno de los más rutilantes éxitos de la justicia contra el terrorismo en América Latina. Hacemos referencia al caso *Evans (La Monja),* que como explica el Dr. Óscar Solórzano: "(…) *Nelly Marion Evans Risco (en adelante Evans) fue una monja católica peruano-británica de la clase acomodada de Lima. Recogiendo su papel religioso, los medios de comunicación de la época la apodaron "La Monja". Según el informe de la CVR, Evans fue reclutada por Sendero Luminoso a principios de los años 80, cuando trabajaba como profesora voluntaria en uno de los distritos más desfavorecidos de Lima. De forma gradual, Evans se convirtió en una pieza clave para reclutar a otros jóvenes militantes. Las autoridades judiciales peruanas sostuvieron que Evans participó y prestó apoyo logístico al grupo terrorista Sendero Luminoso. Según la CVR, Evans utilizó su fortuna familiar para financiar a Sendero Luminoso. Sin embargo, este hecho nunca pudo ser probado en juicio. Evans fue condenada principalmente por su afiliación a Sendero Luminoso y por actuar como testaferro de la organización terrorista. Evans fue condenado a cadena perpetua en un tribunal militar "sin rostro". Cuando el país volvió a la normalidad, las decisiones de estos tribunales fueron declaradas nulas por el Tribunal Constitucional en*

subsistema de extinción de domino en Perú, los tribunales europeos han reconocido las decisiones sobre la materia dictadas en nuestro continente. En abril de 2023, el *Bundestrafgerich* (TRIBUNAL PENAL FEDERAL SUIZO) fijó los parámetros para ejecutar sentencias latinoamericanas de extinción de dominio[403], así como las medidas preventivas, en la nación helvética.

Argentina también ha sido un ejemplo sobre tesis desafiantes de la extinción de dominio, a pesar de aprobarse el instituto bajo una fuente heterodoxa como fue un *Decreto de Necesidad y Urgencia*[404] (Decreto de estado de excepción) que estableció un

---

2003. Evans tuvo un juicio ordinario con las correspondientes garantías judiciales y en 2006 fue condenada a 15 años de prisión. Sin embargo, el juez tomó en consideración el hecho de que ya había estado detenida durante un periodo de 15 años y ordenó su liberación inmediata (…)" Véase SOLÓRZANO, Oscar. (2021). *Estudio de caso: La Monja. Decomisando los activos de la organización terrorista Sendero Luminoso.* Basilea, Basel Institute of Governance, pp. 3-4.

[403] BUNDESTRAFGERICHT. *Sala de Recurso*, Resolución de 04 de abril de 2023 (Caso: *A. Ltd vs. Fiscalía III del Cantón de Zürich).* Asistencia judicial internacional para los casos de decomisos sin condena.

[404] Decreto de Necesidad y Urgencia número 62/2019, que aprueba el *Régimen procesal de la Acción de Extinción de Dominio,* publicado en el Boletín Nacional de la Nación Argentina de fecha 22 de enero de 2019. Sin embargo, existía desde 2011, con la introducción de la Ley 26.683, publicado en el Boletín Oficial del 21 de junio de 2011, varias modificaciones al Código Penal que contemplaban los "decomisos sin condena penal", parecido al modelo europeo, en los casos de que los bienes se encontraren dentro de los denominados "delitos contra el orden económico y financiero" (Título XIII), tal como lo contemplan el artículo 23 y 305, este último, con prístina redacción "(…) En operaciones de lavado de activos, serán decomisados de modo definitivo, *sin necesidad de condena penal,* cuando se hubiere podido comprobar la ilicitud de su origen, o del hecho material al que estuvieren vinculados, y el imputado no pudiere ser enjuiciado por motivo de fallecimiento, fuga, prescripción o cualquier otro motivo de suspensión o extinción de la acción penal, o cuando el imputado hubiere reconocido la procedencia o uso ilícito de los bienes (…)" (cursivas nuestras).

"Régimen procesal" para la extinción de dominio. La nación austral, a pesar de sólo aprobar normas de corte adjetivo, ha sido el único país que ha reformado reglas del Código Civil (en Argentina, Código Civil y Comercial de la Nación)[405] relativo a los bienes, ratificando la naturaleza "especial, no penal" del instituto.

En cuanto a su jurisprudencia, existen decisiones emblemáticas que retan a la versión colombiana, sobre todo, en lo que respecta al concepto de "retrospectividad" que más allá de la concepción suficientemente explicada en las páginas que preceden sobre la no consolidación del derecho de propiedad cuando se ha obtenido el bien por fuentes "ilícitas", la justicia de extinción de dominio argentina introduce la *tesis de la reprochabilidad de la conducta del titular aparente*. Veamos un extracto de una sentencia[406] de un sonado caso en la nación albiceleste:

"(…) En consecuencia, por aplicación directa del citado art. 7, tanto la acción de extinción de dominio como cualquier otra norma que regule régimen jurídico patrimonial, están llamadas a ser aplicada sobre todas las situaciones jurídicas preexistentes y las que en el futuro se verifiquen, es decir, sobre los bienes que tanto con anterioridad como con posterioridad a la sanción del DNU 62/19, se incorporen al patrimonio del demandado, produciendo sus efectos hacia el futuro. – Ha dicho la doctrina al respecto que: "Tratándose de una norma de naturaleza civil,

---

[405] El Artículo 2 del DNU 62/2019, fue enfático en establecer: "(…) ARTÍCULO 2°.- Sustitúyese el artículo 1907 del CÓDIGO CIVIL Y COMERCIAL DE LA NACIÓN, el que quedará redactado de la siguiente manera: "ARTÍCULO 1907. Extinción. Sin perjuicio de los medios de extinción de todos los derechos patrimoniales y de los especiales de los derechos reales, éstos se extinguen, por la destrucción total de la cosa si la ley no autoriza su reconstrucción, por su abandono, por la consolidación en los derechos reales sobre cosa ajena *y por sentencia judicial que así lo disponga en un proceso de extinción de dominio.*" (…)" (cursivas nuestras).

[406] Véase Sentencia de fecha 05 de febrero de 2021, del Tribunal de Gestión Asociado en lo Tributario de la Provincia de Mendoza.

sus consecuencias no sólo pueden aplicarse a partir de su entrada en vigencia sino también a las situaciones jurídicas preexistentes, quedando en claro que dichas consecuencias no resultan retroactivas, sino que producen efectos hacia el futuro. La retroactividad a que hace alusión la norma no lo es respecto de las consecuencias anteriores sino de incluir en su previsión a los bienes adquiridos ilícitamente con anterioridad. Esto, de haber sido una ley de naturaleza penal no habría sido posible en virtud de los principios constitucionales, lo que de esta manera queda zanjado" (Ver: Gerome, Eduardo, "Régimen procesal de la acción civil de extinción de dominio", publicado en Revista Anales de Legislación Argentina, Edit. Thomson Reuters- La ley, Año LXXIX, marzo 2019, pág. 3/5).- V.f) La extinción de dominio y el derecho de propiedad: He dejado para el final el tratamiento del que creo es el argumento más fuerte planteado por los demandados y que mayor eco ha tenido en la doctrina que se ha pronunciado en contra del decreto de necesidad y urgencia nro. 62/2019.- En su planteo, los demandados afirman que la norma atacada viola con el derecho constitucional de propiedad, previsto en el art. 14 y 17 de la Constitución Nacional y en el art. 16 de la Constitución Provincial, por cuanto, ambos artículos expresan que la propiedad privada es inviolable, que no puede ser confiscada, y que para el caso de expropiación corresponde la sanción de una ley que así lo disponga y el pago de una indemnización como reparación al daño que dicha ley causa. Entienden que, en el caso, se pretende una pena anticipada, por un delito cuya existencia y autoría no se encuentra, aún, determinada. Afirman que el pretendido decomiso civil, anticipado y sin condena genera un nivel de injusticia, inseguridad, indefensión y desventaja de carácter extraordinarios con respecto al Estado que lo acusa.- Tampoco comparto los argumentos vertidos en este punto. Explicaré por qué: El art. 14 de la CN establece que todos los habitantes de la Nación gozan del derecho de "usar y disponer de su propiedad", "conforme a las leyes que reglamenten su ejercicio". – Esto implica que el derecho de propiedad, al igual que todos los demás derechos constitucionales, no es absoluto, y que el Estado tiene la facultad de regularlo, estableciendo un adecuado régimen de restricciones y límites, *máxime cuando es ejercido en forma irregular*. -La propia CN, pese a afirmar que "propiedad es inviolable", aclara que las personas pueden ser privadas de su propiedad mediante una sentencia fundada en una ley (art. 17). En idénticos términos se pronuncia el art. 16 de la Constitución provincial. – Como ya he sostenido, no tengo duda en cuanto a que la sentencia *de extinción de dominio no implica una pena*. La razón que fundamenta la sentencia es la comprobación de que los bienes objeto de la demanda fueron incorporados sin una causa lícita al patrimonio del demandado, toda vez que no se corresponden razonable-mente a los ingresos declarados por su tenedor, poseedor o titular, o representan un incremento patrimonial injustificado (arts. 5 y 11, inc. A, del Anexo al DNU 62/19 e inc. IX.a. del art. 210 del CPCCyT provincial).- En consecuencia, la extinción de dominio no configura una confiscación ni un decomiso civil, como lo pretenden los Sres. L. y S., pues las razones que lo justifican son distintas. - Tampoco implica una expropiación por causa de utilidad pública y, toda vez que el bien fue incorporado al patrimonio del demandado sin causa lícita, no produce un daño indemnizable y se declara "sin contraprestación ni compensación alguna a favor del o de los demandados" (inc. IX.c. del art. 210 delCPCCyT provincial y art.11.c del Anexo al DNU 62/19). – Sobre este punto, creo oportuno traer a colación que el decreto cuestionado tomó los lineamientos básicos de la ley modelo sobre extinción de dominio de Naciones Unidas a la que me referí al comienzo de esta resolución, que brinda pautas elementales para la aplicación del instituto en los diversos ordenamientos jurídicos de Latinoamérica y toma como punto de partida el ejercicio del derecho de propiedad, inherente a toda persona, y en esa medida, la extinción de dominio reafirma su aplicación y reconocimiento al entender que los bienes adquiridos con capital ilícito no adquieren legitimidad ni pueden gozar de protección alguna (Ver: "UNODC" https://http://www.unodc. org/documents/legaltools/Ley_Modelo_Sobre_Extinción_de_ Dominio.pdf, con acceso al12/04/2018). —"Nadie puede dentro del contexto de un orden republicano entender protegida, de igual manera, a la propiedad privada sobre bienes obtenidos con el trabajo, o ejerciendo cualquier industria lícita, como bien señala la Carta Magna en el apartado 14, que a la propiedad devenida de actividades relacionadas con el crimen organizado" (Conf. Paz, Roberto "La Extinción de dominio: el DNU 62/2019. Cuando lo teleológico /axiológico se enfrenta con la realidad jurídica", "Revista Código Civil y Comercial, La Ley, Año V, Numero 06/ Julio 2019, pág. 3/23).-Siguiendo este temperamento, concluyo que la garantía constitucional de protección a la propiedad privada no opera frente a bienes obtenidos mediante la comisión de delitos como los mencionados en la norma.-Por tanto, no puede sostenerse en abstracto que el DNU *vulnere el derecho de propiedad por cuanto el demandado tiene la posibilidad de acreditar en el juicio, con todas las garantías del debido proceso, que los bienes identificados en la demanda han sido adquiridos en virtud de su trabajo o actividad lícita y de eso justamente depende la suerte de la acción incoada.*- Así, las únicas afectaciones al derecho de propiedad que resultarán admisibles en el proceso de extinción de dominio, son las que se determinen por sentencia fundada en el art. 1.907 del CCCN, dictada en el marco establecido por las normas procedimentales respectivas, que garantizan el debido proceso y el derecho de defensa para demostrar que sus bienes no han sido mal habidos.

– Por todo lo expuesto, concluyo que ni el decreto ley ni la ley provincial 9151 violan los arts. 14, 17 y 18 de la CN, lo que sella a mi juicio la suerte adversa del planteo de inconstitu-cionalidad formulado a su respecto.- (…)" (cursivas nuestras).

Indudablemente para la extinción de dominio, como institución con aristas sustantivas y adjetivas, esta original contribución argentina será fuente de debates en el futurable horizonte. Si bien es cierto la versión colombiana sigue marcando el compás como tesis "dominante", estos aportes nuevos de países recientemente incorporados abrirán las puertas para nuevas dimensiones, que como apunta SANTANDER ABRIL, fortalecerá la distinción entre el instituto y la acción extintiva[407].

Otra jurisdicción que se encuentra en formación, dada la peculiaridad de la *vacatio legis* aprobada entre 2022 y 2023[408], ha sido República Dominicana. Desde el año pasado se ha venido trabajando en la formación intensiva y completa de los fiscales y jueces de extinción de dominio. Un dato muy especial en esta ley viene a representar el papel de la ciudadanía, donde, se debe necesariamente difundir un proceso de defensa a la adquisición "lícita" de toda propiedad o patrimonio.

---

[407] SANTANDER ABRIL, Gilmar. (2023). "Distinciones esenciales para comprender el instituto de la extinción de dominio", en: FISCALÍA GENERAL DEL ESTADO, REPÚBLICA DEL ECUADOR. EDAR. *Extinción de dominio: Análisis y Reflexiones.* Quito, Dirección de Estudios Penales de la Fiscalía General del Estado, pp. 7-8.

[408] En efecto, el artículo 107 de la *Ley número 340-22 que regula el Proceso de Extinción de Bienes Ilícitos*, publicada en la Gaceta Oficial de la República Dominicana, número 11076 de fecha 29 de julio de 2022, establece: "Artículo 107.- Entrada en vigencia. Esta ley entra en vigencia doce (12) meses después a partir de la fecha de su publicación, con la finalidad de propiciar la *habilitación presupuestaria correspondiente, la adecuación de tribunales, la especialización de personal y a la ciudadanía y la promoción de sus disposiciones*" (cursivas nuestras). Nótese que la ley hace referencia también a la preparación de la "ciudadanía" en su esfera educativa con relación a las materias neurálgicas de la extinción de dominio, como es el derecho de propiedad. Por otra parte, recientemente se introdujo una nueva reforma para posponer la entrada en vigencia de la ley hasta el 28 de enero de 2024, lo cual, ha traído nuevamente disputas. Para más detalles, véase "Posponer la ley de extinción de dominio es un golpe a la institucionalidad", en: *El munícipe,* Santo Domingo, edición de 20 de julio de 2023, en: https://elmunicipe.com/posponer-la-ley-de-extincion-de-dominio-es-un-golpe-a-la-institucionalidad/

En otro orden de ideas, la extinción de dominio dominicana ha optado por un modelo sumamente amplio, más que el venezolano, en lo que respecta a la definición de actividad "ilícita"[409], inclusive, por motivos relativos a la falsificación de la moneda, violación a las normas sobre propiedad intelectual, tráfico ilícito de arte o uso indebido de información confidencial o privilegiada, podrá sustanciarse un procedimiento patrimonial de extinción de dominio en dominicana.

Todo apunta hacia una diversificación de modelos de decomisos sin condena o de extinción de dominio "expansivas", lo que como ha ocurrido, ha traído innumerables problemas sobre el "rebasamiento del instituto" partiendo del hecho sobre el cual originariamente fue construido: la delincuencia económica 2.0.

---

[409] Artículo 6.- Hechos ilícitos susceptibles de extinción de dominio. A los efectos de esta ley serán considerados como hechos ilícitos que pueden dar lugar a la extinción de dominio de los bienes de acuerdo con las causales de procedencia, los siguientes: 1) El trafico ilícito de drogas y sustancias controladas; 2) Cualquier infracción relacionada con el terrorismo y el financiamiento al terrorismo; 3) Tráfico ilícito de seres humanos, incluyendo inmigrantes ilegales; 4) Trata de personas, incluyendo la explotación sexual de menores; 5) Pornografía infantil; 6) Tráfico ilícito de órganos humanos; 7) Tráfico ilícito de armas; 8) Secuestro; 9) Extorsión, incluyendo aquellas relacionadas con las grabaciones y fílmicas electrónicas realizadas por personas físicas o morales; 10) Falsificación de monedas, valores o títulos; 11) Estafa contra el Estado, desfalco, concusión, cohecho, soborno, tráfico de influencia, prevaricación y delitos cometidos por los funcionarios públicos en el ejercicio de sus funciones; 12) Soborno transnacional; 13) Delito tributario; 14) Estafa agravada; 15) Contrabando; 16) Piratería y piratería de productos; 17) Delito contra la propiedad intelectual; 18) Delito de medioambiente; 19) Testaferrato; 20) Sicariato; 21) Enriquecimiento no justificado; 22) Falsificación de documentos públicos; 23) Falsificación y adulteración de medicamentos, alimentos y bebidas; 24) Tráfico ilícito de piezas de arte o arqueológicas de patrimonio histórico y cultural; 25) Delitos financieros; 26) Crímenes y delitos de alta tecnología; 27) Uso indebido de información confidencial o privilegiada.

4. *Los principios garantísticos de la extinción de dominio*

Quizá sea este el gran escollo que ha divorciado a los Tribunales y Cortes Constitucionales en América Latina al momento de limitar o perfilar a la extinción de dominio, pues, para Ecuador y México la característica de imprescriptibilidad y retrospectividad de la acción resulta una evidente inconstitucionalidad, mientras que, para Colombia, República Dominicana, Honduras, El Salvador y Guatemala, representan una de las principales virtudes del instituto. ¿Quién tiene la razón? Es difícil ofrecer una respuesta en este orden territorial, puesto que, América Latina ha bebido de las mismas fuentes originales normativas. Ya nos hacíamos esta pregunta en las páginas precedentes. Además de odiosa la comparación, abriría una terrible brecha entre países con extinción de dominio de primera marcha y segunda marcha, como si la calidad del instituto proviniese exclusivamente del valor de la *lege ferenda*.

La calidad de la aplicación de la extinción de dominio deviene del reconocimiento, por todos, de unos anclajes hermenéuticos que establezcan unos estándares claros al sentenciador latinoamericano. Y es precisamente acá donde los principios, en este caso garantistas, sirven para alimentar ese *ius commune* de extinción de dominio que se ha ido construyendo, máxime, cuando existe una fuente tan homogénea como es la LEY MODELO DE EXTINCIÓN DE DOMINIO de 2011.

La adopción de los principios requiere de una urgencia que amerita el caso. En la reciente *Cumbre Latinoamericana de Seguridad*[410], celebrada en Guayaquil y organizada por el BANCO

---

[410] Ciudad de Guayaquil, Ecuador, 19 y 20 de agosto de 2024. El eje temático central fue sobre el combate financiero al crimen organizado. Sobre los pormenores de la Cumbre, véase MELLA, Carlos. "América Latina busca en la Cumbre Latinoamericana de Seguridad, cortar el oxígeno al crimen organizado", en: *Diario El País,* Madrid, edición del 19 de agosto de 2024 [en línea] en: https://elpais.com/america/2024-08-20/america-latina-busca

INTERAMERICANO DE DESARROLLO (BID), el énfasis se ha colocado en los mecanismos de persecución patrimonial contra el flujo económico de la delincuencia 2.0. Pero, más allá de los buenos propósitos o la clarificación de una agenda operativa para enfrentar a esta lacra que le cuesta a la región el 3.5% del PIB[411], realmente, una cifra alarmante; lo determinante es comenzar a construir esa base teórica para que la extinción de dominio no sólo sea una referencia de "buenas prácticas". Para la ciencia del Derecho, la definición de una base epistemológica, que, en conjunto con el universo conceptual bien precisado, requiere de principios que informen, como metanorma, para establecer no sólo la eficiencia en su puesta en vigencia, sino también, para limitar cualquier tentativa de excesos.

Tomando como referencia todo lo anteriormente expuesto, podemos deducir la existencia de cinco (05) grandes principios garantistas de la extinción de dominio. Estos, más allá de informar al momento de resolver un caso, previenen y otorgan las mayores garantías de seguridad jurídica al sistema, de cara a cualquier reforma legislativa que trasgreda la racionalidad, o bien, de una decisión de la justicia constitucional que haga nugatoria, como dice SANTANDER ABRIL, para "quitarle los dientes".

Estos principios son:

- El principio de reserva judicial.

- El principio de progresividad y objetivación de la calificación sobre la actividad ilícita.

-en-la-cumbre-latinoamericana-de-seguridad-cortar-el-oxigeno-al-crimen -organizado.html

[411] Véase MELLA, Carlos. "La Cumbre Latinoamericana de Seguridad cierra con propuestas para combatir el lavado de activos", en: *Diario El País,* edición del 20 de agosto de 2024 [en línea] en: https://elpais.com/america/ 2024-08-21/la-cumbre-latinoamericana-de-seguridad-cierra-con-propues tas-para-combatir-el-lavado-de-activos.html

- El principio de la presunción de licitud.
- El principio del interés general del derecho de propiedad.
- El principio de la buena fe calificada.

A. El principio de reserva judicial

En 2013, el TRIBUNAL CONSTITUCIONAL DEL ESTADO PLURINACIONAL DE BOLIVIA, puso fin a una de las incógnitas no resuelta ni en la Ley Modelo de Extinción de Dominio ni en ningún otro instrumento universal del instituto. Salvo las referencias a las leyes de extinción colombianas, el principio de la reserva judicial quedaba al aire, sin que fuera la piedra angular de los principios en extinción de dominio. Por ello, el Ejecutivo Nacional del Estado Plurinacional de Bolivia procedió a elaborar una ley que le otorgaba la facultad a la Administración Pública para que sustanciara y decidiera este procedimiento, sin las debidas garantías[412].

---

[412] El artículo 3 del *Proyecto de Ley de Extinción de Dominio de Bienes a favor del Estado*, anulado por la Corte Constitucional de Bolivia, era el siguiente: "(…) Artículo 3. (EXTINCIÓN DE DOMINIO). I. La acción de extinción de dominio de bienes a favor del Estado es una *acción pública de naturaleza administrativa* y contenido patrimonial; consiste en la pérdida del derecho de propiedad *o posesiones de bienes cuando éstos sean producto de las conductas descritas en el artículo 5° de la presente Ley,* salvándose los derechos de los terceros de buena fe. II. La acción administrativa de extinción de dominio de bienes a favor del Estado es independiente, especial, no jurisdiccional, de aplicación preferente a cualquier acción que se haya iniciado, sin necesidad de sentencia penal previa contra la o el titular del bien. III. La extinción de dominio no es una sanción penal principal ni accesoria, ni se basa en la culpabilidad de una persona, es susceptible de ser recurrido en el marco del procedimiento administrativo vigente, *exceptuándose el proceso contencioso adminis-trativo.* IV. La acción de extinción de dominio de bienes a favor del Estado, procede contra la poseedora o poseedor en caso de no conocerse un derecho propietario cierto (…)" (cursivas nuestras).

La sentencia, polémica dentro de los estándares políticos de la Bolivia de ese entonces, será enfática al señalar:

"(…) En ese entendido, para que la acción de extinción de dominio de bienes a favor del Estado, goce de todas las garantías inherentes al debido proceso, **la acción no puede tener una "naturaleza administrativa", tampoco ser "no jurisdiccional"**; por cuanto, dado el objeto y fines de la acción de extinción de dominio, su planteamiento implica tanto situaciones de hecho como de derecho que únicamente podrían ser dirimidas y resueltas *por una autoridad judicial competente, independiente e imparcial*; puesto que, al final de cuentas, lo que estará en discusión en una acción de extinción de dominio, será la legitimidad o no del origen de un derecho de propiedad, lo que demanda una carga probatoria dinámica, que necesariamente tiene que ser valorada con probidad, por una autoridad judicial competente y además idónea, pues lo que se encontrará en juego, es el patrimonio de las personas, que de declararse la extinción, implicará un acuerdo a los fines de la ley proyectada, la pérdida de la titularidad del derecho propietario, sin contraprestación ni compensación para su titular, *determinación que en todo caso corresponde estrictamente a un acto netamente jurisdiccional, dentro de la potestad de impartir justicia, la cual emana del pueblo boliviano y se sustenta, entre otros, en los principios de independencia, imparcialidad, seguridad jurídica, probidad, equidad, armonía social y respeto a los derechos, labor que ha sido encomendada siempre, dentro del marco del principio de separación de funciones, a las autoridades judiciales*, que son las únicas que ejercen la jurisdicción conforme a ley.

Entonces, la acción de extinción de dominio, no puede darse a través de un procedimiento administrativo, por el carácter de la acción y dada la connotación en la afectación a derechos individuales de las personas; ya que, *esa "naturaleza administrativa" no asegura que se cumplan estándares mínimo inherentes a la garantía del debido proceso, porque la "naturaleza administrativa" de un proceso, pone a éste en manos de autoridades de esta naturaleza, con total ausencia de probidad, que no garantizan independencia ni imparcialidad, por su vinculación a funciones que son propias del Órgano Ejecutivo, quien en las acción de extinción de dominio podría aparecer como juez y parte*, en evidente concentración de funciones, lo que indudablemente lesionaría derechos y garantías constitucionales (…)"[413] (Negrillas y subrayado originales de la sentencia, cursivas nuestras)

El contenido de lo expuesto ya había sido delimitado, más o menos, en la sentencia C-740 de la CORTE CONSTITUCIONAL DE COLOMBIA, al establecer:

"(…) dado que a través de su ejercicio se desvirtúa la legitimidad del dominio ejercido sobre unos bienes, corresponde a un típico acto jurisdiccional del Estado y, por lo mismo, la declaratoria de extinción de dominio está rodeada de garantías como la sujeción a la Constitución y a la ley y a la autonomía, independencia e imparcialidad de la jurisdicción (…)"[414] (cursivas nuestras)

El principio de la reserva judicial es una de las conquistas del estado de Derecho moderno[415].

---

[413] Declaración Constitucional Plurinacional 0002/2013, Sala Plena. Magistrado Relator: Dr. Macario Lahor CORTEZ CHÁVEZ. Expediente número 02073-2012-05-CCP en la consulta sobre la constitucionalidad del proyecto de Ley de Extinción de Dominio de Bienes a Favor del Estado, formulada por el entonces Presidente de Bolivia, Juan Evo MORALES AYMA.

[414] CORTE CONSTITUCIONAL DE LA REPÚBLICA DE COLOMBIA. Sentencia C-740 de fecha 28 de agosto de 2003 (Caso: *Pedro Pablo Camargo Vs. Ley 793 de 2002*).

[415] Sobre el principio de reserva judicial, véase TORTOLERO CERVANTES, Francisco. (2006). "La reserva judicial en Alemania", en: *Reforma judicial: Revista Mexicana de Justicia*, n° 7, pp. 227-244. RODRÍGUEZ

Su inclusión ha sido uno de los bastiones del trípode que sostiene al proceso moderno, a las debidas garantías que goza el poder judicial.

En la extinción de dominio resulta imprescindible que de manera exclusiva sea a través de la jurisdicción la que dilucide el problema central de falta de certeza sobre la licitud o ilicitud de un bien, sea en su origen o derivación. Sólo el poder judicial, a través de un proceso, es que puede obtenerse la suficiente seguridad frente a una posible limitación de un derecho humano, en este caso, el relativo a la propiedad. Esta seguridad se verifica en tres formas.

La primera, que el juez, a pesar de ser un órgano del Estado, no es parte de la Administración Pública en el sentido de asociar esta con el poder ejecutivo. Recordemos que es el Estado quien es el garante y receptor exclusivo y excluyente de la potestad de corrección patrimonial que le concede la Constitución Económica para vigilar la buena marcha del sistema patrimonial nacional. Si por algún momento se aceptara que sea a través de un procedimiento administrativo, el Estado, que sería el beneficiario directo de un procedimiento de extinción de dominio, fungiría como "juez y parte", es decir, que se dudaría de la imparcialidad de quien será el receptor de esos bienes. Por otra parte, en caso de proceder, sólo quedaría como lugar para zanjar cualquier arbitrariedad, la jurisdicción contenciosa-administrativa, un espacio judicial que, a pesar de su marcado acento garantista, todavía resguarda tanto privilegios como prerrogativas procesales a favor de la Administración.

PORTUGUÉS, Manuel. (2019). "Reserva de jurisdicción y libertad del legislador para optar entre penas y sanciones administrativas", en: *Revista de Administración Pública*, n° 208, pp. 151-178. FARTO PIAY, Tomás. (2022). "Reflexiones sobre el proceso de decomiso autónomo y la reserva de la acción de decomiso en el proceso penal", en: FAGGIANI, V. y GARRIDO CARRILLO, F. J. (Dir.) *Lucha contra la criminalidad organizada y cooperación judicial en la UE: instrumentos, límites y perspectivas en la era digital.* Madrid, Thomson, Reuters, Aranzadi, pp. 115-139.

Segundo, como bien indica el fallo boliviano, está en "juego la legitimidad o no del origen del derecho de propiedad". Sólo a través de un proceso que logre establecer con claridad la suerte de falta de conocimiento (certeza) sobre el bien, podría el titular aparente hacer valer su capacidad probatoria (carga dinámica de la prueba) para demostrar que ha adquirido de manera lícita el bien, o en el caso de terceros, que han procedido de buena fe. El juicio implica un elemento de confianza que facilita la igualdad de las partes ante un cuestionamiento formulado por el Ministerio Público. En este particular queremos advertir que el Ministerio Público no actúa en este proceso como titular de la vindicta pública ni como representante del Estado, legitimado procesalmente, como en los procesos típicos de cualquiera de las acciones o recursos del contencioso-administrativo. El Ministerio Público actúa por ser, en casi todas las Constituciones Latinoamericanas, el defensor de la "constitucionalidad y legalidad" y no solo la exclusiva vindicta pública titular de la acción penal. Además, como existe una conexidad indiscutible entre los procesos de extinción con las investigaciones de corte penal, el Ministerio Público Fiscal facilita la reserva debida, según estándares de ley, para conocer mejor si hay méritos o no para la interposición de la acción de extinción de dominio.

Tercero, recordemos que estamos en presencia de una acción *in rem,* donde se están enjuiciando son los bienes, formulándose la odiosa pregunta ¿de dónde se obtuvo? Si es una típica acción civil, mal podría ser tramitada ante un procedimiento administrativo de una dependencia administrativa. La jurisdicción si bien goza del principio de unidad, ha sido diferenciada su competencia (orgánica o no) para conocer especializadamente las diferentes pretensiones incoadas por quien tiene la titularidad de la acción. Esto materializa otros principios constitucionales aplicables al sistema de justicia, como son la imparcialidad del sentenciador[416], la independencia frente al poder ejecutivo[417] y la capacidad para decidir el fondo de la controversia, con el deber de esclarecer la verdad por encima de los propios intereses patrimoniales del Estado, así éstos últimos entren en conflicto con otros derechos fundamentales de la sociedad[418]. Por más que sea una *actio in rem*, donde no existen "partes" en el sentido procesal tradicional, no olvidemos que sigue siendo un conflicto, que, sólo el juez, puede conferir tutela de forma efectiva y libre contra toda duda de sujeción a otros poderes,

---

[416] Sobre la imparcialidad del juez, véase NIETO GARCÍA, Alejandro. (2018). "Imparcialidad e independencia judicial", en: VAQUER CABALLERÍA, Marcos; MORENO MOLINA, Ángel Manuel; DESCALZO GONZÁLEZ, Antonio y PAREJO ALFONSO, Luciano. (Coord.). *Estudios de Derecho Público en homenaje a Luciano Parejo Alfonso.* Valencia, Editorial Tirant Lo Blanch, Vol. I, pp. 81-97. DE ASÍS ROIG, Rafael F. (1994). "Imparcialidad, igualdad y obediencia en la actividad judicial", en: *Doxa: Cuadernos de Filosofía del Derecho,* n° 15-16, pp. 913-928. GÓMEZ MARTÍNEZ, Carlos. (Dir.) (2009). *La imparcialidad judicial.* Madrid, Consejo General del Poder Judicial.

[417] Véase, CASTÁN TOBEÑAS, José. (1951). "Poder judicial e independencia judicial", en: *Revista general de legislación y jurisprudencia,* n° 190, 3 (septiembre), pp. 201-263. NIEVA FENOLL, Jordi y OTEIZA, Eduardo. (Dir.). (2009). *La independencia judicial: un constante asedio.* Madrid, Marcial Pons. DE RIVACOBA Y RIVACOBA, Manuel. (1992). "Independencia del poder judicial: trascendencia e implicaciones éticas", en: *Revista de Derecho Penal y Criminología,* n° 2, pp. 585-602. CARRIÓN WAM, Roque. (1989-1990). "Independencia del poder judicial, ideología y racionalidad jurídico-procesal", en: *Revista jurídica de Castilla – La Mancha,* n° 8.9, pp. 329-340.

[418] Una de las notas relevantes del poder judicial en el constitucionalismo moderno, es precisamente su papel no sólo como árbitro sino también como garante de la pluralidad valórica aceptada por la Constitución. No puede concebirse un poder judicial para el servicio ideológico de quienes sustenten el gobierno, así como tampoco, para imponer un concepto único de sociedad si precisamente, la nota característica de la democracia es la libertad para la libre profesión de ideas, siempre que éstas, no violenten el orden público ni la Constitución.

sean éstos fácticos o formales del Estado. De igual forma, el poder judicial, en principio, no está sometido a ningún condicionante ideológico, razón la cual, están obligados a dispensar una resolución sin alegar cuestiones superiores relativas a las maneras de pensar o a las abstracciones operativas que imponga un gobierno bajo una línea ideológica.

Esta última idea es determinante, visto que, un gobierno -incluso electo democráticamente- está condicionado por sus coordenadas ideológicas. Cada una de las versiones políticas encuentran en el derecho de propiedad o un enemigo a batir (socialismos y versiones comunitarias) o un fetiche (liberalismos extremos y anarco-capitalistas) al cual el concepto de interés general no sólo es desnaturalizador de la misma, sino una "amenaza". El juez imparcial no se acoge a ninguna de las versiones propugnadas desde el gobierno, ya que no depende de éste ni tampoco le debe su cargo. Es por ello por lo que un conflicto de grandes magnitudes, como el que plantea la extinción de dominio, sólo pueda ser resuelto por un poder judicial equilibrado, imparcial, independiente, autónomo y altamente calificado para resolver el asunto, más allá de su dimensión jurídica.

B.   El principio de progresividad y objetivación de la calificación sobre la actividad ilícita

El segundo principio, es conexo con el de reserva judicial, y responde a los variados modelos de decomiso y extinción de dominio. De allí que como afirmáramos *ut supra*, resulta hoy imposible hablar del "decomiso" y "extinción de dominio" en singular. Existen tantos decomisos como extinciones según la acogida y arquitectura jurídica de la política criminal de un Estado.

Un caso reciente nos ha llevado a resaltar la importante de este principio en la extinción de dominio, como es el de progresividad y objetivación de la calificación sobre la actividad ilícita. El Perú, ha presentado el proyecto de Ley número 3577/2022, mediante el cual, se presenta una propuesta de reforma del Decreto Legislativo 1373 sobre extinción de dominio. Puede leerse que la iniciativa está encaminada hacia la modificación sustancial de la médula que activa la acción de extinción de dominio: *el concepto de actividad ilícita*.

El proyecto contempla modificar el artículo 3.1 del Decreto legislativo 1373 en los siguientes términos:

"(…)

Artículo III.- Definiciones:

Para los efectos del presente decreto legislativo se entenderá como:

3.1. Actividad ilícita: toda acción u omisión **delictiva** contraria al ordenamiento jurídico **penal** relacionada al ámbito de aplicación establecido en el artículo I del Título Preliminar del presente decreto legislativo (…)" (negrillas y subrayado nuestro)

El vigente Decreto 1373 contempla de la siguiente manera la disposición en cuestión:

"(…)

Artículo III. Definiciones.

Para los efectos del presente decreto legislativo se entenderá como:

3.1. Actividad ilícita: toda acción u omisión contraria al ordenamiento jurídico relacionada al ámbito de aplicación establecido en el artículo I del Título Preliminar del presente decreto legislativo (…)".

A simple vista pareciera que la reforma va dirigida hacia la concreción de un modelo "objetivo" de extinción de dominio, arrinconándola hacia la tipología penal de la conducta reprochable que da origen al proceso, como tal vez quedó plasmada en la calificación de "actividad ilícita", por ejemplo, de la Ley Orgánica de Extinción de Dominio venezolana (LOED)[419]. Sin embargo, tras la lectura de la propia exposición de motivos de la propuesta legislativa, subyace más bien otra intencionalidad, que amén de emplear justificaciones materiales y formales fuera de lugar (vgr. abuso del Derecho y afectación de los derechos fundamentales); esconden otra intención que valdría hacernos la pregunta ¿es posible hacer este cambio sustancial de modelo?

El texto de la reforma agrega un calificativo que abre las puertas para subordinar la ED al proceso penal, o por lo menos, a la suerte de una sentencia condenatoria. Puede notarse, a diferencia de su par venezolana, que se emplea la expresión "(…) *toda acción u omisión delictiva* (…)". El término delictivo, en su acepción española, expresa, sin duda alguna, un predicado que implica la comisión de un delito[420]. Y para que, en efecto, podamos hablar de la materialización de un hecho punible, dentro del constitucionalismo contemporáneo y el Derecho penal garantista, es menester la existencia de una sentencia penal condenatoriamente firme.

Esta propuesta, en pocas palabras, es un despropósito cuando no, un fraude legislativo contra la extinción de dominio. Una forma para hacer romo el instrumento, judicialmente comprobado, de mayor eficiencia y eficacia en América Latina para la recuperación de activos producto de la corrupción y otras patologías de la

---

[419] El artículo 5.1 de la LOED venezolana establece: "(…) Artículo 5. Para los efectos de esta Ley, se entenderá como: 1. Actividad ilícita: Toda actividad tipificada en la legislación contra la corrupción, la delincuencia organizada, el financiamiento al terrorismo, la legitimación de capitales y tráfico ilícito de sustancias psicotrópicas y estupefacientes, aún cuando no se haya dictado sentencia en el proceso penal correspondiente (…)". Ahora bien, fíjese que, a pesar de ceñirse al concepto de delincuencia económica, la legislación venezolana mantiene la acción totalmente independiente del proceso penal.

[420] REAL ACADEMIA ESPAÑOLA DE LA LENGUA. (2001). *Diccionario de la Lengua Española*. Madrid, RAE, Tomo I, p. 742.

delincuencia organizada. Prosigue el proyecto *PL3577/2002*, invocando una suerte de argumentos supuestamente a favor de la reforma, entre los que se destacan:

- *Precisar la figura* para así "evitar la desnaturalización del espíritu de la norma, enfocándola en los bienes incautados cuyo origen responde a <<ilícitos penales>>, acotando apropiadamente la redacción para evitar el <<abuso del derecho>> y la afectación de los derechos fundamentales" (p. 3).

Al respecto, de entrada, el párrafo nos asoma una falacia de equivalencia argumental, es decir, equipara a la actividad ilícita contemplada de forma extensa como una forma de "desnaturalizar" a la extinción de dominio, transmutándose esta última en una forma de "abuso del derecho" y afectación de derechos fundamentales, cuando, de suyo, ni cabe lógicamente hablar del abuso del derecho y mucho menos de modificación de derechos fundamentales.

Sobre el abuso del derecho, según doctrina de las obligaciones, una persona incurre en esta hipótesis cuando *causa daño a otro en el ejercicio de un derecho subjetivo*[421] Esto implica que quien ocasione el supuesto daño está haciendo uso de un derecho otorgado legalmente, pues, al ser excesivamente egoísta, se hace antisocial, irregular y anormal, lo que genera obligatoriamente responsabilidad civil. Si revisamos con detenimiento en qué consiste el ejercicio de la acción de extinción de dominio, no es ni un apalancamiento de un derecho subjetivo del Estado ni siquiera de los Ministerios Públicos fiscales del continente. Por tanto, hacer mención del abuso del derecho luce como desenfocado desde el plano tanto conceptual como teleológico.

---

[421] Al respecto, véase PITTIER SUCRE, Emilio. (2007). "El abuso del Derecho", en: AAVV. *Derecho de las obligaciones en el nuevo milenio.* Caracas, Academia de Ciencias Políticas y Sociales, pp. 561-604. URDANETA SANDOVAL, Carlos Alberto. (2004). "Procedencia en el Derecho venezolano del ejercicio abusivo de los derechos humanos o fundamentales en su eficacia horizontal", en: *Temas de Derecho civil. Homenaje a Andrés Aguilar Mawdsley.* Caracas, Ediciones del Tribunal Supremo de Justicia, Tomo II, pp. 639-723.

Y más todavía es desfigurativo el argumento, cuando nos dice que puede "afectarse derechos fundamentales", cuando sabemos de suyo que, al abordarse la dimensión adjetiva de la ED, estamos en presencia de lo que CHIOVENDA en su sistema de acciones califica como "acción mero-declarativa", puesto que, se solicita a la autoridad judicial que por vía de decisión se establezca una certeza ante la falta de esta[422]. La falta de certeza es sobre si el bien nació de una actividad "ilícita" o "lícita", y dependiendo de lo probado en autos, se dilucidará dicha incertidumbre. Por tanto, mal puede asomarse que la ED "afecta derechos", pues, si algo más bien despeja la acción bien presentada es si la propiedad como derecho se concretó o no dependiendo de la conducta ilícita para su adquisición o empleo posterior de los bienes.

- La norma vigente, prosigue la propuesta de reforma legislativa peruana, *"crea una generalidad que va más allá de la sólo acción penal y que abre la posibilidad de otro tipo de conductas contrarias al ordenamiento jurídico, como ocurre con el derecho administrativo sancionador"* (p. 4). Nos introduce este párrafo a una peligrosa tautología al identificar que la ED está vinculada a la "acción penal", lo cual, además de ser un falseamiento por error de identidad entre los objetos definidos, cierra la puerta para los modelos subjetivos o elásticos, éstos, precisamente separados de cualquier noción del delito. Sorprende mucho que la propia propuesta en varios párrafos asevere las características consolidadas de la ED (*actio in rem*, separación de la ilicitud de la punibilidad, etc.), más, sin embargo, de forma grotesca -no hay otra manera de calificarlo- me apunte que la genuina ED es la que propugna la reforma del artículo 3.1, agregándole el mote de "delictiva" a la acción u omisión contraria al ordenamiento.

---

[422] CHIOVENDA, Giuseppe. (1949). *Ensayos de Derecho Procesal Civil.* Buenos Aires, Bosch Editores, traducción de Santiago Sentís Melendo, Tomo I, p. 143.

- Entender que la *"extinción de dominio como una limitación constitucionalmente válida al derecho de propiedad"* (p. 5). Prosigue con la deformación de hacernos ver que la ED limita el derecho de propiedad, cuando, como se explicó, *ni limita ni extingue ni mucho menos constituye un derecho de propiedad a favor del Estado*. Simple y llanamente se otorga certeza a una duda sobre si el bien ha sido causado por actividad lícita o ilícita, o bien, de haber nacido lícito, devino en ilícita por la destinación hacia actividades reprochables. La ED no es una acción constitutiva ni de condena. Lo peor del asunto es que textualmente establecen:

> "(…) De igual manera, se debe señalar que si bien la figura de la extinción de dominio es un proceso independiente y autónomo del proceso penal. Es importante que como figura contra el crimen organizado cumpla con la naturaleza de responsabilidad penal, la cual se basa en requerir la figura de la culpabilidad de la acción. La persona que ejecuta la acción que da lugar al inicio al proceso de extinción de dominio debe pertenecer a una organización criminal y mediante su accionar delictivo debe generar ganancias pecuniarias, generando pérdidas a los ciudadanos y al Estado Peruano (…)" (p. 5).

Reduce al *absurdo toda la teoría que sustenta a la ED*, pues, nos hace ver tres errores epistemológicos. El primero, que afirma de la independencia y autonomía del proceso penal, pero, debe precisarse la responsabilidad penal, lo cual, desconoce el concepto de *actio in rem*. Segundo, que es obligatorio que el sujeto detentador de los bienes contra el cual se ejerce la ED sea de una "organización criminal". Recordemos que para calificar a un sujeto perteneciente al crimen organizado obligatoriamente debe sentenciarse penalmente, con una decisión -tras un proceso penal garantista y plena prueba- que demuestre la culpabilidad. Tercero, que por ser organización criminal debe generar ganancias pecuniarias, generando pérdidas a los ciudadanos y al Estado peruano. Entonces, de ser así, ¿cómo se califican a los funcionarios públicos que cometieron delitos contra la cosa pública que haya generado esas "pérdidas", si precisamente no pertenecen a organizaciones criminales? ¿Son exentos de responsabilidad penal? ¿Y el caso de los terceros considerados más que testaferros? ¿Podría aplicarse extinción de dominio a estos terceros? ¿Y el caso de los menores de edad? Sencillamente es absurda las previsiones que están establecidas en este párrafo, que, además, se contradice abiertamente.

Pero, lo que era un ejercicio de desnaturalización vedada, termina asumiendo una franqueza de la cual debería, los actores peruanos vinculados a la extinción de dominio, resaltar para fundamentar el rechazo a la reforma. Establece el mismo proyecto, en su página 13:

"(…) El presente proyecto de ley busca presentar un cambio a favor de proteger la figura de la extinción de dominio, proponiendo que no se pierda su concepción como herramienta contra los bienes obtenidos mediante actividades delictivas, recomendando enfocarse únicamente en propiedades con origen de ilícitos penales.

De esta manera la extinción de dominio se regirá exclusivamente a la investigación y persecución de los muebles e inmuebles obtenidos de actividades ilícitas, yendo en simultáneo con la constitución de la pena del investigado manteniendo su característica de proceso autónomo.

La presente iniciativa legislativa busca perfeccionar la regulación de la respuesta del Estado frente al enriquecimiento indebido por parte de organizaciones criminales, buscando obtener un beneficio positivo de los bienes de origen ilícito; procurando generar un beneficio para la entidad que se encarga de la investigación y persecución de organizaciones criminales, como es el Ministerio Público; permitiendo que siempre cuente con las herramientas necesarias para sancionar la conducta delictiva (…)"

Estas expresiones de vincular de una forma subordinada la extinción de dominio a la punibilidad, generan las mismas consecuencias encontradas en la argumentación de la sentencia 315 de fecha 28 de abril de 2023 de la SALA CONSTITUCIONAL DEL TRIBUNAL SUPREMO DE JUSTICIA venezolano. Como apuntamos en esa oportunidad[423], es una típica falacia *ignoratio elenchi* (conclusión inatinente por ignorancia del asunto), colegir que la ED sea intrínsecamente parte de ilícitos penales, pues, de ocurrir, como en efecto se vislumbra de la reforma en el Perú, estaríamos ante un evidente fraude que como bien lo explica la PROCURADURÍA GENERAL DEL ESTADO DEL PERÚ, en el informe detallado en rechazo al proyecto[424], implicaría retrotraer la extinción de dominio hacia el modelo superado de la Ley de Pérdida de Dominio. Su principal error fue exigir la culpabilidad previa en sentencia penal para posteriormente proceder a perseguir bienes por extinción de dominio.

La modificación legislativa identificada coloca a la ED en un dilema que, sería positivo, prever una consulta constitucional si en el Perú se permite legal y jurisprudencialmente. En Venezuela, por disposición de la Constitución de 1999, puede solicitarse ante la Sala Constitucional un recurso de interpretación del texto constitucional a los fines de dilucidar una controversia frente a una situación inconcreto. Aunado a ello, revisando la opinión de la procuraduría especializada en ED, sobre el retrotraer la acción hacia un "sistema desfasado"[425], nos sitúa ante la interrogante *¿existe un principio de progresividad de la acción de extinción de dominio?*

---

[423]   Véase URBINA MENDOZA, Emilio J. (2023). "La justicia constitucional y la extinción de dominio en América Latina. Una alta lección para su configuración en Venezuela, a propósito, de la sentencia 315 de 28-04-2023 de la Sala Constitucional del Tribunal Supremo de Justicia", en: *Revista de Derecho Público,* n° 173-174, enero/junio, pp. 365-366.

[424]   PROCURADURÍA GENERAL DE ESTADO DE LA REPÚBLICA DEL PERÚ-PROCURADURÍA PÚBLICA ESPECIALIZADA EN DELITOS DE LAVADO DE ACTIVOS. *Informe técnico n° 02-2023-IN-PLA-MSM,* de fecha 20 de marzo de 2023, suscrito por el Procurador Público Especializado en Lavado de Activos, Miguel Ángel SÁNCHEZ MERCADO, pp. 8-9.

[425]   *Ibídem.*

Este cuestionamiento nos luce capital, pues, si reconocemos a nivel de América Latina que la ED posee dos esferas (sustantiva y adjetiva)[426], suficientemente explicada en las páginas que preceden, debemos identificar a la primera de naturaleza constitucional, mientras que, la segunda, típicamente civil-patrimonial. En el derecho constitucional vinculado con los derechos fundamentales, existe el denominado *principio de progresividad de los derechos*, esto implica que una vez que evoluciona las manifestaciones de protección jurídica del derecho en cuestión, está prohibido al Estado retrotraerse hasta etapas superadas donde la efectividad del cumplimiento de éste estaba limitada[427].

Y como estamos ante un caso de verificación de certeza sobre la consolidación o no del derecho de propiedad, en razón de la ilicitud del bien (sea por su origen o destinación), retrotraer la acción en su arista constitucional hacia manifestaciones superadas, implicaría una violación flagrante del artículo 26 de la Convención Americana de Derechos Humanos, así como, un evidente menoscabo al interés general que atañe a todos el hecho de no tolerar bienes que hayan sido producto de actividades ilícitas y deshonestas.

---

[426]   Véase SANTANDER ABRIL, Gilmar. (2023). *Ob. Cit.*, pp. 3-6.

[427]   La bibliografía sobre el principio de progresividad de los derechos humanos ha sido copiosa, sobre todo, desde finales de los años 80 del siglo pasado. La CONVENCIÓN AMERICANA SOBRE DERECHOS HUMANOS prevé en su artículo 26 este principio bajo los siguientes parámetros: "(…) *Artículo 26. Desarrollo Progresivo. Los Estados Partes se comprometen a adoptar providencias, tanto a nivel interno como mediante la cooperación internacional, especialmente económica y técnica, para lograr progresivamente la plena efectividad de los derechos que se derivan de las normas económicas, sociales y sobre educación, ciencia y cultura, contenidas en la Carta de la Organización de los Estados Americanos, reformada por el Protocolo de Buenos Aires, en la medida de los recursos disponibles, por vía legislativa u otros medios apropiados* (…)".

Si en su origen la ED en un Estado basaba su concepto de actividad ilícita en un catálogo cerrado de conductas reprochables, por ejemplo, en la tipicidad de legislación penal, debía concebirse que se había conciliado con los modelos denominados "objetivos" o de número taxativo. Ahora bien, ese concepto puede perfectamente evolucionar en futuras reformas legítimas de dicho Estado, siempre que, el nuevo instrumento fuera mucho más eficaz y eficiente que el superado. Y una vez contemplado una lista abierta, como es el caso del Decreto Legislativo 1373 de 2019, pudiera considerarse atentatorio del principio de progresividad este tipo de modificaciones, lo que abriría la puerta para que, la justicia constitucional peruana, se encargara de declarar la nulidad de la reforma por ser contraria a las disposiciones inviolables del principio de la progresividad.

Casos como estos, de reformas unilaterales precisadas por los Estados, sea por vía legislativa o jurisprudencial, implica en cierta medida una forma de regresividad en la extinción de dominio bajo el escudo de la soberanía nacional. Como hemos indicado en varias oportunidades, una vez que la Ley Modelo de Extinción de Dominio del programa de ONUDC ha logrado consolidarse en la región, dicho instrumento debería evolucionar hacia un protocolo de seguimiento, pues, aunque exista cierta resistencia entre la comunidad jurídica, es innegable la existencia de un "*ius commune*" de extinción de dominio latinoamericano.

Esta suerte de *derecho común de extinción de dominio*, por colocarle un mote, posee elementos característicos que son irreversibles, o por lo menos, no susceptibles de regresividad. Uno de estos puntos neurálgicos sería la concreción de un *principio de la progresividad de los modelos de extinción de dominio o de no regresividad*, como prefiera la tradición jurídica del país afectado.

C.   El principio de presunción de licitud

El tercer principio específico de la extinción de dominio está vinculado estrechamente con el carácter civil de la acción y los principios negociales propios del sistema civil occidental sobre la propiedad. Mencionamos *la presunción de licitud*. Partimos que todo mecanismo de corrección patrimonial constitucional no se concibe para aplicarse con el solo fin de cumplir metas o de repartir una suerte de "justicia patrimonial" tan igual a la que hace mención CALAMANDREI cuando se refiere al zapatero de Messina[428].

Uno de los puntos fundamentales de todo proceso de extinción de dominio, es la etapa precedente a la interposición de la demanda judicial. En la LMEDO como en buena parte de las 11 legislaciones latinoamericanas, es exigencia *sine qua non*, que el Ministerio Público Fiscal haya procedido a una exhaustiva investigación patrimonial[429]. Será en esta fase previa donde se esclarecen elementos probatorios basados en el balance de probabilidades donde las Fiscalías determinan que un bien es más "probable" que sea de origen ilícito que lícito. Ahora, asumir esta convicción no se realiza a través de actividades improvisadas o sin asidero científico-forense, pues, denotaría poca importancia al cuidado de la garantía sobre la propiedad que posee el titular aparente, hasta que, se pruebe que en efecto esos bienes no pueden ser justificados.

Esta afirmación conlleva a tres consecuencias prácticas del principio de presunción de licitud de los bienes. Primero, que la Fiscalía debe contar con un equipo profesional multidisciplinario que permanentemente acompañe al fiscal de ED, en estas recurrentes pesquisas preliminares. Segundo, la multidisciplinariedad es obligatoria porque estamos, en primer momento, ante un problema

---

[428]   CALAMANDREI, Piero. (1959). *Estudios de Derecho Procesal en Italia.* Buenos Aires, Ediciones EJEA, traducción de Santiago Sentís Melendo, pp. 117 y ss.

[429]   Entendemos por investigación patrimonial previa como *el procedimiento no judicial, previo, de carácter reservado, como requisito de validez y previa del proceso de extinción de dominio, realizado por el Ministerio Público, donde deberá, tras la aplicación del balance de probabilidades, identificar, localizar y ubicar los bienes y efectos patrimoniales; estableciéndose un nexo incuestionable del origen de dichos bienes con una actividad ilícita prevista objetivamente en la ley.* Véase JIMÉNEZ TAPIA, Rafael S. y URBINA MENDOZA, Emilio J. (2023). *Ob. Cit.,* p. 326.

de tipo económico-financiero más que jurídico. Tercero, que se establezca un esquema para lograr una investigación eficaz y eficiente, según lo sugieren Charles MONTEITH y Andrew DORNBIERER[430].

En virtud de este principio bajo estudio, a los fines de no desvirtuar el sistema civil de bienes, todas las legislaciones estudiadas en materia de extinción de domino son altamente escrupulosas en exigir esta investigación para así poder admitir la demanda. De no incorporar, junto al escrito de interposición de la acción, todos estos elementos, el juez de extinción de dominio está en la obligación de declarar la nulidad del proceso en la audiencia preparatoria, que, según el esquema de la LMEDO, sirve para establecer la legitimidad sobre si proseguir o no en un juicio[431].

Es acá donde no puede hablarse de sospecha al titular aparente. Recordemos que el proceso de extinción no va dirigido hacia la persona, sino hacia el bien directamente. Pero, visto que no existe en materia patrimonial la aplicación del principio de presunción de inocencia, su par aplicado a los bienes es precisamente la presunción de licitud. Ahora bien, no es un principio de aplicación directa en el entendido que pueda ser usado como defensa en un proceso de extinción. Este principio es una garantía que obliga al Ministerio Público a desarrollar en la etapa preprocesal, como lo denomina la LMEDO (investigación patrimonial previa en la legislación venezolana), una revisión exhaustiva de todas las pruebas, no exigiéndose el concepto de plena prueba, pero sí el de elementos de convicción suficiente, que, al aplicarse el balance de probabilidades, apunten que dichos bienes sean "probable y estadísticamente" más de fuente ilícita que lícita.

---

430 MONTEITH, Charles y DORNBIERER, Andrew. (2016). "Estrategia de casos y planeamiento de la investigación", en: AAVV. *Rastreo de activos ilegales. Una guía para operadores.* Basilea, International Centre for Asset Recovery, p. 29.

431 Artículos 27, 28 y 34 de la Ley Orgánica de Extinción de Dominio venezolana. Artículos 23 y 24 de la LMEDO.

No puede en ninguna circunstancia, ni siquiera en flagrancia, presentarse una demanda de extinción de dominio sin haber realizado con todas las exigencias científicas, esa investigación previa. Recordemos que el juez de extinción de dominio no procede a "eliminar" la propiedad, ni "declararla" a favor del Estado. Su quehacer procesal se limita hacia el esclarecimiento de la verdad, específicamente, en fijar certeza de que el bien fue adquirido o destinado de forma lícita o ilícita. Y según lo probado en el proceso, la sentencia solo se circunscribirá a disipar la incertidumbre sobre el carácter legal o no del origen del bien o su empleo posterior al dominio del que funge como titular aparente.

Por eso el *Código de Extinción de Dominio de Colombia* y la LOED venezolana, han fijado en sus dispositivos lo siguiente:

Colombia:

Artículo 3. *Derecho a la propiedad.*

La extinción de dominio tendrá como límite el derecho a la propiedad lícitamente obtenida de buena fe exenta de culpa y ejercida conforme a la función social y ecológica que le es inherente.

Venezuela:

Aplicación de la Ley

Artículo 6. La extinción de dominio procederá, aunque los presupuestos fácticos exigidos para su declaratoria hubieren ocurrido con anterioridad a la entrada en vigencia de esta Ley.

La extinción de dominio tendrá como único límite el derecho de propiedad lícitamente obtenido como valor constitucional y cuyos atributos se ejerzan de conformidad con la función social prevista en la Constitución de la República Bolivariana de Venezuela y las leyes.

Una vez demostrada la ilicitud de origen de los bienes afectados en el proceso de extinción de dominio se entenderá que el objeto de las convenciones o negocios jurídicos que dieron lugar a la adquisición es contraria al régimen constitucional y lugar de la propiedad. Por tanto, los actos y contratos que versen sobre dichos bienes en ningún caso constituyen justo título y se considerarán nulos

Los textos ratifican la presunción de licitud, ésta, desvirtuable únicamente por su comprobación judicial, tras un proceso contradictorio[432]. Esto se incardina al principio general negocial de presunción de licitud y validez de los negocios jurídicos, hasta tanto, un juez no proceda a declarar lo contrario en una sentencia que sea producto de un proceso judicial civil con todas las garantías propias aplicables a los justiciables.

En Colombia, la CORTE SUPREMA DE JUSTICIA, SALA DE CASACIÓN PENAL, se ha pronunciado al respecto sobre la presunción de licitud, en los siguientes términos:

"(…) «En cuanto a la garantía penal de la presunción de inocencia, la jurisprudencia sido clara en señalar que aunque la misma no aplica en el proceso de extinción de dominio, *tampoco hay lugar a presumir la ilícita procedencia de los bienes que son objeto de él*. En consecuencia, el Estado tiene la obligación de recaudar elementos de prueba que le permitan colegir que el dominio sobre unos bienes no tiene una explicación razonable en el ejercicio de actividades legítimas y, además, obedece al desarrollo de actividades ilícitas.

Con todo lo expuesto, la Sala encuentra que el Tribunal de primera instancia acertó al afirmar que garantías del proceso penal como la presunción de inocencia, el *in dubio pro reo* y la favorabilidad no son trasladables de manera automática a la acción extintiva. Punto en el cual se agrega que, en este tipo de actuaciones, la presunción de inocencia cobra una dimensión

---

[432] El *Código Colombiano de Extinción de Dominio*, en su artículo 8, califica al contradictorio como un principio aplicable al proceso de ED. A nuestro juicio, la garantía de un contradictorio forma parte del principio constitucional procesal del "debido proceso y tutela judicial efectiva".

no equiparable a la de la acción punitiva, *pues apunta a la necesidad de que se demuestre la ilicitud de bienes, como se expuso con antelación (…)"*[433] (cursivas nuestras)

Entonces, visto que no se aplica el principio de presunción de inocencia en el proceso de extinción de dominio, su equivalente en nuestra materia sería el principio de presunción de licitud, que, coincide con la esencia del Derecho civil de las obligaciones, donde se reputarán siempre como válidas, en principio, los negocios y formalidades jurídicas mientras un órgano judicial no procede a su anulación.

D.   El principio del "interés general" del derecho de propiedad

Ya hicimos algo de mención a este principio cuando abordamos la tesis de fundamentación a la extinción de dominio sobre la POTESTAD DE CORRECCIÓN PATRIMONIAL CONSTITUCIONAL. Es necesario hacer una distinción entre el llamado principio de la función social y el de interés general de la propiedad. El primero de los mencionados nos indica la necesaria limitación de las facultades y atribuciones que conlleva la propiedad frente al bloque de constitucionalidad y legalidad establecido legítimamente. Al contrario, el segundo, como apuntamos, es el fundamento de la potestad de corrección patrimonial constitucional[434]. Será el interés general quien ampare el principio del ejercicio lícito de la propiedad, este último, única forma que genere el reconocimiento legítimo del derecho de propiedad. Como bien ha indicado la CORTE CONSTITUCIONAL DE COLOMBIA, en la celebérrima sentencia C-740 de 2003, "(…) *4. La Constitución de 1991 suministró un nuevo fundamento para la contextualización de los derechos y, entre ellos, del derecho a la propiedad. Lo hizo no sólo al*

---

[433]   CORTE SUPREMA DE JUSTICIA DE LA REPÚBLICA DE COLOMBIA/SALA DE CASACIÓN PENAL. Sentencia STP 273 de fecha 17 de enero de 2022.

[434]   JIMÉNEZ TAPIA, Rafael S. y URBINA MENDOZA, Emilio J. (2023). *Ob. Cit.,* p. 218.

consagrar los pilares de toda democracia constitucional -dignidad humana y democracia pluralista- sino también al fijar los principios sobre los que se funda el orden político constituido y entre ellos los de trabajo, solidaridad y prevalencia del interés general. De acuerdo con esto, afincó el trabajo como fuente lícita de realización y de riqueza, descartó el individualismo como fundamento del orden constituido y relegó al interés privado a un plano secundario del interés general (…)”.

La expresión "(…) *relegó al interés privado a un plano secundario del interés general* (…)" explica por sí solo el núcleo más duro del principio del interés general. Como indicamos, el interés general es un concepto jurídico indeterminado, que abre el compás para su aplicación tras la ponderación de la realidad patrimonial existente. Eso ha ocurrido en los países que han debido poner en funcionamiento la extinción de dominio, por ejemplo, en la Colombia de finales de los 80 del siglo XX, donde el sistema económico estaba prácticamente infestado de recursos provenientes del narcotráfico. En Chile, tras las protestas de 2019, donde, la economía se resintió hubo que aplicar medidas extremas que abrieron la puerta para la extinción de dominio en materia de drogas. En el caso venezolano, ha ocurrido ante los casos de corrupción que públicamente se estiman por el orden superior a los 30.000 millones de dólares en los últimos cuatro años, según estimaciones más conservadoras.

Esta distorsión gatilla entonces que, los Estados, deban poner lupa en el sistema económico, pero no con la intención de intervenirlos bajo el esquema tradicional del Derecho administrativo, sino en un proceso de vigilancia permanente del sistema patrimonial que puede verse en peligro ante las distorsiones indicadas. En la extinción de dominio, apelando al interés general que rodea toda propiedad, en especial la privada, el *test* sobre el interés general sería más o menos de la siguiente forma:

- *Primera premisa*: todo bien lícito, adquirido de conformidad con la ley, es requisito indispensable para reconocer a todos la propiedad privada.

- *Segunda premisa*: es contrario a la ley, sin que implique un hecho punible en algunos casos, la apropiación de bienes en perjuicio patrimonial a la administración pública, o bien, en desmedro de la confianza de la sociedad, por ventaja desleal y deshonesta[435].

- *Tercera premisa*: no puede ampararse la propiedad, en ninguna circunstancia, cuando fue adquirida de forma ilícita.

Esta prueba se alimenta, para verificar el respeto al interés general de la propiedad, en la ED, con el balance de probabilidades o también llamado criterio de probidad. Ahora bien, el concepto jurídico indeterminado goza de una nota característica que es su "dinamicidad", es decir, que, dependiendo de circunstancias históricas, coyunturas estructurales, vinculación de la apreciación pública sobre lo que debería ser "trabajo honesto", por ejemplo, puede actualizarse constantemente y responder ante la necesidad jurídica de liquidar cualquier vestigio de discrecionalidad.

E. El principio de la buena fe calificada

El último de los principios específicos, garantistas en la extinción de dominio, es el relativo a la buena fe calificada. En este particular debemos hacer una distinción sumamente importante, y es la relativa sobre cuándo aplica la buena fe como principio. Primero, los patrimonios pueden concurrir en un proceso de extinción de dominio bajo dos cualidades. Uno, como requerido directo, es decir, que la acción interpuesta mencione directamente a una persona con conexión estrecha entre los bienes de los cuales es titular aparente y la actividad ilícita.

En este caso la buena fe no tiene cabida visto que estaría obligada esa persona, en aplicación de la carga dinámica de la prueba, a presentar todos los alegatos y demás elementos de

---

[435] O bien a través de otras actividades que no sólo sea la prototípica "corrupción", que, en el caso venezolano, también sería aquella proveniente del tráfico de drogas, lavado de activos, delincuencia organizada y financiamiento al terrorismo.

convicción que sustenten que no existe dicha conexidad entre los bienes y la actividad imputada como ilícita por el Ministerio Público Fiscal.

La otra cualidad en que se accede a un proceso judicial de extinción de dominio es como tercero de buena fe, es decir, como patrimonio que puede ser afectado por un proceso de extinción, pero del cual no se es requerido en forma directa. Es en esta segunda hipótesis donde el principio de la buena fe opera, dándole cabida a su aplicación.

Segundo, el principio de la buena fe a que hace mención es la denominada desde el Derecho romano como "calificada", que se entendía en esa expresión romanista que pervive en nuestras legislaciones civiles *como el mejor de los padres de familia*[436], lo cual, nunca ha estado exento de polémicas como concepto y como principio[437]. Unos porque consideran que la buena fe se funda en la obediencia al precepto de que debemos ser buenos, mientras que, para otros, es la convicción de no haber obrado en contra de las normas jurídicas, de no haber realizado una injusticia[438].

---

[436] Al respecto, véase ATAZ LÓPEZ, Joaquín. (2009). "La buena fe contractual", en: BERCOVITZ RODRÍGUEZ-CANO, R.; MORALEJO IMBERNÓN, N.I. y QUICIOS MOLINA, M.S. (Coord.). *Tratado de contratos.* Valencia, Editorial Tirant Lo Blanch, pp. 167-170. ROMANO, Santi. (1955). *La revoca delle atti giuridici privati.* Pádova. VON THUR, Andreas. (1946). *Derecho civil. Teoría general del Derecho civil alemán.* Buenos Aires, Depalma, (II-I), § 49, n° 135, p. 150. DE LOS MOZOS, José Luis. (1965). *El principio de la buena fe.* Barcelona, Bosch Editores. DOMÍNGUEZ GUILLÉN, María Candelaria. (2018). "Buena fe y relación obligatoria", en: *Revista Venezolana de Legislación y Jurisprudencia,* n° 11, pp. 11-70.

[437] DÍEZ-PICAZO, Luis. (1963). *La doctrina de los actos propios.* Barcelona, Bosch Editores, p. 134.

[438] DE LA VEGA BENAYAS, Carlos. (1976). *Teoría, aplicación y eficacia en las normas del Código Civil.* Madrid, Editorial Civitas, p. 247.

Ha sido el principio de buena fe que ha otorgado un cierto sentido de seguridad en los negocios jurídicos, inclusive, hasta en los más complejos. Es un patrón de conducta -previsible y razonable- que debe presidir la formación, interpretación y ejecución de los contratos y obligaciones, donde, quien demuestre haberse amparado en ella termina eximiéndose de sanciones o responsabilidades por incumplimiento. En opinión de Emilio BETTI[439], la buena fe impone a las partes actuar con un recíproco espíritu de lealtad, de hablar claro sobre sus intenciones y de cooperar con las expectativas de su contraparte tal como "(…) *ella honestamente podía percibirlas* (…)"[440].

En la extinción de dominio, el principio de la buena fe se define en casi todas las legislaciones que han sido tributarias de la LMEDO. En ésta última se concibe como "(…) *conducta diligente y prudente, exenta de toda culpa, en todo acto o negocio jurídico relacionado con los bienes enunciados en el artículo 6 de esta ley* (…)"[441]. De esta manera se mantiene el mismo espíritu negocial que hace coherente la afirmación de incardinar a la extinción de dominio dentro de los predios del Derecho patrimonial, pues que, en esta disciplina como en la extinción, la buena fe se presume tanto en la adquisición como en la destinación de los bienes[442]. Así, la buena fe sólo ampara a los terceros que demuestren haber obtenido dichos bienes con esa conducta[443], pues, no existe acto alguno que pueda legitimar efectos patrimoniales adquiridos de forma ilícita, por tanto, susceptibles de extinción de dominio. Como apunta el profesor DUQUE CORREDOR "(…) *tratándose la extinción de dominio una acción real y patrimonial, la buena fe*

---

439 BETTI, Emilio. (1960). *Teoria generale del negozio giuridico.* Torino, UTET, Cap. VI, n° 42, p. 336.

440 BETTI, Emilio. (1960). *Ob. Cit.,* Cap. VI, n° 43, p. 349.

441 Artículo 1, literal f) de la LMEDO.

442 Artículo 5 de la LMEDO.

443 Artículo 8 de la LMEDO.

debe ser la investigación sobre el justo título de los bienes cuya ilicitud desvirtúa la buena fe. De este modo se limita la discrecionalidad (…)"[444].

En la investigación preliminar quien actúe como autoridad competente (Ministerio Público y Jurisdicción de ED), además de verificar los indicios y los presupuestos para la procedencia de la extinción de dominio, *debe obligatoriamente desvirtuar la buena fe*[445] al ser alegada por terceros. Esta mecánica ha sido en la práctica incorporada en las 11 legislaciones sobre extinción de dominio latinoamericanas, hasta el punto de precisar lo que la jurisprudencia peruana y de otras latitudes bautizan como "buena fe calificada"[446]. Esta actitud indica un estándar de comportamiento al tercero que contrata, donde se desvirtuaría si otra persona no hubiera caído en el mismo error.

La buena fe impone una diligencia debida, materialmente susceptible de ser probada para ratificar la presunción o principio. De lo contrario, el tercero no tendría capacidad para reclamar sus derechos patrimoniales. En América Latina son ejemplarizantes las regulaciones (parámetros) para la aplicación del principio de la

---

[444] DUQUE CORREDOR, Román J. (2023). *Poder punitivo del Estado de Extinción de Dominio y las garantías del régimen constitucional de la propiedad y del debido proceso.* Caracas, Fundación Alberto Adriani-Bloque Constitucional e Instituto de Estudios Jurídicos Román J. Duque Corredor, pp. 49-50.

[445] Artículo 21, literal e) de la LMEDO.

[446] "(…) *No hay buena fe en quien compra limitándose a leer lo que dicen los registros públicos, la diligencia y prudencia, cuando se compra una casa, exige ir a verla y allí podrá apreciarse si hay alguien que vive en ella, y que dice ser el verdadero dueño. Esto se refleja en el reglamento de la ley (artículo 66), pues, para la Extinción de Dominio, exige diligencia y prudencia, por eso se llama buena fe calificada. Habrá buena fe cuando cualquier otro hubiera caído en el mismo error; si no omitió requisitos exigibles o no mintió en ellos o si es un testaferro (…)"* PROCURADURÍA GENERAL DEL ESTADO (Perú) (2021). *Ob. Cit.*, p. 5.

buena fe en México[447] y Perú[448]. En Venezuela se adoptó textualmente la definición de buena fe de la LMEDO[449], elevando, además, a principio orientador de tanto la esfera sustantiva como procesal del instituto[450]. De esta manera coexiste también como una "exención de culpa o sin simulación del negocio"[451] para los terceros que invoquen este estándar de comportamiento.

La dificultad la vamos a encontrar en países donde el estándar no se encuentra legislado, sino que, le corresponde al juez de extinción de dominio establecer esta gradación sin mayores elementos que los previstos en una ley abstracta y los que conforman el saber doctrinal civil de dicho país en materia de buena fe. Esto nos lleva a un problema permanente en los casos de extinción latinoamericana, relativa a la concepción mediante la cual la debida diligencia no es proporcional a la carga de la prueba. ¿Qué sucede en los casos donde, en aplicación de la característica de la retrospectividad, 20 años después se formula un proceso de extinción de dominio y se emplace a terceros; cuando, por el transcurrir del tiempo, ¿esos terceros ya no cuentan con el acervo probatorio que había guardado al momento de adquirir el bien? Es decir, imaginemos que un tercero de buena fe se encuentra vinculado a un juicio de extinción, pero, los documentos adjuntos al justo título ya no se encuentran disponibles para ser presentados en un juicio, motivado, por ejemplo, por el paso del tiempo. En este caso ¿habría que exigírselo? ¿De no presentarlo, procedería también la extinción de sus derechos sobre los bienes?

---

[447] Artículo 15 del Decreto de Ley Nacional de Extinción de Dominio de 2019.

[448] Artículo 66 del Decreto Legislativo 1373 sobre Extinción de Dominio de 2019.

[449] Artículo 5, numeral 5 de la LOED.

[450] Artículo 3 de la LOED.

[451] Artículo 11 de la LOED.

Una de las funciones que cumple el principio de la buena fe calificada es precisamente para mitigar los efectos radicales que pudiera traer consigo la aplicación de la extinción de dominio a los terceros. Como una manera de limitar a la imprescriptibilidad y retrospectividad de la acción, pudiera en la invocación a esa buena fe establecerse un lapso de prescripción de la aplicación de la acción a un tercero, apelando a los también principios presentes en el Derecho registral. Con el tiempo, en estos casos, su simple transcurrir pudiera convertirse en el baremo para validarle su justo título.

En otra oportunidad analizaremos los pormenores de la aplicación del principio de buena fe en la extinción de dominio, que, repetimos, posee connotaciones totalmente diferentes a la buena fe negocial inserta en el Derecho de las obligaciones y contratos.

BIBLIOGRAFÍA

ACOSTA ARISTIZABAL, Jairo Ignacio. "La extinción de dominio como instrumento de lucha contra el crimen organizado", en: *Revista Criminalidad,* n° 48. 2006.

ACOSTA GALLO, Pablo. "Interés general", en: *Eunomía: Revista en Cultura de la Legalidad,* n° 16. 2019.

AGUADO CORREA, Teresa. "Comiso: crónica de una reforma anunciada. Análisis de la propuesta de Directiva sobre embargo y decomiso de 2012 y del Proyecto de reforma del Código Penal de 2013", en: *In Dret. Revista para el análisis del Derecho,* n° 1. 2014.

_____. *El Comiso.* Edersa. Madrid 2000.

AGUILERA GORDILLO, Rafael, MARCHENA GÓMEZ, Manuel y PALMA HERRERA, José Manuel. (Edit.) *Manual de Compliance Penal en España.* Thomson Reuters Aranzadi. Madrid 2000.

ALEXY Robert. (1993). *Teoría de los derechos fundamentales,* Centro de Estudios Políticos y Constitucionales. Madrid 1993.

ALVARADO PLANAS, Javier. *Estudios de historia de derecho penal.* Dykinson. Madrid 2021.

ARCE Y FLÓREZ-VALDÉS, José. (1990). *Los principios generales del Derecho y su formulación constitucional.* Editorial Civitas. Madrid 1990.

ATAZ LÓPEZ, Joaquín. "La buena fe contractual", en: BERCOVITZ RODRÍGUEZ-CANO, R.; MORALEJO IMBERNÓN, N.I. y QUICIOS MOLINA, M.S. (Coord.), *Tratado de contratos,* Tirant Lo Blanch. Valencia 2009.

AUBRY, Charles y RAU, Charles-Frédéric. *Cours de Droit Civil Français d'après la méthode de Zacharie.* Marchal et Godde, Successeurs. París 1971.

AYALA CORAO, Carlos. "El derecho humano a la propiedad en el ámbito interamericano", en: ALFONZO PARADISI, Juan Domingo y SILVA ARANGUREN, Antonio. *Derecho de propiedad e intervención del Estado: Nuevos y Viejos problemas. Jornada Anual de la Asociación Venezolana de Derecho Administrativo.* AVEDA-CIDEP. Caracas 2021.

_____. *Las inconstitucionalidades del régimen jurídico de las zonas de seguridad decretadas en Caracas,* en: AAVV. *El Derecho Público a Comienzos del siglo XXI: Estudios en Homenaje al Profesor Allan R. Brewer-Carías,* Thompson-Civitas. Madrid 2003.

_____. "La jerarquía constitucional de los tratados relativos a Derechos Humanos y sus consecuencias", en: AAVV. *Bases y principios del sistema constitucional venezolano,* Universidad Católica del Táchira. San Cristóbal 2001.

BACIGALUPO, Silvina. *La responsabilidad penal de las personas jurídicas*, Bosch Editorial. Madrid 1998.

BADELL MADRID, Rafael. "Intervención del Estado en la economía", en: *Boletín de la Academia de Ciencias Políticas y Sociales,* n° 154. 2015.

_____. "Limitaciones legales al derecho de propiedad", en: PARRA ARANGUREN, Fernando. (Edit.). *Temas de Derecho administrativo. Libro Homenaje a Gonzalo Pérez Luciani.* Ediciones del Tribunal Supremo de Justicia. Caracas 2002.

BALBUENA PAREJA, Alfredo José. "La investigación patrimonial del delito", en: *El jurista del Fuero Militar Policial: Revista académica del Centro de Altos Estudios de Justicia Militar,* n° 15. 2020.

BANÚS, Enrique. *Pequeña aportación lexicográfica al término de subsidiaridad.* Universidad de Navarra. Pamplona 2000.

BARCIA D, Roque. *Primer diccionario etimológico de la Lengua Española.* F. Seix-Editor. Barcelona 1882.

BARROSO GONZÁLEZ, Jorge Luis. "Los delitos económicos desde una perspectiva criminológica", en: *IUS. Revista del Instituto de Ciencias Jurídicas de Puebla,* n° 35, (enero-junio). 2015.

BASSOLS COMA, Manuel. *Constitución y sistema económico.* Editorial Tecnos. Madrid 1985.

BECK, Urlich. *La sociedad del riesgo global.* Siglo XXI Editores. Madrid 2002.

BELLO GORDILLO, Christian y POLAINO NAVARRETE, Miguel. *La ley penal en el tiempo: fundamento, alcances y límites,* J.M. Bosch Editor. Barcelona 2020.

BENITO SÁNCHEZ, Carmen D. "Análisis de las principales iniciativas supranacionales en la lucha contra la corrupción", en: *Iustitia,* N° 6. 2008.

BERNAL PULIDO, Carlos. *El neoconstitucionalismo y la normatividad del Derecho.* Universidad Externado de Colombia. Bogotá 2009.

BETANCUR ECHEVERRI, Jorge Humberto. *Aspectos sustanciales de la extinción de dominio de bienes,* Editorial Loyer. Bogotá, D.C. 2004.

BETTI, Emilio. *Teoria generale del negozio giuridico,* UTET. Torino 1960.

BIDART CAMPOS, Germán. "La Constitución económica: un esbozo desde el derecho constitucional argentino", en: *Cuestiones constitucionales: revista mexicana de derecho constitucional,* n° 6. 2002.

_____. "Los derechos no enumerados en la Constitución", en: AAVV. *Estudios de Derecho Público: Libro Homenaje a Humberto J. La Roche Rincón,* Ediciones del Tribunal Supremo de Justicia. Caracas 2001.

BLANCO CORDERO, Isidoro. "La aplicación retroactiva del decomiso directo de ganancias", en: *Revista Electrónica de Ciencia Penal y Criminológica,* N° 26-13. 2024.

_____. "Hacia un modelo de Decomiso sin condena en la Unión Europea". LUCHTMAN, M. (Edit.) *Of Sword and Shields: Due process and crime control in times of globalization. Liber Amicorum prof. Dr. J.A.E. Vervaele.* Eleven International Publishing. Chicago, 2023.

_____. "Decomiso de instrumentos propiedad de terceros no responsables del delito", en: VICENTE MARTÍNEZ, Rosario de., GÓMEZ INIESTA, Diego José, MARTÍN LÓPEZ, M. Teresa, MUÑOZ DE MORALES ROMERO, Marta, y NIETO MARTÍN, Adán (Coord.) *Libro homenaje al profesor Luis Arroyo Zapatero: un derecho penal humanista.* Madrid, Ediciones del BOE. 2021.

_____. "El decomiso en el Código Penal y la transposición de la Directiva 2014/42 UE sobre embargo y/o decomiso en la Unión Europea". En: CUESTA ARZAMENDI, José Luis de la., MATA BARRANCO, Norberto Javier de la., y BLANCO CORDERO, Isidoro (Coord.). *Adaptación del derecho penal español a la política criminal de la Unión Europea.* Thomson-Reuters-Aranzadi. Madrid 2017.

_____. "El debate en España sobre la necesidad de castigar penalmente el enriquecimiento ilícito de empleados públicos", en: *Revista Electrónica de Ciencia Penal y Criminología,* N° 19-16. 2017a.

BLANCO LOZANO, Carlos. *Tratado de política criminal.* Bosch Editor. Barcelona 2007.

BOBBIO, Norberto. *Principi generali di diritto.* Giappichelli. Torino 1994.

BOEHM, Fréderic y GRAF LAMBSDORFF, Johann. "Corrupción y anticorrupción: una perspectiva neo-institucional", *Revista de Economía Institucional,* Vol. II, N° 21. 2009.

BRANDARIZ GARCÍA, José Ángel. *El modelo gerencial-actuarial de penalidad: Eficiencia, riesgo y sistema penal.* Dykinson. Madrid 2016.

BREWER-CARÍAS, ALLAN R. *El juez constitucional y la aniquilación del Estado democrático. Algunas claves explicativas encontradas en una tesis secreta hallada en Zaragoza.* Editorial Jurídica Venezolana. Caracas 2024.

_____. *Propiedad privada y Derecho administrativo. Estudios.* Editorial Jurídica Venezolana, Cuadernos de la Biblioteca "Allan R. Brewer-Carías" del Instituto de Investigaciones Jurídicas de la Universidad Católica Andrés Bello, n° 18. Caracas 2023.

_____. "Confiscación, comiso y extinción de dominio. Comentarios a la Ley Orgánica de Extinción de Dominio de 28 de abril de 2023, particularmente sobre su fundamento constitucional y sobre algunas de sus incongruencias inconstitucionales", en: *Revista de Derecho Público,* n° 173-174, (enero-junio). 2023.

_____. "Derecho de propiedad e intervención del Estado: nuevos y viejos problemas", en: ALFONZO PARADISI, Juan Domingo y SILVA ARANGUREN, Antonio. *Derecho de propiedad e intervención del Estado: Nuevos y Viejos problemas. Jornada Anual de la Asociación Venezolana de Derecho Administrativo.* AVEDA-CIDEP. Caracas 2021.

_____. *Estado totalitario y desprecio a la ley.* Fundación de Derecho Público-Editorial Jurídica Venezolana, Caracas, 2014.

_____. *Tratado de Derecho Administrativo. Derecho Público en Iberoamérica.* Fundación de Derecho Público-Editorial Jurídica Venezolana-Civitas-Thomson Reuters. Madrid 2013.

_____. *Las Constituciones de Venezuela.* Ediciones de la Academia de Ciencias Políticas y Sociales. Caracas 2008.

_____. "Las limitaciones administrativas a la propiedad por razones de ordenación territorial y ordenación urbanística en Venezuela: y el curioso caso de una ley sancionada que nunca entró en vigencia", en: *Revista Iberoamericana de Derecho Público,* n° 8. 2007.

_____. *Poder constituyente originario y Asamblea Nacional Constituyente.* Editorial Jurídica Venezolana. Caracas 1999.

_____. "Reflexiones sobre la Constitución Económica", en: AAVV. *Estudios sobre la Constitución Española. Homenaje al profesor Eduardo García de Enterría,* Editorial Civitas. Madrid 1991.

_____. *Principios del régimen jurídico de la organización administrativa venezolana.* Editorial Jurídica Venezolana, Colección Estudios Jurídicos n° 49. Caracas 1991.

_____. *Los Derechos Humanos en Venezuela: casi 200 años de historia.* Caracas, Biblioteca de la Academia de Ciencias Políticas y Sociales, 1990.

_____. *Urbanismo y propiedad privada.* Editorial Jurídica Venezolana. Caracas 1980.

_____. "El derecho de propiedad y la libertad económica. Evolución y situación actual en Venezuela", en: AAVV. *Estudios sobre la Constitución. Libro Homenaje a Rafael Caldera,* Ediciones de la Facultad de Ciencias Jurídicas y Políticas de la Universidad Central de Venezuela. Caracas 1979.

BREWER-CARÍAS, Allan R.; JINESTA LOBO, Ernesto; HERNÁNDEZ-MENDIBLE, Víctor y SANTOFIMIO GAMBOA, Jaime Orlando. *Estudios sobre el control de convencionalidad,* Editorial Jurídica Venezolana. Caracas 2015.

BULLRICH, Lucrecia. "Extinción de dominio: juristas alertan sobre la inconstitucionalidad del DNU", en: *Diario La Nación,* Buenos Aires, edición del 22 de enero de 2019, en: https://www. lanacion.com.ar/politica/extincion-dominio-juristas-alertan-incons titucionalidad-del-dnu-nid2213190/

BUNDESTRAFGERICHT. *Sala de Recurso*, Resolución de 04 de abril de 2023 (Caso: *A. Ltd vs. Fiscalía III del Cantón de Zürich).* Asistencia judicial internacional para los casos de decomisos sin condena.

BURGOS ESTRADA, Juan Carlos. "La elaboración jurídica de un concepto del patrimonio", en: *Política y sociedad,* n° 27. 1998.

BUSCAGLIA, Edgardo. "La paradoja mexicana de la delincuencia organizada: policías, violencia y corrupción", en: *Policía y seguridad pública,* Vol. 1, n° 2 (enero-junio). 2012.

CALAMANDREI, PIERO. (2019). *El fascismo como régimen de la mentira.* Editorial Tirant Lo Blanch humanidades, Trad. Rachele Facchi. Valencia 2019.

_____. *Estudios de Derecho Procesal en Italia.* Ediciones EJEA, traducción de Santiago Sentís Melendo. Buenos Aires 1959.

CAJARVILLE PELUFFO, Juan. "Retroactividad de las normas jurídicas. Reflexiones provisorias", en: *Revista de Derecho Público* (Uruguay)*, n° 46, 2014.

CANOVAS GONZÁLEZ, Antonio. "El papel de la propiedad privada en el Derecho", en: AAVV. *Enfoques sobre Derecho y Libertad en Venezuela.* Academia de Ciencias Políticas y Sociales. Caracas 2013.

CARRILLO DEL TESO, Ana E. "El "fundido negro" de la prueba en la persecución de la delincuencia económica", en: RODRÍGUEZ-GARCÍA, Nicolás, GONZÁLEZ-CASTELL, A.C. y RODRÍGUEZ-LÓPEZ, F. (Coord.). *Corrupción: Compliance, Represión y Recuperación de Activos.* Editorial Tirant Lo Blanch. Valencia 2019.

CARRILLO GÓMEZ, Amado. "El control difuso constitucional: iniciativa para la creación de normas en el Estado fallido", en: *Revista de Derecho Público,* n° 167-168. 2021.

CARRILLO, L; CRUZ, O y MÁRQUEZ DE KRUPIJ, Florencia (1989). *Lecciones de Derecho Civil II.* Ediciones de la Universidad de los Andes, Mérida 1989. pp. 169-170.

CARRIÓN WAM, Roque. "Independencia del poder judicial, ideología y racionalidad jurídico-procesal", en: *Revista jurídica de Castilla – La Mancha,* n° 8.9. 1989-1990.

CASAL, Jesús María y SUÁREZ, Jorge Luis (Coord.) *La libertad económica en Venezuela: balance de una década (1999-2009).* Universidad Católica Andrés Bello. Caracas 2011.

CASARES, Julio. (1959). *Diccionario ideológico de la Lengua Española – III Parte alfabética.* Editorial Gustavo Gili. Barcelona 1959.

CASSAGNE, Juan Carlos. *El principio de legalidad y el control judicial de la discrecionalidad administrativa,* Montevideo-Buenos Aires, 2016. B de F.

_____. "Los principios generales en el Derecho Administrativo", en: *Estudios jurídicos,* n° 7. 2009.

CASSELLA, Stephan D. "Civil Asset recovery. The American Experience", en: RUI, Jon Peter y SIEBER, Ulrich (Edit.) *Non-conviction-based Confiscation in Europe. Possibilities and limitations on Rules Enabling Confiscation without a Criminal conviction.* Max-Planck-Institut für Auslädisches und internationals Strafrecht. Duncker & Humboldt. Berlín 2015.

CASTÁN TOBEÑAS, José. "Poder judicial e independencia judicial", en: *Revista general de legislación y jurisprudencia,* n° 190, 3 (septiembre). 1951.

CASTRO RIVERA, Alicia. "Los principios generales de derecho en la decisión judicial", en: *Doctrina y jurisprudencia de derecho civil,* Vol. 8, n° 0. 2020.

CHIRINO SÁNCHEZ, Alfredo. "Modernización del Derecho penal y política criminal del enemigo. Dos fenómenos recurrentes en los flujos y reflujos legislativos en América Latina", en: *Revista Digital de la Maestría en Ciencias Penales,* n° 6. 2014.

CHIOVENDA, Giuseppe. *Ensayos de Derecho Procesal Civil.* Bosch Editores, traducción de Santiago Sentís Melendo. Buenos Aires 1949.

CHOCLÁN MONTALVO, José Antonio. *El patrimonio criminal. Comiso y pérdida de la ganancia.* Dykinson. Madrid 2001.

_____. "El comiso y la confiscación: medidas contra las situaciones patrimoniales ilícitas", en: *Estudios de Derecho Judicial,* N° 28. 2000.

COMISIÓN EUROPEA: *Informe de la Comisión al Parlamento Europeo y Consejo de Europa sobre recuperación y comisos de activos*, COM/2020/217/final, n° 19, Bruselas, 2020.

_____. *Comunicación de la Comisión al Parlamento Europeo, al Consejo y al Comité Económico y Social Europeo - Poner en práctica la asociación para el crecimiento y el empleo: hacer de Europa un polo de excelencia de la responsabilidad social de las empresas,* Estrasburgo, COM(2006) 136 final.

COMPORTI, Marco, "Ideologia e norma nel diritto di proprietá", *Rivista Diritto Civile,* anno XXX, Parte Prima, 1984.

COMUNIDAD DE CONOCIMIENTO EN RECUPERACIÓN DE ACTIVOS (CCERA). Puede revisarse su página web en: https://www.ccera-icar.org

CONDE FUENTES, Jesús. (2019) "La intervención de terceros afectados por el decomiso", en: CASTILLEJO MANZANARES, Raquel (Dir.) y ALONSO SALGADO, Cristina (Coord.). *El nuevo proceso penal sin Código Procesal Penal,* Atelier. Granada 2019.

CONTRERAS LÓPEZ, Raquel Sandra. "Teoría de la inexistencia y nulidades en el Derecho mexicano y la Teoría de las nulidades e ineficacia en el Derecho Europeo", en: AAVV. *Temas de Derecho Civil en homenaje al doctor Jorge Mario Magallón Ibarra.* Editorial Porrúa. México D.F. 2011.

CORTE INTERAMERICANA DE LOS DERECHOS HUMANOS. Sentencia de fecha 06 de mayo de 2008 (Caso: *Salvador Chiriboga vs. Ecuador*). Sentencia de fecha 24 de febrero de 2012 (Caso: *Atala Riffo y Niñas vs. Chile*).

COTARELO GARCÍA, Ramón. "Crisis y reformulación del estado del bienestar", en: CORCUERA ATIENZA, Francisco Javier y GARCÍA HERRERA, Miguel. (Edit.). *Derecho y economía en el estado social.* Editorial Tecnos. Madrid 1988.

COUTURE, Eduardo J. *Estudios de Derecho Procesal Civil.* Ediciones De Palma. Buenos Aires 1979.

CRESPO, Eduardo Demetrio. "Del derecho penal liberal al derecho penal del enemigo", en: *Nuevo Foro Penal,* n° 69 (enero/junio). 2006.

CUARTAS HENAO, María Dolly. "El derecho a la propiedad: Locke y Kant, entre el trabajo y la ocupación", en: *Estudios de derecho,* Vol, 71, n° 157. 2014.

CUGAT MAURI, Miriam. (2004). "Nuevas huidas al Derecho penal y quiebra de los principios garantistas", en: PÉREZ ÁLVAREZ, F. (ed. lit.) y BARATTA, Alexandri. (hom). *Serta: in memoriam Alexandri Baratta,* ediciones de la Universidad de Salamanca. Salamanca 2004.

DAMIÁN LAISE, Luciano. "La defectuosa construcción del lawfare como mito en Brasil y Argentina: entre la pesadilla y el noble sueño de la neutralidad política en la justicia penal", en: *Ius et Veritas,* n° 67. 2023.

DANIELS, Alí. *¿Se protege a la sociedad civil en Venezuela?.* Acceso a la Justicia-El Observatorio venezolano de la Justicia. Caracas, 2023.

DDAMULIRA MUJUZI, Jamil. "Relving on foreing convictions from non-european economic area States to investigate unexplained wealth for the purpose of combating money laudering in the United Kingdom", en: *EuCLR European Criminal Law Review,* Vol. 9, n° 1, 2019.

DE ÁNGEL YAGÜEZ, Ricardo. "El mundo del jurista: hechos, conceptos y soluciones", en: *Estudios de Deusto,* Vol. 56/2 (julio-diciembre). 2008.

DE ASÍS ROIG, Rafael F. "Imparcialidad, igualdad y obediencia en la actividad judicial", en: *Doxa: Cuadernos de Filosofía del Derecho,* n° 15-16. 1994.

DE LA QUADRA-SALCEDO Y FERNÁNDEZ DEL CASTILLO, Tomás. "Constitución y modelo económico liberizador", en: *Cuadernos de derecho público,* n° 9. 2000.

DE LA VEGA BENAYAS, Carlos. *Teoría, aplicación y eficacia en las normas del Código Civil,* Editorial Civitas. Madrid 1976.

DE LOS MOZOS, José Luis. *El principio de la buena fe.* Bosch Editores. Barcelona 1965.

DE RIVACOBA Y RIVACOBA, Manuel. "Independencia del poder judicial: trascendencia e implicaciones éticas", en: *Revista de Derecho Penal y Criminología,* n° 2. 1992.

DEL VECCHIO, Giorgio, OSSORIO MORALES, Juan y CLEMENTE DE DIEGO, Felipe. *Los principios generales del Derecho.* J.M. Bosch Editores. Madrid 1978.

DÍAZ, Natalia. "Extinción de dominio: una facultad abusiva", *Diario La República*, San José de Costa Rica, edición de fecha 10 de enero de 2019, en: https://www.larepublica.net/noticia/extin ción-de-dominio-una-facultad-abusiva [Consulta: 10 de agosto de 2020].

DÍAZ AZNARTE, María Teresa. *Teoría general de la sucesión de normas en el tiempo: (una reflexión crítica sobre los principios ordenadores de la eficacia temporal de las leyes),* Tirant Lo Blanch. Valencia 2002.

DIDEROT, Dennis. *Encyclopédie ou Dictionaire raissonné des sciences, des arts et des métiers, pour une Societé des gens de lettres. Mis en ordre et publié par M. Diderot,* Vol. 3, III. 1772.

DÍEZ-PICAZO, Luis. *Fundamentos del derecho civil patrimonial: Las relaciones obligatorias.* Thomson-Civitas. Madrid 2008.

_____. *La prescripción extintiva en el Código civil y en la jurisprudencia del Tribunal Supremo,* Cizur Menor-Thomson Civitas. Navarra 2007.

_____. *La doctrina de los actos propios.* Bosch Editores. Barcelona 1963.

DOMÉNECH PASCUAL, Gabriel. "Responsabilidad patrimonial de la Administración por daños causados por delincuentes que deberían haber estado en prisión", en: *In Dret: Revista para el Análisis del Derecho,* n° 2. 2024.

DOMÍNGUEZ GUILLÉN, María Candelaria. "Buena fe y relación obligatoria", en: *Revista Venezolana de Legislación y Jurisprudencia,* n° 11. 2018.

DOMÍNGUEZ GUILLÉN, María Candelaria y PÉREZ FERNÁNDEZ, Carlos. *Curso de Bienes y Derechos Reales.* Revista Venezolana de Legislación y Jurisprudencia. Caracas 2022.

_____. "Consensualismo y propiedad", en: *Revista Venezolana de Legislación y Jurisprudencia,* n° 14. 2020.

_____. "Notas acerca de los modos de perder la propiedad en el Derecho venezolano", en: *Revista Venezolana de Legislación y Jurisprudencia,* n° 12. 2019.

DOSI, Giovanni. "Liberalismo desenfrenado y pandemia: la encrucijada entre el tecnoautoritarismo y una nueva organización social", en: *Revista de la CEPAL,* n° 132. 2020.

DUQUE CORREDOR, Román J. *Poder punitivo del Estado de Extinción de Dominio y las garantías del régimen constitucional de la propiedad y del debido proceso.* Fundación Alberto Adriani, Bloque Constitucional e Instituto de Estudios Jurídicos Román J. Duque Corredor. Caracas 2023.

_____. *Procesos sobre la propiedad y la posesión.* Academia de Ciencias Políticas y Sociales. Caracas 2011.

ECONOMIC CRIME AND COOPERATION DIVISION. CONSEJO DE EUROPA. (2020) *The use of non-conviction based seizure and confiscation,* Bruselas, Octubre de 2020.

ECKART, Otto. "Ermeneutica giuridica nella Bibbia ebraica", en: *Ars intepretandi,* número 3. 1999.

ECO, Umberto. *Los límites de la interpretación*, Editorial Lumen. Barcelona 2000.

EGUSQUIZA BALMASEDA, María Ángeles. "El derecho patrimonial: ese gran desconocido", en: *Revista Jurídica de Navarra,* n° 33, 2. 2002.

ELLIOT, Kimberly Ann. (Edit.) *La corrupción en la economía global.* Editorial Limusa. México 2001.

ESCALANTE BARRETO, Caviedes Estanislao. (Coord.). (2018). *Política criminal mediática: populismo pena, criminología crítica de los medios y de la justicia penal.* Editorial Ibáñez. Bogotá 2018.

ESCOVAR LEÓN, Ramón. *El precedente y la interpretación constitucional.* Editorial Sherwood. Caracas 2005.

ESCUDERO LEÓN, Margarita. *La crisis de los derechos de libertad económica y propiedad privada en el socialismo del siglo XXI.* (Discurso de incorporación a la Academia de Ciencias Políticas y Sociales). Ediciones de la Academia de Ciencias Políticas y Sociales. Caracas 2024.

ESPITIA GARZÓN, Fabio. *La extinción del derecho de dominio,* Grupo Editorial Ibáñez. Bogotá 1998.

FAGGIANI, Valentina y GARRIDO CARRILLO, Francisco Javier (2022). *Lucha contra la criminalidad organizada y cooperación judicial en la UE: instrumentos, límites y perspectivas en la era digital.* Thomson-Reuters-Aranzadi – Junta de Andalucía. Madrid 2022.

FARTO PIAY, Tomás. (2022). "Reflexiones sobre el proceso de decomiso autónomo y la reserva de la acción de decomiso en el proceso penal", en: Faggiani, V. y Garrido Carrillo, F. J. (Dir.) *Lucha contra la criminalidad organizada y cooperación judicial en la UE: instrumentos, límites y perspectivas en la era digital.* Thomson, Reuters, Aranzadi. Madrid 2022.

_____. "Reflexionas críticas sobre las garantías en el proceso de decomiso autónomo", en: DA SILVA VEIGA, Fábio, VIGLIONE, Filippo y DURANTE, Vincenzo (Dir.). *Direitos fundamentais na Perspectiva Ítalo-Brasileira.* Universidad de Vigo. Vigo 2021.

FERMANDOIS VÖHRINGER, Arturo. "Ripert y su influencia en el concepto de Orden Público Económico: auge y caída de una visión dirigista", en: *Revista Chilena de Derecho,* Vol. 32, n° 1. 2005.

FERNÁNDEZ DÍAZ, Andrés. "Nuevas aportaciones a la economía de la corrupción", en: *Revista española de control externo,* Vol. 12, n° 36. 2010.

FERRAJOLI, Luigi. *La teoría del Derecho en el paradigma constitucional.* Fundación Coloquio Jurídico Europeo. Madrid 2009.

FERRARI PASSANO, Paolo Da. "Il Principio di Sussidiarietà", en: *Civiltà Cattolica,* Quaderno 3552 – II. 1998.

FIGUEIREDO, Frederico. "Política criminal populista: para uma crítica do direito penal instrumental", en: *Revista brasileira de ciências criminais,* n° 70, 2008. pp. 100-132.

FRIDRICZEWSKI, Vanir y RODRÍGUEZ GARCÍA, Nicolás. *En busca de estrategias 360 anticorrupción,* Editorial Tirant Lo Blanch. Valencia 2023.

GALLOTI, Alejandro. "La disminución progresiva del derecho de propiedad en Venezuela", en: AAVV. *Libro Homenaje a la Academia de Ciencias Políticas y Sociales en el centenario de su fundación. 1915-2015,* Ediciones de la Academia de Ciencias Políticas y Sociales. Caracas 2015.

GARCÍA CANALES, Mariano. "Principios generales y principios constitucionales", en: *Revista de Estudios Políticos,* n° 64 (abril-junio). 1989.

GARCÍA CAVERO, Percy. "El decomiso de bienes relacionados con el delito en la legislación penal peruana", en: *Derecho PUCP,* n° 81. 2018.

GARCÍA DE ENTERRÍA, Eduardo. "Una nota sobre el interés general como concepto jurídico indeterminado", en: *Revista española de derecho administrativo,* n° 89. 1996.

_____. *Reflexiones sobre la ley y los principios generales del Derecho.* Editorial Civitas. Madrid 1984.

_____. *Las luchas contra las inmunidades del poder.* Editorial Civitas. Madrid 1974.

GARCÍA DE ENTERRÍA, Eduardo y PAREJO ALFONSO, Luciano. "Ordenación urbanística y el derecho de propiedad", en: *Alegatos,* n° 28. 1994.

GARCÍA-PABLOS DE MOLINA, Antonio. "Sobre el principio de intervención mínima del Derecho penal como límite del *ius puniendi"*, en: GONZÁLEZ RUS, Juan José. (Coord.) *Estudios penales y jurídicos: homenaje al profesor Dr. Enrique Casas Barquero,* Servicio de Publicaciones de la Universidad de Córdova. Córdova 1996.

GARCÍA VALDÉS, Carlos. (Res.) "Cincuenta reformas penales. Análisis de las reformas del Código Penal de 1995 desde la perspectiva del populismo punitivo", en: *La ley penal: revista de derecho penal, procesal penal y penitenciario,* n° 168. 2024.

GARRIDO CARRILLO, Francisco Javier. *El decomiso: innovaciones, deficiencias y limitaciones en su regulación sustantiva y procesal.* Dykinson, Madrid, 2019.

GÉLVEZ RUBIO, Tatiana y DEFELIPE VILLA, Camilo. "Racionalidad del modelo de desarrollo chino: una perspectiva institucionalista", en: *Papel político,* Vol. 21, n° 1. 2016.

GHAZZAOUI, Ramsis. *Propiedad y expropiación. Un estudio comparado entre los ordenamientos de España y Venezuela.* Tirant lo Blanch. Valencia 2020.

GHESTIN, Jacques. *Traité de Droit Civil. Les Obligations. Les effets du contrac, avec le concours de Marc Billau,* L.G.D.J. París 1992.

GINER, Carlos y ARANZADI, Dionisio. *En la escuela de lo social.* Universidad de Deusto. Bilbao 1964.

GÓMEZ MARTÍNEZ, Carlos. (Dir.) *La imparcialidad judicial.* Consejo General del Poder Judicial. Madrid 2009.

GONZÁLEZ CANO, María Isabel. *El decomiso como instrumento de la cooperación judicial en la Unión Europea y su incorporación al proceso penal español.* Tirant lo blanch. Valencia 2016.

GORDILLO PÉREZ, Luis. "La Constitución Económica", en GORDILLO PÉREZ, Luis. (Coord.). *Una teoría del Estado constitucional europeo.* Editoral Athenaica. Sevilla 2023.

_____. (Coord.) *Una teoría del Estado constitucional europeo.* Athenaica. Madrid 2023.

GRAU, María Amparo. "Aspectos Administrativos de la Ley Orgánica de Extinción de Dominio", en: *Boletín de la Academia de Ciencias Políticas y Sociales,* n° 172. 2023.

GREENBERG, Theodore; SAMUEL, Linda; GRANT, Winggate y GRAY, Larissa. *Recuperación de activos robados. Guía de buenas practices para el decomiso de activos sin condena.* Banco Internacional de Reconstrucción y Fomento/Banco Mundial. Bogotá 2009.

GUERRERO, Doris Emilia. "El tratado sobre el gobierno civil de John Locke. Una refutación del absolutismo de Robert Filmer", en: *Universitas Philosophica,* (1990-1991). 15-16.

HEALY, Kevin. "Opinión pública y economía narco", en: *Chasqui: Revista Latinoamericana de Comunicación,* n° 29-30, 1989. pp. 62-82.

HENAO OSPINA, Marino. "El comiso: análisis de la institución", en: *Revista Derecho Penal y Criminología",* Vol. 4, n° 15. 1981.

HERNÁNDEZ, José Ignacio. "Repensando la expropiación pública en el Derecho venezolano. A propósito de la deconstrucción jurídica de la propiedad privada", en: LOUZA S, Laura. (Coord.). *La propiedad privada en Venezuela. Situación y perspectivas.* Ediciones FUNEDA. Caracas 2016.

_____. *La expropiación en el Derecho administrativo venezolano.* Ediciones de la Universidad Católica Andrés Bello. Caracas 2014.

_____. "Veinticinco ideas sobre la Constitución económica y la propiedad social", en: *Boletín de la Academia de Ciencias Políticas y Sociales,* n° 149. 2010.

_____. *Reflexiones sobre la Constitución y el modelo socioeconómico en Venezuela: a propósito del proceso de reforma constitucional.* FUNEDA. Caracas 2008.

_____. "Principios actuales del Derecho administrativo económico en Venezuela", en: AAVV. *VII Jornadas de Derecho público: el Derecho administrativo económico en los inicios del siglo XXI.* Universidad Monte Ávila, Paredes Editores. Caracas 2008.

_____. *La libertad de empresa y sus garantías jurídicas: estudio comparado del Derecho español y venezolano.* FUNEDA-IESA. Caracas 2004

HERNÁNDEZ, José Ignacio y MAC-QUHAE, Rafael (2010). *Sobre la Constitución económica.* Fundación Manuel García Pelayo. Caracas 2010.

HERNÁNDEZ-MENDIBLE, Víctor R. "El Derecho Humano de Propiedad", en: *Revista de Derecho Público,* n° 175-176. 2023.

_____. "El litigio por el cambio climático. Una nueva revolución por los derechos fundamentales", en: *Revista Española de Derecho Administrativo,* n° 219 (abril-junio). 2022.

_____. "La regulación de los bienes necesarios para la satisfacción del interés general", en: CANÓNICO SARABIA, Alejandro. (Coord.). *Temas relevantes sobre los contratos, servicios y bienes públicos.* Centro de Adiestramiento Jurídico y Editorial Jurídica Venezolana. Caracas 2014.

HERNÁNDEZ-MENDIBLE, Víctor; BREWER-CARÍAS, Allan R.; HERNÁNDEZ, José Ignacio; ARAUJO JUÁREZ, José. *Nacionalización, libertad de empresas y asociaciones mixtas.* Editorial Jurídica Venezolana-Colección Instituto de Derecho Público de la Universidad Central de Venezuela, n° 3. Caracas 2008.

HERNÁNDEZ PEÑAILILLO, Víctor. "El Orden Público Económico en la Constitución de Chile de 1980 y su presencia en el ordenamiento jurídico actual", en: Otárola Espinoza, Y. (Coord.). *El Derecho en Chile.* Editorial Reus. Madrid 2019.

HERRERA ORELLANA, Luis Alfonso. "Derecho administrativo y libertad: o del por qué el Derecho administrativo venezolano no ha respetado ni promovido la libertad", en: *Revista Electrónica de Derecho Administrativo,* n° 2. 2014.

HODGSON, Geoffrey y JIANG, Shuxia. "La economía de la corrupción y la corrupción de la economía: una perspectiva institucionalista", en: *Revista de economía institucional,* Vol. 10, n° 18. 2008.

HÖFFNER, Joseph. *Doctrina Social Cristiana.* Editorial Herder. Barcelona 2001.

HOOD, Chr. "Accountability and Transparency: siamese twins, matching parts or awkward couple", en: *West European Politics,* n° 33. 2010.

HOPE, A. "La filantropía criminal", En: *Diario El Universal,* México D.F., edición del 6 de mayo de 2020 [https://www.el universal.com.mx/opinion/alejandro-hope/la-filantropia-criminal]

HUSSON, León. "Analyse critique de la méthode de l'exégèse", en: *Archives de Philosophie du Droit,* n° 17. 1972.

JABBOUR, Elías y TORÍBIO DANTAS, Alexis. "Sobre a China e o "socialismo de mercado" como uma nova formação econômico-social", en: *Nova Economia,* Año 30, n° 3. 2020.

JACOBSEN GLOECKNER, Ricardo. "Las reformas de los sistemas de justicia criminal latinoamericanos: ¿modelos acusatorios, racionalidad neoliberal?, en: *Cadernos de dereito actual,* n° 20. 2023.

JIMÉNEZ DÍAZ, María José. "Sociedad del riesgo e intervención penal", en: *Revista Electrónica de Ciencia Penal y Criminología,* n° 16-08. 2014.

JIMÉNEZ TAPIA, Rafael S. y URBINA MENDOZA, Emilio J. *Introducción al estudio de la extinción de dominio y sus modelos globales.* Editorial Jurídica Venezolana-AVIPRI – Colección Estudios Jurídicos n° 156, 2023. Caracas 2023.

_____. *El comiso autónomo y la extinción de dominio en la lucha contra la corrupción.* Ediciones Olejnik, Biblioteca de Derecho Penal y Procesal Penal. Buenos Aires 2021.

_____. *El comiso autónomo y la extinción de dominio en la lucha contra la corrupción.* Editorial Jurídica Venezolana-Colección Biblioteca Allan R. Brewer-Carías del Instituto de Investigaciones Jurídicas de la Universidad Católica Andrés Bello, n° 3. Caracas 2020.

JORDANA DE POZAS, Luis. "El problema de los fines de la actividad administrativa", en: *Revista de Administración Pública,* n° 4. 1951.

JORGE, Guillermo. (2009). *Recuperación de activos de la corrupción en Argentina. Recomendaciones de política institucional y agenda legislativa.* Universidad de San Andrés-Asociación Civil por la Igualdad y la Justicia. Buenos Aires 2009.

_____. (2008). *La recuperación de activos de la corrupción,* Editores del Puerto. Buenos Aires 2008.

KORODY TAGLIAFERRO, Juan Esteban. "Ensayo sobre la crisis económica y la pandemia del Covid-19: la protección del derecho de propiedad y de libertad económica como fuente generadora de riqueza frente al cumplimiento de obligaciones tributarias", en: ABACHE CARVAJAL, Serviliano. *Tributación de excepción. Caso Covid-19.* Asociación Venezolana de Derecho Tributario. Caracas 2022.

KUMMEROW, Gert (2001). *Bienes y derechos reales.* Editorial McGraw Hill. Caracas 2001.

LACRUZ BERDEJO, José Luis; DELGADO ECHEVERRÍA, Jesús; PARRA LUCÁN, María Ángeles. *Nociones de derecho civil patrimonial e introducción al derecho.* Dykinson. Madrid 2012.

LASARTE ÁLVAREZ, Carlos. *Principios de Derecho civil.* Marcial Pons. Madrid 2017.

_____. *Curso de derecho civil patrimonial: introducción al derecho.* Tecnos. Madrid 2010.

LASKI, Harold *El liberalismo europeo.* Fondo de Cultura Económica, Trad. Victoriano MIGUÉLEZ. México, D.F., 1961.

LEGUINA VILLA, Jesús. "Principios generales del Derecho y Constitución", en: *Revista de Administración Pública,* n° 114 (septiembre-diciembre). 1987.

LIBECAP, Gary D. "La economía política de los derechos de propiedad", en: *Ekonomiaz: Revista vasca de economía,* n° extra, 77. 2011.

LINFANTE VIDAL, Isabel. "Sobre los conceptos jurídicos indeterminados: las pautas de conducta y diligencia en el derecho", en: García Rubio, María Paz (dir.), Moreso, Josep Joan (dir.), Varela Castro, Ignacio (coord.). *Conceptos multidimensionales del Derecho,* Editorial Reus. Madrid 2020

_____. "La interpretación jurídica y el paradigma constitucionalista", en: *Anuario de Filosofía del Derecho,* n° 25. (2008-2009)

LITTLE, Robert B. "United States v. Ursery and the abrupt end to the extension onf double jeopardy protections to civil forfeitures", en: *Texas Review of Law & Politics,* Vol. 2, n° 1. 1996.

LLOREDO ALIX, Luis Manuel. "Rudolf von Jhering: nuestra tarea (1857). En torno a la jurisprudencia de conceptos: surgimiento, auge y declive", *Eunomía: Revista en Cultura de la Legalidad,* N° 4. 2013.

LLUIS Y NAVAS, Jaime. "Los principios del derecho en los sistemas romano-germánicos", en: *Revista general de legislación y jurisprudencia,* n° 4. 2014.

LOCKE, John. (1690). *Segundo tratado sobre el gobierno civil,* Londres. Hemos empleado para la cita, la versión publicada en, Editorial Tecnos (traducción de Carlos MELLIZO), Madrid 2010. Capítulo V: "De la propiedad".

LÓPEZ HERRERA, Francisco. *La nulidad de los contratos en la legislación civil de Venezuela.* Empresas El Cojo, Caracas 1952.

LUCAS GARÍN, Andrea. "Principios del derecho ambiental en el Acuerdo de París sobre cambio climático", en: *Revista Derecho del Estado,* n° 44, septiembre-diciembre 2019.

LUHMANN, Niklas. *Sistemas sociales: lineamientos para una teoría general.* Editorial Anthropos. Barcelona 1988.

MADURO LUYANDO, Eloy y PITTIER SUCRE, Emilio. *Curso de Obligaciones.* Ediciones de la Universidad Católica Andrés Bello. Caracas 2002.

MAGRO SERVET, Vicente. "El principio de intervención mínima del derecho penal y su aplicación práctica: (Referencia a la reciente STS 185/2023 de 15 de marzo de 2023)", en: *Diario La Ley,* n° 10258.

MANZANARES SAMANIEGO, José Luis. *Código Penal (Adaptado a la Ley Orgánica 5/2010, de 22 de junio). Comentarios y jurisprudencia.* Editorial Comares, Tomo I, Parte General. Granada 2010.

MARCH POQUET, Joan. "Economía Pública y corrupción. Una ordenación de las propuestas anticorrupción", *Revista de Economía Pública, Social y Cooperativa,* n° 91. 2017.

MARIEL CATZ, Shirly. "La ley del arrepentido y la extinción de dominio: una lectura humanista contra el utilitarismo", en: *Anales de la Facultad de Ciencias Jurídicas y Sociales de la Universidad Nacional de La Plata,* Vol. 16, n° 49. 2019.

MARIENHOFF, Miguel S. *Tratado de Derecho Administrativo.* Editorial Abeledo-Perrot. Buenos Aires 1978.

MARTÍN OVIEDO, José. *Formación y aplicación del Derecho,* Instituto de Estudios Políticos. Madrid 1972.

MARTÍN AZCANO, Eva M. *El patrimonio protegido de las personas con discapacidad. Aspectos civiles,* Editorial La Ley. Madrid 2011.

MARTÍN-RETORTILLO BAQUER, Sebastián. "Principios del sistema económico en la Constitución española", en: *Cuadernos de derecho judicial,* n° 7. 1996.

MARTÍNES ESTAY, José Ignacio. "Los conceptos jurídicos indeterminados en el lenguaje constitucional", en: *Revista de Derecho Político,* n° 105. 2019.

MARTÍNEZ BASTIDA. Eduardo. "El derecho penal del enemigo en las reformas constitucionales", en: *Archivos de Criminología, Seguridad Privada y Criminalística,* n° 4 (enero-julio). 2010.

MARTÍNEZ LÓPEZ-MUÑIZ, José Luis. "El interés general", en: *Revista de Derecho,* n° 23. 2022.

MARTÍNEZ PATÓN, Víctor y MARTÍNEZ GALINDO, Gema (Dir.). *Cincuenta reformas penales: Análisis de las reformas del Código Penal de 1995 desde la perspectiva del populismo punitivo.* Editorial Tirant lo Blanch. 2024.

MARTÍNEZ SÁNCHEZ, Wilson Alejandro. (2023). "Reflexiones de economía política en torno a la extinción de dominio", en: Fiscalía General del Estado, República del Ecuador. *EDAR. Extinción de dominio: Análisis y Reflexiones.* Quito, Dirección de Estudios Penales de la Fiscalía General del Estado.

_____. "Extinción de dominio, derecho de propiedad y competitividad económica", en: RESTREPO MEDINA, Manuel Alberto (Edit.). *Debates contemporáneos sobre la propiedad.* Ediciones de la Universidad del Rosario. Bogotá 2021.

_____. *La extinción de dominio en el posconflicto colombiano. Lecciones aprendidas de Justicia y Paz.* Ministerio de Justicia y del Derecho-Oficina de las Naciones Unidas contra la Droga y el Delito. Bogotá 2016.

_____. "La extinción de dominio y la acción de extinción de dominio en Colombia", en: AAVV. *La extinción de dominio en Colombia. Nuevo Código de extinción de dominio colombiano,* Oficina de las Naciones Unidas contra la Droga y el Delito. Bogotá 2015.

MARX, Karl. (1875). *Crítica al programa de Gotha.* Ediciones de la República Popular China, Beijing (1979).

MAZEAUD, Henry, León y Jean. *Lecciones de Derecho civil,* Ediciones EJEA. Buenos Aires 1960.

MAZEAUD, Henry y León; TUNC. André. *Tratado Teórico y Práctico de la Responsabilidad Civil Delictual y Contractual.* Ediciones EJEA. Buenos Aires 1962.

McCAW, Catherine E. "Asset forfeiture as a form of punishment: A case for integrating Asset Forfeiture intro Criminal Law", en: *American Journal of Criminal Law,* Vol. 38, n° 2. 2011.

MEJÍA, José Amando. "El Estado fallido en Venezuela", en: *Revista Tachirense de Derecho,* n° 30. 2019.

MELLA, Carolina. "La Cumbre Latinoamericana de Seguridad cierra con propuestas para combatir el lavado de activos", en: *Diario El País,* edición del 20 de agosto de 2024 [en línea] en: https://elpais.com/america/2024-08-21/la-cumbre-latinoamericana -de-seguridad-cierra-con-propuestas-para-combatir-el-lavado-de-activos.html

_____. "América Latina busca en la Cumbre Latinoame-ricana de Seguridad, cortar el oxígeno al crimen organizado", en: *Diario El País,* Madrid, edición del 19 de agosto de 2024 [en línea] en: https://elpais.com/america/2024-08-20/america-latina-busca-en-la-cumbre-latinoamericana-de-seguridad-cortar-el-oxigeno-al-crimen-organizado.html

MERKL, Adolf. *Teoría general del derecho administrativo.* Editorial de la Revista de Derecho Privado. Madrid 1953.

MIRANDA, Javier. "Notas para la construcción del concepto patrimonio", en: *Revista crítica de derecho privado,* n° 2. 2005.

MIRÓ LINARES, Fernando. "El Derecho penal como coartada: Aproximación a la estructura de la comunicación sobre el crimen y la ley penal en Twitter", en: *In Dret: Revista para el análisis del Derecho,* n° 2. 2023.

MOLINA Y VEDIA, Silvia. "Conceptos básicos para el estudio de la credibilidad política según la teoría de los sistemas autorreferentes y autopoiéticos de Niklas Luhmann". En: *Revista Mexicana de Ciencias Políticas y Sociales*, n° 162. 1995.

MOLINER, María. *Diccionario del uso del español.* Editorial Gredos. Madrid 1998.

MONTALVO ROMERO, María Teresa. "El análisis económico del Derecho en la delincuencia económica", en: *Letras jurídicas: revista de los investigadores del Instituto de Investigaciones Jurídicas de la U.V.,* n° 21. 2010.

MONTEITH, Charles y DORNBIERER, Andrew. "Estrategia de casos y planeamiento de la investigación", en: AAVV. *Rastreo de activos ilegales. Una guía para operadores.* Basilea, International Centre for Asset Recovery. 2016.

MORAL GARCÍA, Antonio del. "Justicia penal y corrupción: déficits, resultados, posibilidades", en: *Revista Vasca de Administración Pública – Herri-Arduralaritzako Euskal Aldizkaria,* N° Extra, 104, 2016. 2.

MORENO CASTILLO, María Asunción y ARÁUZ ULLOA, Manuel. "Delincuencia económica", *Revista de Derecho,* n° 5. 2003.

MUÑOZ SABATÉ, Luis. *Técnica probatoria. Estudios sobre las dificultades de la prueba en el proceso.* Editorial Praxis. Barcelona 1993.

MURCIA RAMOS, Baudilio. *El enriquecimiento ilícito y la extinción de dominio,* Grupo Editorial Ibáñez. Bogotá 2012.

NIETO GARCÍA, Alejandro. "Imparcialidad e independencia judicial", en: VAQUER CABALLERÍA, Marcos; MORENO MOLINA, Ángel Manuel.; DESCALZO GONZÁLEZ, Antonio y PAREJO ALFONSO, Luciano. (Coord.). *Estudios de Derecho Público en homenaje a Luciano Parejo Alfonso.* Editorial Tirant Lo Blanch. Valencia 2018.

_____. "La Administración sirve con objetividad los intereses generales", en: MARTÍN-RETORTILLO, Sebastián (Coord.). *Estudios sobre la Constitución Española. Libro Homenaje al profesor Eduardo García de Enterría,* Editorial Citvitas. Madrid 1991.

_____. "El principio 'non bis in ídem'", *Anuario de jornadas 1989-1990,* Instituto Vasco de Administración Pública (IVAP), Guernica. 1991.

NIEVA FENOLL, Jordi y OTEIZA, Eduardo. (Dir.). *La independencia judicial: un constante asedio.* Marcial Pons. Madrid 2009.

NIKKEN, Pedro. *La protección internacional de los derechos humanos, su desarrollo progresivo.* Editorial Civitas. Madrid 1987.

NOVOA MONREAL, Eduardo. "El derecho de propiedad en las sucesivas Constituciones y leyes sustantivas venezolanas", en: *Revista de la Facultad de Derecho de la UCV,* n° 58. 1976.

NOZICK, Robert. *Anarquía, Estado y Utopía.* Alianza Editorial. Barcelona 1992.

NÚÑEZ CASTAÑO, Elena; GARCÍA ARROYO, Cristina y RODRÍGUEZ MOLINA, Antonio. *Reformas penales y Estado de Derecho.* Editorial Tirant Lo Blanch. Valencia 2024.

NÚÑEZ LAGOS, Rafael. "Riqueza y propiedad: Conferencia de A. Santamaría Rojas", en: *Revista general de legislación y jurisprudencia,* n° 185, 1949. 2.

OFICINA DE LAS NACIONES UNIDAS CONTRA LA DROGA Y EL DELITO (2011). *Ley Modelo sobre extinción de dominio,* Programa de Asistencia Legal para América Latina y el Caribe.

_____. *Acción mundial contra la corrupción. Los documentos de Mérida,* ONU, Viena 2005.

ONTIVEROS ALONSO, Miguel (Coord.). *La responsabilidad penal de las personas jurídicas: fortalezas, debilidades y perspectivas de cara al futuro,* Tirant lo Blanch. Valencia, 2014.

OQUENDO, Catalina. "Compra de votos. Una práctica sofisticada y enraizada en Colombia", En: *Diario El País,* Madrid, Edicion de 12 de marzo de 2022, consulta: https://elpais.com/internacional/2022-03-12/compra-de-votos-una-practica-sofisticada-y-enraizada-en-colombia.html

ORTEGA, Luis y DE LA SIERRA, Susana. (Coord.) *Ponderación y Derecho administrativo.* Editorial Marcial Pons. Madrid 2009.

ORTÍZ DE URBINA GIMENO, Íñigo. "Análisis económico y delito: lo que hay y lo que puede haber", en: *Economía industrial,* n° 398. 2015.

OSPINO GUTIÉRREZ, Julio. *La acción de extinción de dominio.* Gustavo Ibáñez. Bogotá, D.C., 2003.

PABÓN PARRA, Pedro A. *Nuevo régimen de extinción de dominio: Ley 793 de 2002, legislación modificatoria-leyes 1151 de 2007, 1330 de 2009, 1395 de 2010, 1450 de 2011, 1453 de 2011: doctrina-análisis jurisprudencial,* Ediciones Doctrina y Ley. Bogotá 2013.

PARLAMENTO EUROPEO y CONSEJO DE EUROPA. *Directiva sobre diligencia debida de las empresas en materia de sostenibilidad y por la que se modifica la Directiva (UE) 2019/1937,* Estrasburgo, 24 de abril de 2024.

_____. *Directiva 1260/2024 sobre recuperación y decomiso de activos* de fecha 24 de abril de 2024.

_____. *Resolución de 26 de marzo de 2019, sobre delitos financieros y evasión y elusión fiscal.* RES 2018/2121 (INI)). Véase en: https://www.europarl.europa.eu/doceo/document/TA-8-2019-0240_ES.html

PAREJO ALFONSO, Luciano. "Estado social y Estado de Bienestar a la luz del orden constitucional", en: MUÑOZ MACHADO, Santiago; GARCÍA DELGADO, José Luis y GONZÁLEZ SEARA, Luis. (Coord.). *Las estructuras del bienestar. Propuestas de reformas y nuevos horizontes.* Editorial Civitas. Madrid 2002.

_____. "Algunas reflexiones sobre el principio de subsidiaridad y el gobierno local", en: *Revista Tachirense de Derecho,* n° 9, 1997. pp. 7-25.

_____. *Derecho urbanístico. Instituciones básicas.* Ediciones Ciudad Argentina. Mendoza 1986.

PAREJO ALFONSO, Luciano; JIMÉNEZ BLANCO, Antonio y ORTEGA ÁLVAREZ, Luis. *Manual de Derecho Administrativo,* Editorial Ariel. Barcelona 1998.

PARRA LARA, Francisco José. "Extinción de Dominio en México: Revisión de su estructura constitucional y convencional", en: *Revista Brasileira de Direito Penal,* Vol. 6, n° 6. 2020.

PASTOR ALCOY, Fernando. *Tratado de la prescripción penal: aplicación en todas las reformas del Código penal,* Atelier. Barcelona 2019.

PECES-BARBA MARTÍNEZ, Gregorio. *Los valores superiores,* Tecnos. Madrid 1984.

PEÑA FREIRE, Antonio Manuel. "Legalidad y garantismo: una lectura fulleriana de los principios del Derecho penal liberal", en: *Derechos y libertades: Revista de Filosofía del Derecho y derechos humanos,* n° 43. 2020.

PEÑA-HUERTAS, Rocío del Pilar; TERNERA-BARRIOS, Francisco y RUIZ-GONZÁLEZ, Luis Enrique. "Baldíos, teorías de la propiedad y altas cortes en Colombia", *Revista Jurídicas*, 16 (1). 2019.

PÉREZ LUÑO, Antonio E. "La peculiaridad normativa de los principios generales del Derecho", en: *Persona y Derecho: Revista de fundamentación de las Instituciones Jurídicas y de Derechos Humanos,* n° 42. 2000.

PÉREZ SOLÓRZANO, Nieves. *La aplicación del principio de subsidiariedad: ¿Se toman las decisiones de la forma más próxima a los ciudadanos?* Universidad de Navarra. Pamplona 2000.

PICÓ I JUNOY, Joan. "Conflicto entre garantías constitucionales del proceso", en: PICÓ I JUNOY, Joan (Dir.). *Principios y garantías procesales. "Liber Amicorum en Homenaje a la profesora María Victoria Berzosa Francos.* Bosch Editores. Madrid 2013.

PIMENTEL, David. "Forfeiture revisited: Bringing principle to practice in Federal Courts", en: *Nevada Law Journal*, Vol. 13, n° 1. 2012.

PIPES, Richard. *Propiedad y libertad. Dos conceptos insepa-rables a lo largo de la historia.* Epublibre. Boston 2019.

PITTIER SUCRE, Emilio. "El abuso del Derecho", en: AAVV. *Derecho de las obligaciones en el nuevo milenio.* Academia de Ciencias Políticas y Sociales. Caracas 2007.

PLANCHADELL GARGALLO, Andrea y VIDALES RODRÍGUEZ, Catalina. "Decomiso: comentario crítico desde una perspectiva constitucional", en: *Estudios penales y criminológicos,* N° 38. 2018.

PODER JUDICIAL DEL PERÚ. *Subsistema nacional de extinción de dominio*: https://extinciondedominio.org/web/

POVEDA PERDOMO, Alberto. *Le ley de extinción del derecho de dominio y su jurisprudencia: examen comparativo de los diferentes estatutos legales expedidos para regular la acción de extinción del derecho de dominio,* Librería Ediciones del Profesional. Bogotá 2004.

PRADA BLANCO, Albino (Dir.); GONZÁLEZ GÓMEZ, Manuel; GONZÁLEZ MARTÍNEZ, Philippe Polomé y VÁZQUEZ RODRÍGUEZ, María Xosé. *Valoración económica del Patrimonio natural.* A Coruña, Instituto de Estudios Económicos-Fundación Pedro Barrié de la Maza. 2001.

PREVENTION OF AND FIGHT AGAINST CRIME – PROGRAMME EUROPEAN COMMISSION. *El libro blanco de mejores practicas en recuperación de activos.* Proyecto CEART-Comisaría General de Policía Judicial. Madrid 2009.

PRÍAS BERNAL, Juan Carlos. *Anotaciones sobre derecho penal económico.* Legis Editores. Madrid 2021.

PRIETO DEL PINO, Ana María; GARCÍA MAGNA, Déborah; MARTÍN PARDO, Antonio. "La deconstrucción del concepto de blanqueo de capitales", en: *In Dret: revista para el análisis del Derecho,* n° 3. 2010.

PRIETO SANCHÍS, Luis. "Neoconstitucionalismo y ponderación judicial", en: *Anuario de la Facultad de Derecho de la Universidad Autónoma de Madrid,* n° 5. 2001.

PROCURADURÍA GENERAL DE LA NACIÓN DE GUATEMALA. *Manual de normas y procedimientos de la Unidad de Extinción de Dominio de la PGN.* Ciudad de Guatemala, 21 de julio de 2014. Aprobado en Acuerdo n° 092-2014.

PROCURADURÍA GENERAL DEL ESTADO DE LA REPÚBLICA DEL PERÚ. *Compendio de Jurisprudencia de extinción de dominio,* PGE-Basel Institute on Governance. Lima 2021.

PROCURADURÍA GENERAL DE ESTADO DE LA REPÚBLICA DEL PERÚ-PROCURADURÍA PÚBLICA ESPECIALIZADA EN DELITOS DE LAVADO DE ACTIVOS. *Informe técnico n° 02-2023-IN-PLA-MSM,* de fecha 20 de marzo de 2023, suscrito por el Procurador Público Especializado en Lavado de Activos, Miguel Ángel Sánchez Mercado.

QUEVEDO BARROS, Manuel Rafael; GANCHOZO LÓPEZ, Miguel Ángel; VILLAZHAÑAY VICUÑA, Juan Bosco; BONILLA VINTIMILLA, Sonia Beatriz. "Lavado de activos y financiación del terrorismo: revisión sistemática", en: *Imaginario Social,* Vol. 7, n° 1. 2024.

REAL ACADEMIA ESPAÑOLA DE LA LENGUA. *Diccionario panhispánico del español jurídico.* RAE. Madrid 2020. Consultada en línea: https://dpej.rae.es/lema/norma-programática

_____. *Diccionario de la Lengua Española.* RAE. Madrid 2001.

RANGEL LAMUS, Amenodoro. "La propiedad, función social", en: *Boletín de la Academia de Ciencias Políticas y Sociales,* Vol. 3, n° 1. 1938.

REED, Terrance G. "The importance of being civil: Constitutional limitations on civil forfeiture", en: *New York Law School Law Review,* Vol, 39, n° 1 y 2. 1994.

REINOSO BARBERO, Fernando. (Coord.) *Principios generales del Derecho. Antecedentes históricos y horizonte actual.* Thomson Reuters Aranzadi. Madrid 2014.

RESTREPO MEDINA, Manuel Alberto. "El régimen jurídico de los bienes incautados por delitos de narcotráfico o en acciones de extinción del dominio desde la perspectiva del análisis económico del Derecho", en: *Revista Estudios Socio-Jurídicos,* Vol. 5, n° 2. 2003.

RICHARDS, David A. "La intención de los constituyentes y la interpretación constitucional", en: *Revista del Centro de Estudios Constitucionales,* n° 1. 1988.

RIPERT, Georg. y BOULANGER, Jean. *La simulación. Tratado de Derecho Civil,* Editorial La Ley. Buenos Aires 1964.

RIVERA ARDILA, Ricardo. *La extinción de dominio,* Leyer Editores-UniAcademia. Bogotá 1997.

RIVERO EVIA, Jorge. (2021). *El hecho ilícito como elemento de la acción de extinción de dominio. Derecho penal para civilistas.* VEditorial Tirant Lo Blanch. Alencia 2021.

ROCA SASTRE, Ramón María y PUIG BRUTAU, José. *Estudios de Derecho Privado. Obligaciones y Contratos,* Aranzadi/ Thomson Reuters. Madrid 2009.

RODRÍGUEZ-ARANA, Jaime. "Un nuevo Derecho Administrativo: el derecho del poder para la libertad", en: *Revista de Derecho Público,* n° 116. 2008.

_____. *Nuevas claves del estado del bienestar: hacia la sociedad del bienestar.* Comares. Granada 1999.

RODRÍGUEZ-ARIAS BUSTAMANTE, Lino. "Teoría de la institución", en: *Persona y Derecho,* n° 12. 1985.

RODRÍGUEZ DE SANTIAGO, José M. *La ponderación de bienes e intereses en el derecho administrativo,* Marcial Pons. Madrid 2000.

RODRÍGUEZ GARCÍA, Nicolás. "Decomisa que algo queda como estrategia dominante e influyente en los sistemas penales para poner freno a la sociedad incivil", en: AAVV. *Derecho y proceso. Liber Amicorum del profesor Francisco Ramos Méndez,* Atelier. Barcelona 2018.

_____. *El decomiso de activos ilícitos,* Thomson-Reuters-Aranzadi. Madrid 2017.

_____. "Delitos económicos y sistema penal: nueva estrategia en materia de recuperación de activos y decomiso", en: *Presupuesto y gasto público,* N° 82. 2016.

_____. "La conformidad de las personas jurídicas en el proceso penal español", en: *La ley penal: revista de derecho penal, procesal y penitenciario,* n° 113. 2015.

_____. "Corrupción y responsabilidad penal de las personas jurídicas", en: AAVV. *El estado de derecho colombiano frente a la corrupción: retos y oportunidades a partir del Estatuto Anticorrupción de 2011,* Ediciones de la Universidad del Rosario. Bogotá 2011.

_____. "El 'derecho premial' como remedio para lograr que la justicia penal española sea eficaz", en *La influencia de la ciencia penal alemana en Iberoamérica: en homenaje a Claus Roxín.* ONTIVEROS ALONSO, M. y PELÁEZ, M. (Coord.), Instituto Nacional de Ciencias Penales. México D.F. 2003.

RODRÍGUEZ-MORALES, Alejandro J. *Compliance y extinción de dominio (teoría y práctica).* Tribuna Editorial Jurídica. Caracas 2024.

_____. *Criminal compliance (Cumplimiento normativo penal y Derecho penal económico).* Ediciones Paredes. Caracas 2021.

RODRÍGUEZ PORTUGUÉS, Manuel. "Reserva de jurisdicción y libertad del legislador para optar entre penas y sanciones administrativas", en: *Revista de Administración Pública,* n° 208. 2019.

ROLDÁN ALEGRE, José María. "La cooperación en materia de lucha contra el blanqueo a nivel internacional: el GAFI (Grupo de Acción Financiera Internacional)", en: *Estudios de Derecho Judicial,* n° 28. 2000.

ROMANO, Santi. *La revoca delle atti giuridici privati,* Pádova. 1955.

ROMERO ABOLAFIO, Juan José y MORILLAS CUEVA, Lorenzo. *Interrogantes actuales sobre el cambio climático: análisis consti-tucional, penal y criminológico.* Dykinson. Madrid 2023.

RONDÓN GARCÍA, Andrea. "El derecho de propiedad en el ordenamiento jurídico venezolano", en: *Revista de la Facultad de Ciencias Jurídicas y Políticas de la UCV,* n° 133. 2009.

ROSE-ACKERMAN, Susan. "Corrupción y economía global", en: *Isonomía: Revista de teoría y filosofía del derecho,* n° 10. 1999.

ROXIN, Claus. *Derecho procesal penal.* Ediciones del Puerto. Buenos Aires 2003.

RUGGIERI COVA, Ana María. "La especialización en Derecho administrativo y los bienes", en: RODRÍGUEZ GARCÍA, Armando y SILVA ARANGUREN, Antonio (Coord.). *Libro Homenaje a la especialización en Derecho Administrativo de la Universidad Central de Venezuela. A propósito de su cuadragésimo aniversario.* Centro de Estudios de Postgrado de la FCJP-UCV-CIDEP. Caracas 2022.

RUÍZ VADILLO, Enrique. "Algunas reflesiones sobre justicia penal", en: *Eguzkilore: Cuaderno del Instituto Vasco de Criminología,* n° 3. 1999.

SAINZ-CANTERO CAPARRÓS, José. *Criminalidad organizada y delitos económicos.* DPEI-IAEU. Madrid 2019.

SAINZ MORENO, Fernando. "El principio de libre competencia como manifestación del orden público económico", en: *Revista española de Derecho administrativo,* n° 24. 1980.

_____. *Conceptos jurídicos, interpretación y discrecionalidad administrativa.* Editorial Civitas. Madrid 1976.

SALINAS JIMÉNEZ, María del Mar y SALINAS JIMÉNEZ, Javier. "Corrupción y actividad económica: una visión panorámica", en: *Hacienda Pública Española/Revista de Economía Pública,* n° 180. 2007.

SALOM PARETS, Aina. "El comiso del beneficio económico en el derecho urbanístico sancionador", en: *Revista española de derecho administrativo,* N° 203. 2020.

SÁNCHEZ BAENA, Guadalupe. *Populismo punitivo: un análisis acerca de los peligros de aupar la voluntad popular por encima de leyes e instituciones.* Ediciones Deusto. Bilbao 2020.

SÁNCHEZ BUENO, María T. "Acción de simulación y acción pauliana o revocatoria", en: DÍEZ-PICAZO GIMÉNEZ, Ignacio y MARTÍNEZ-SIMANCAS SÁNCHEZ, José. (Coord.) *Estudios sobre derecho procesal,* Banco Central Hispanoamericano-SOPEC, Vol. 4. Madrid 1996.

SÁNCHEZ OSÉS, José. "La crisis del proceso penal y sus remedios", en: *Revista general de legislación y jurisprudencia,* n° 226, 1 (enero). 1969.

SANCLEMENTE ARCINIEGAS, Javier. "Corrupción, orden público y regulación económica en Colombia", en: *Jurídicas,* Vol. 17, n° 1. 2020.

SANDOVAL, Juan Carlos. "La privación de las ganancias de la financiación corrupta de los partidos políticos: Elementos para un debate político-criminal", en: *Política Criminal: Revista Electrónica Semestral de Políticas Públicas en Materias Penales,* Vol. 17, n° 33. 2022.

SANTANA LONGA, Nilyan. "La buena fe en el proceso. Algunas consideraciones referidas al artículo 170 del Código de Procedimiento Civil", en: *Revista Venezolana de Legislación y Jurisprudencia,* n° 10. 2018.

SANTANDER ABRIL, Gilmar. "Distinciones esenciales para comprender el instituto de la extinción de dominio", en: Fiscalía General del Estado, República del Ecuador. *EDAR. Extinción de dominio: Análisis y Reflexiones.* Dirección de Estudios Penales de la Fiscalía General del Estado. Quito 2023.

_____. *Naturaleza jurídica de la extinción de dominio: fundamentos de las causales extintivas.* Tesis de maestría en Derecho Penal, consultada en original, Universidades Santo Tomás de Aquino y Salamanca. Bogotá 2018.

_____. "La emancipación del comiso del proceso penal: su evolución hacia la extinción de dominio y otras formas de comiso ampliado", en: AAVV. *Combate del Lavado de Activos desde el Sistema Judicial*, Ediciones de la Organización de Estados Americanos. Washington D.C. 2017.

_____. "La nueva estructura del proceso de extinción de dominio", en: AAVV. *La extinción de dominio en Colombia. Nuevo Código de extinción de dominio colombiano.* Oficina de las Naciones Unidas contra la Droga y el Delito. Bogotá 2015.

SARMIENTO, María Gabriela. *El proceso legal de recuperación de activos derivados de la corrupción trasnacional: Análisis jurídico de la práctica del centro financiero offshore suizo.* Atelier libros jurídicos. Barcelona 2022.

_____. *La recuperación de activos derivados de la corrupción transnacional. Estudio sobre su viabilidad según los ordenamientos jurídicos venezolano y suizo.* FUNEDA-Editorial Jurídica Venezolana, Caracas 2022.

SCHOPENHAUER, Arthur. *El mundo como voluntad y representación I.* Editorial Trotta, Madrid 1818. Traducción, introducción y notas de Pilar LÓPEZ DE SANTA MARÍA, 2022.

SEGURA MUNGÍA, Santiago. *Nuevo diccionario etimológico Latín-Español y de las voces derivadas.* Universidad de Deusto. Bilbao 2001.

SEPÚLVEDA, R. y SÁNCHEZ, D. "Polémicas demandas contra Colombia en la CIDH por extinción de dominio", en: *Diario El Tiempo*, Bogotá, edición de fecha 15 de marzo de 2020, en: https://www.eltiempo.com/justicia/investigacion/colombia-demandada-ante-la-cidh-para-devolver-bienes-expropiados-472842 [Consulta: 20 de marzo de 2020].

SERRANO TÁRRAGA, María Dolores. "La expansión del derecho penal en el ámbito de la delincuencia económica: La tutela penal de los mercados financieros", en: *Revista de Derecho,* Vol. 18, n° 1. 2005.

SIERRA BRAVO, Restituto. *Tesis doctorales y trabajos de investigación científica. Metodología general para su elaboración y documentación.* Paraninfo. Madrid 1996.

SILVA SÁNCHEZ, Jesús M. *El riesgo permitido en Derecho penal económico.* Atelier. 2022.

_____. *La expansión del Derecho penal. Aspectos de la política criminal en las sociedades postindustriales.* Euro Editores. Buenos Aires 2011.

SMITH, Adam. *An Inquiry into the Nature and Causes of the Wealth of Nations.* Madrid, 1776. Traducción de Carlos Rodríguez Braun, Edición digital Titivillus.

SOLÓRZANO, Óscar. *Estudio de caso: La Monja. Decomisando los activos de la organización terrorista Sendero Luminoso.* Basilea, Basel Institute of Governance. 2021.

_____. *Navegando entre el decomiso sin condena y la Asistencia Legal Mutua.* Basilea, Basel Institute on Governance, 2019.

_____. "Un caso histórico de recuperación de activos pone a prueba la legislación peruana de extinción de dominio", en: *Basel Institute on Governance,* Basilea, 1 de agosto de 2019, véase: https://baselgovernance.org/blog/un-caso-historico-de-recuperacion
-de-activos-pone-prueba-la-legislacion-peruana-de-extincion

SOLÓRZANO, Oscar; CHENG, Dennis y GUIMARAY, Erick. *Retrospectividad e imprescriptibilidad en la Extinción de Dominio.* Basilea, International Centre for Asset Recovery – Basel Institute on Governance. 2022.

SOLÓRZANO, Oscar y MBIYAVANGA, Stefan. "La recuperación de los activos venezolanos en Suiza", en: AAVV. *Estrategias jurídicas para la recuperación de activos venezolanos producto de la corrupción.* Ediciones de Transparencia Venezuela. Caracas 2020.

SS. SAN JUAN PABLO II. *Carta encíclica Solicitudo rei socialis.* Ciudad del Vaticano, 30 de diciembre. 1987.

TABLANTE, Carlos y MORALES, Mariela. *Impacto de la corrupción de los derechos humanos,* Instituto de Estudios Constitucionales de Querétaro. México 2018.

TARNAWSKI GESLOWSKA, Eduard. "El bienestar contra el Estado: premisas y consecuencias de la reforma del estado de bienestar", en: *Revista de Estudios Políticos,* n° 102. 1998.

TERNERA BARRIOS, Francisco y MANTILLA ESPINOSA, Fabricio. "El concepto de derechos reales", *Revista de Derecho Privado,* n° 36. 2006.

THE COMMISSION STAFF WORKING DOCUMENT. *Analysis of non-conviction based confiscation measures in the European Union,* Bruselas, SWD (2019) 1050 final, de fecha 12 de abril de 2019.

TOBAR TORRES, Jenner A. "Aproximación general a la acción de extinción de dominio en Colombia", *Civilizar, Ciencias Sociales y Humanas,* n° 14 (26). 2014.

TOLIVAR ALAS, Leopoldo; HUERGO LORA, Alejandro José y CANO CAMPOS, Tomás (Dir.). *El patrimonio natural en la era del cambio climático: actas del XVI Congreso de la Asociación Española de Profesores de Derecho Administrativo.* Madrid, INAP.

TORTOLERO CERVANTES, Francisco. "La reserva judicial en Alemania", en: *Reforma judicial: Revista Mexicana de Justicia,* n° 7. 2006.

TRAPET, Marie-Dominique. "L'hyphothèse de l'americanisation de l'institution judiciaire", en: *Archives de Philosophie du Droit,* n° 47. 2001.

TRIBUNAL CONSTITUCIONAL DEL ESTADO PLURINACIONAL DE BOLIVIA. *Declaración Constitucional Plurinacional 0002/2013,* Sala Plena. Magistrado Relator: Dr. Macario Lahor Cortez Chávez. Expediente número 02073-2012-05-CCP. 2013.

UNIÓN EUROPEA. *Libro verde: Fomentar un marco europeo para la responsabilidad social de las empresas.* Estrasburgo, COM/2001/0366 final. 2001.

URBINA MENDOZA, Emilio J. "Los valores constitucionales de la propiedad y la aplicación del concepto "interés general" como fundamento de la potestad constitucional de corrección patrimonial en la extinción de dominio. Una interpretación desde la peculiaridad constitucional venezolana", en: *AIS: Ars Iuris Salmanticensis,* Vol. 12, n° 1 (enero-junio). 2024.

_____. *Novedades de la extinción de dominio en la Unión Europea.* Videoconferencia, recuperada en el Canal de YouTube de la Fundación Universitas, emitido en directo el 16 de agosto de 2024, en: https://www.youtube.com/watch?v=8EKFe2 mczbU&t=483s

_____. "Los modelos del decomiso sin condena y la extinción de dominio en el Derecho Comparado Latinoamericano. Origen, tendencias y transformaciones por la Justicia Constitucional", en: *Estudios de Deusto,* Vol. 71/2 (julio-diciembre). 2023.

_____. "El modelo civil propio de la extinción de dominio en Venezuela. Desafíos y complementos", en: *Revista Venezolana de Legislación y Jurisprudencia,* n° 22 (julio-diciembre). 2023.

_____. "Las variantes jurisprudenciales en América Latina y su propuesta alternativa y/o de oposición a la versión colombiana en contenidos sobre extinción de dominio. Reflexiones críticas", en: *Revista Venezolana de Legislación y Jurisprudencia,* n° 21 (enero-junio). 2023.

_____. "La justicia constitucional y la extinción de dominio en América Latina. Una alta lección para su configuración en Venezuela, a propósito, de la sentencia 315 de 28.04.2023 de la Sala Constitucional del Tribunal Supremo de Justicia", en: *Revista de Derecho Público,* n° 173-174 (enero-junio). 2023.

_____. "Consideraciones generales sobre la extinción de dominio: Origen y tratamiento en el Derecho comparado", en: *Boletín de la Academia de Ciencias Políticas y Sociales,* n° 172 (abril-junio). 2023.

_____. "Observaciones sobre la sentencia n° 455/2017 de la Sala Constitucional del TSJ y la concreción jurisprudencial, atípica e impertinente, de la unidad conceptual Estado/Nación. A propósito de una polémica en el país vasco", en: AVELEDO, Ramón Guillermo; CASAL, Jesús María y UROSA MAGGI, Daniela (Coord.). *Estudios constitucionales y parlamentarios. Anuario 2018-2020.* Instituto de Estudios Parlamentarios Fermín Toro-ABC ediciones UCAB, CIDEP. Caracas 2021.

_____. "La influencia de la voluntad popular sobre la interpretación constitucional judicial en Venezuela: ¿abuso de los conceptos jurídicos indeterminados?, en: *Estudios de Deusto,* Vol. 58, n° 2. 2010.

_____. "La (sobre) interpretación popular constitucional y la Reforma de 2007: ¿retorno a la interpretación ideológica auténtica?, en: *Revista de Derecho Público,* n° 112. 2007.

_____. "Neoliberalismo, filosofía liberal y derecho del siglo XXI", en: PARRA ARANGUREN, Fernando (Edit.). *Filosofía del Derecho y otros temas afines. Homenaje a Juan Bautista Fuenmayor Rivera,* Caracas, Ediciones del Tribunal Supremo de Justicia. 2005.

_____. "La globalización y el atlas federal venezolano. ¿Recuperación del principio de subsidiaridad en Venezuela?, en: *Iuridica,* n° 1. 2004.

_____. "Los principios orientadores de la Doctrina Social de la Iglesia y su influencia dentro del proceso de interpretación jurídica", en: *Revista de la Facultad de Derecho UCAB,* n° 58. 2003.

URDANETA SANDOVAL, Carlos A. "Procedencia en el Derecho venezolano del ejercicio abusivo de los derechos humanos o fundamentales en su eficacia horizontal", en: *Temas de Derecho civil. Homenaje a Andrés Aguilar Mawdsley.* Ediciones del Tribunal Supremo de Justicia, Tomo II, Caracas 2004.

USLANDER, Eric M. "Confianza y Corrupción: sus repercusiones en la pobreza", en: *Capital social y reducción de la pobreza en América Latina y el Caribe: en busca de un nuevo paradigma*, Ediciones de la CEPAL. Santiago de Chile 2003.

UTZ, A. F. *Das Subsidiaritätprinzip*. Krautz Editores. Heidelberg, 1953.

VALLET DE GOYTISOLO, Juan. *Tres ensayos: cuerpos intermedios, representación política, principio de subsidiaridad*. Editorial Speiro. Madrid 1981.

VAN GESTEL, Carlos. *La Doctrina Social de la Iglesia*. Editorial Herder. Barcelona 1964.

VAN OENEN, Gijs. "El Derecho y sus descontentos", en: *Prisma*, n° 12. 1999.

VARGAS GONZÁLEZ, Patricia. "La extinción de dominio: una aproximación desde los derechos fundamentales", en: AAVV. *Extinción de dominio y lucha contra la criminalidad organizada y económica*. Lima, Instituto Pacífico S.A.C. 2021.

_____. "La extinción de dominio: Una aproximación desde los derechos fundamentales", en: *Revista Digital de la Maestría de Ciencias Penales*, n° 10. 2017.

VÁSQUEZ BETANCUR, Santiago. *De la extinción de dominio en materia criminal*. Ediciones Nueva Jurídica. Bogotá, D.C. 2020.

VÁSQUEZ-PORTOMEÑE SEIJAS, Fernando. "La lucha contra la corrupción en la agenda internacional: algunas reflexiones sobre el ámbito y contenidos de la Convención de las Naciones Unidas contra la Corrupción. En: AAVV. *Represión penal y estado de Derecho: homenaje al profesor Gonzalo Quintero Olivares*. Aranzadi. Pamplona 2018.

VELA ÁVALOS, Marco Antonio. "El debate sobre la especificidad de la interpretación de la Constitución en el contexto latinoamericano. Una discusión desde cuatro trincheras", en: *Revista de Derecho Público: Teoría y Método*, vol. 1. 2021.

VELÁSQUEZ VELÁSQUEZ, Santiago. "Principio de intervención mínima penal", en: RODRÍGUEZ TAPIA, Ingrid Beatriz; NEIRA PENA, Ana; AGUIRRE CASTRO, Pamela Juliana. (Coord.). *Derecho procesal penal: aspectos probatorios.* Universidad Espíritu Santo. Quito 2022.

VELÁSQUEZ VELÁSQUEZ, Fernando y AMBOS, Kai (Coord.); LONDOÑO JIMÉNEZ, Hernando. (hom.) *Derecho penal liberal y dignidad humana. Libro homenaje al Doctor Hernando Londoño Jiménez,* Editorial Temis. Bogotá 2005.

VERVAELE, John A.E. "*Ne bis in idem:* ¿Un principio transnacional de rango constitucional en la Unión Europea?, en: *In Dret. Revista para el análisis del Derecho*, n° 1. 2014.

_____. "Las sanciones de confiscación: ¿Un intruso en el Derecho Penal?", en: *Revista Penal,* n° 2. 1998.

VIDAL FERNÁNDEZ, Fernando. "La modernidad como edad de universalización: revisión del programa weberiano de modernización", en: *Miscelánea Comillas,* n° 126. 2007.

VILLEGAS MORENO, José Luis. "El derecho de propiedad en la Constitución de 1999", en: AAVV. *Estudios de Derecho administrativo. Libro Homenaje a la Universidad Central de Venezuela, 20 años de la especialización en Derecho administrativo.* Ediciones de la Facultad de Ciencias Jurídicas y Políticas de la UCV – Tribunal Supremo de Justicia. Caracas 2001.

VON MISSES, Ludwig. "Socialismos y Pseudosocialismos", en: *Estudios Públicos,* n° 15 (junio) 1984 [en línea] en: https://www.estudiospublicos.cl/index.php/cep/article/view/1781

VON THUR, Andreas. *Derecho civil, Teoría General del Derecho civil alemán,* Buenos Aires, De Palma, 1946.

ZACHARIE, Karl Solomo. *Droit civil française*, París. 1854.

ZAPATA CALLEJAS, John Sebastián. "La teoría del Estado fallido: entre aproximaciones y disensos", en: *Revista de relaciones internacionales, Estrategia y Seguridad,* Vol. 9, n° 1. 2014.

Milton Keynes UK
Ingram Content Group UK Ltd.
UKHW041828201024
449814UK00001B/246

9 798894 806211